Gestão da Empresa Familiar

Conceitos, Casos e Soluções

Dados Internacionais de Catalogação na Publicação (CIP)
(Câmara Brasileira do Livro, SP, Brasil)

Casillas Bueno, José Carlos
Gestão da empresa familiar : conceitos, casos e soluções / José Carlos Casillas Bueno, Carmen Díaz Fernández, Adolfo Vázquez Sánchez ; tradução Vertice Translate ; revisão técnica Antonio Vico Mañas. -- São Paulo : Thomson Learning, 2007.

Título original: La gestión de la empresa familiar
Bibliografia
ISBN 978-85-221-0562-5

1. Empresas familiares 2. Empresas familiares - Administração 3. Empresas familiares - Brasil I. Díaz Fernández, Carmen. II. Vázquez Sánchez, Adolfo. III. Título.

07-4720 CDD-658.045

Índice para catálogo sistemático:

1. Empresas familiares : Administração 658.045

Gestão da Empresa Familiar

Conceitos, Casos e Soluções

José Carlos Casillas Bueno
Carmen Díaz Fernández
Adolfo Vázquez Sánchez

Tradução
Vertice Translate

Revisão Técnica
Antonio Vico Mañas
Doutor em Ciências Sociais, Mestre em Administração,
Professor titular da PUC-SP

THOMSON

Austrália Brasil Canadá Cingapura Espanha Estados Unidos México Reino Unido

THOMSON

Gerente Editorial:
Patricia La Rosa

Editora de Desenvolvimento:
Renatha Prado

Supervisor de Produção Editorial:
Fábio Gonçalves

Supervisora de Produção Gráfica:
Fabiana Alencar Albuquerque

Produtora Editorial:
Renata Siqueira Campos

Título e ISBN do Original:
La gestión de la empresa familiar: conceptos, casos y soluciones
84-9732-375-0

Tradução:
Vertice Translate

Revisão Técnica:
Antonio Vico Mañas

Copidesque:
Iná de Carvalho

Revisão:
Gisele Múfalo
Rafael Faber Fernandes

Composição:
PC Editorial Ltda.

Capa:
Eduardo Bertolini

Impresso no Brasil.
Printed in Brazil.
1 2 3 4 09 08 07

Condomínio E-Business Park
Rua Werner Siemens, 111
Prédio 20 – Espaço 03
Lapa de Baixo
São Paulo – SP
CEP 05069-900
Tel.: (11) 3665-9900
Fax: (11) 3665-9901
sac@thomsonlearning.com.br
www.thomsonlearning.com.br

Dados Internacionais de Catalogação na Publicação (CIP) (Câmara Brasileira do Livro, SP, Brasil)
Casillas Bueno, José Carlos
Gestão da empresa familiar: conceitos, casos e soluções/ José Carlos Casillas Bueno, Carmen Díaz Fernández, Adolfo Vázquez Sánchez; tradução Vertice Translate ; revisão técnica Antonio Vico Mañas. – São Paulo: Thomson Learning, 2007.
Título original: La gestión de la empresa familiar
Bibliografia
ISBN 978-85-221-0562-5
1. Empresas familiares
2. Empresas familiares Administração 3. Empresas familiares – Brasil
I. Díaz Fernández, Carmen.
II. Vázquez Sánchez, Adolfo.
III. Título.
07-4720 CDD 658.045
Índice para catálogo sistemático:
1. Empresas familiares: Administração 658.045

Sumário

Prefácio

Afirmar que a empresa familiar é um elemento decisivo da estrutura econômica de uma sociedade moderna é bastante comum e, por isso, parece desnecessário recorrer a dados e a índices macroeconômicos para comprovar essa afirmação.

No entanto, a força e a importância das empresas familiares não as tornam isentas dos problemas próprios de toda empresa e muito menos daqueles derivados da presença inerente da família.

Por mais estranho que possa parecer, o reconhecimento das características da empresa familiar está em plena juventude. É fato aceito que seu nascimento, como disciplina de economia, ocorreu na Universidade de Harvard, no início da década de 1980.

Felizmente, a situação, se comparada, na Espanha é muito positiva, visto que o país aderiu de forma rápida e decidida ao estudo e à defesa da empresa familiar, principalmente a partir da criação do Instituto da Empresa Familiar, em 1992.

Como conseqüência da importância que o Instituto da Empresa Familiar conferiu às questões de formação, em 1999 iniciou-se uma Rede de Cátedras de Empresa Familiar nas universidades espanholas, com a criação da cátedra da Universidade de Barcelona. A partir desse momento, a rede teve um importante crescimento, de modo que, no final de 2004, já havia 20 cátedras, com 52 professores diretamente vinculados à docência e à pesquisa e com mais de três mil alunos recebendo seus ensinamentos.

Em 2002, foi criada a cátedra de Empresa Familiar da Universidade de Sevilha, cuja direção foi confiada aos professores José Carlos Casillas e Adolfo Vázquez. Nesse curto período de tempo foram muitas as conquistas da cátedra, não só nas suas atividades regulares de docência como também no âmbito da pesquisa e, evidentemente, na divulgação da cultura de empresa familiar, por meio de iniciativas especialmente voltadas para o mundo da empresa e da sociedade em geral. Além disso, os diretores acertaram ao "criar equipe" e ao envolver outros professores da instituição nas tarefas próprias da cátedra.

Precisamente este trabalho que o leitor tem nas mãos é um bom exemplo de tudo isso. A gestão da empresa familiar é um dos principais objetivos do Instituto da Empresa Familiar e do núcleo central das disciplinas lecionadas pelas diversas cátedras integradas à rede.

O ensino desse tipo de questões não pode ser exclusivamente baseado em aulas magistrais nem em contribuições da experiência de empresários e profissionais. É preciso um trabalho ativo por parte do aluno: análise de casos práticos, exercícios, leituras, guias de discussão etc.

No nosso entender, essa é a contribuição mais interessante do texto elaborado pelos professores Casillas, Díaz e Vázquez: disponibilizar um guia de trabalho e estudo adaptado às necessidades e exigências do ensino da empresa familiar. Além disso, é um trabalho de incontestável interesse para qualquer pessoa ligada ao setor: empresários, diretores, consultores etc., que, com a ajuda desta obra, podem aprofundar seus conhecimentos nos vários âmbitos de estudo do tema.

Em suma, podemos nos sentir orgulhosos de ter à disposição uma obra que enriquece o cenário acadêmico da empresa familiar na Espanha e, assim, incentivar seus autores a, na jovem cátedra de Empresa Familiar da Universidade de Sevilha, continuarem contribuindo com essa apaixonante, embora difícil, tarefa originada pela Rede de Cátedras.

Juan Corona
Catedrático de Economia Aplicada
Diretor Acadêmico do Instituto da Empresa Familiar

Prefácio da Edição Brasileira

Este livro trata de assuntos importantes que, embora sejam bastante discutidos no mundo das organizações e nas universidades, são pouco aprofundados e muitas vezes não colaboram com as práticas e necessidades das gestões de empresas familiares. Acostumado a freqüentar o mundo dos negócios e colaborando amiúde com empresas familiares, inclusive no papel de professor em cursos de pós-graduação, graduação e de extensão, principalmente na área de Administração de Empresas, tenho visto publicações que se propõem a comentar teorias, mas são poucas as que disponibilizam páginas para casos que tenham semelhança razoável com o que acontece no Brasil. Sabendo que, além dos Estados Unidos e do Reino Unido, a Espanha tem feito avanços razoáveis nesses estudos e conhecendo um pouco a trajetória desse país, que possui uma grande gama de empresas familiares, motivo pelo qual algumas das suas regiões têm um avançado desenvolvimento, incentivado e constantemente analisado, como é o caso da Catalunha, acabei por ter acesso a esta obra. Que surpresa agradável! Os professores Casillas, Díaz e Vázquez escrevem sobre o tema, praticam-no e, melhor ainda, fazem praticar a quem lê o texto. Responsável que fui pela análise e revisão técnica, só tenho de sugerir a sua leitura e acrescentar que ela será de grande utilidade na assessoria da gestão de empresas familiares de qualquer porte. A semelhança latina pode facilitar o uso das questões às quais nossa cultura está acostumada, colocando-as analogicamente muito próximas da nossa realidade. O livro contém um indicativo para alunos e professores, incentiva a pesquisa e, também, atende à demanda de mais públicos, dentre os quais: empresários familiares, dirigentes de empresas familiares ou seus sucessores, mesmo os que apenas potenciais, consultores e outros tantos que tenham de conviver com empresas familiares ou com famílias que administrem empresas.

Antonio Vico Mañas

A empresa familiar: conceito e tipologia

APRESENTAÇÃO

A empresa familiar constitui uma realidade básica dos sistemas econômicos de todo o mundo. Embora não haja estatísticas precisas e semelhantes, todos os dados nos permitem arriscar dizer que a maioria das empresas existentes em qualquer economia do mundo é controlada e dirigida por núcleos familiares. No entanto, apesar dessa enorme importância, somente há poucos anos é que se passou a dar atenção às empresas familiares sob o ponto de vista acadêmico e da pesquisa.

As próprias empresas familiares estão admitindo que sua natureza familiar é apenas mais uma característica da empresa, que influencia inúmeros campos organizacionais. Essa conscientização está estimulando de maneira adequada outros administradores a começarem a perceber esse aspecto diferencial das empresas familiares. A verdade é que a própria administração pública está começando a admitir a existência dessas empresas como um tipo particular de empresas, que têm certas necessidades e problemas comuns, aos quais elas devem oferecer uma solução.

Essa conscientização das empresas familiares fez surgir também um problema básico: o que é uma empresa familiar? Responder a essa pergunta é exatamente o objetivo fundamental deste capítulo. Tentaremos abordar essa questão de grande complexidade, tanto teórica como empírica. Conforme veremos nas seções seguintes, é realmente impossível, nem sequer recomendável, classificar as empresas em duas categorias – empresas familiares e empresas não-familiares –, como tem sido proposto há muitos anos. Em oposição a essa idéia, diversos autores propõem que o caráter familiar de uma empresa é uma característica multidimensional, que varia de maneira contínua, de mais a menos, sendo a EF, em linhas gerais, um tipo muito heterogêneo de empresa.

Por tudo isso, o presente capítulo estrutura-se em dois grandes blocos, que vêm após uma seção de introdução. No primeiro, que trata exclusivamente do conceito de empresa familiar, são expostas e discutidas algumas das principais posições a respeito do tema e é proposto um modelo de reflexão e de medição do grau de participação de uma família em qualquer empresa. Em seguida, no terceiro tópico do capítulo, são propostas várias tipologias clássicas de empresas familiares.

Finalmente, o capítulo destina um tópico especial para o fornecimento de alguns dados sobre a importância das empresas familiares nas economias de mercado do nosso meio.

Capítulo 1

1.1. INTRODUÇÃO

Acreditamos que não estaremos muito equivocados se afirmarmos que o termo "empresa familiar" vai aparecer muitas vezes em todo o livro, pois empresa familiar é o objeto deste estudo e, como tal, torna-se protagonista de cada capítulo, de cada tópico, de cada parágrafo e de cada idéia encerrada.

Por essa razão, não se deve começar a análise desse tipo de empresa sem antes abordar o próprio conceito, sem entender que tipo de organização é a empresa familiar, quais são suas características distintivas, o que permite diferenciá-la das outras empresas. O objetivo principal deste capítulo é: definir e identificar o conceito de empresa familiar. Não somos partidários do pensamento de que ela seja uma propriedade única, mas sim que se trata de uma característica multidimensional e, portanto, não há empresas familiares e não-familiares, há empresas menos ou mais familiares.

Além disso, cabe destacar que a análise da empresa familiar feita em todo o livro aproxima-se dessa realidade por meio de uma diversidade de perspectivas, fugindo das aproximações unívocas, próprias de concepções procedentes do mundo da consultoria, do âmbito das famílias proprietárias, do campo das entidades que as representam etc.

Esse fato exige especial atenção na hora de fornecer uma visão eclética da empresa familiar, útil para qualquer leitor, seja qual for sua relação com a empresa familiar, como conceito geral e abstrato ou como realidade singular e concreta.

Este capítulo pretende nos aproximar do conceito de empresa familiar, com o objetivo de fornecer as ferramentas necessárias para sua reflexão. Assim, na seção seguinte, esse conceito será analisado, mostrando diversos enfoques e formas de aproximar a sua delimitação e a sua medição.

Na seção 1.3 serão analisados os tipos de empresas familiares, visto que uma definição do conceito não deve deixar que pensemos que as empresas familiares constituem uma comunidade homogênea de organizações empresariais. Pelo contrário, existem várias tipologias e classificações de empresas familiares, algumas das quais serão expostas resumidamente.

Por fim, a seção 1.4 analisa a situação e a importância da empresa familiar, utilizando as empresas espanholas como exemplo. A empresa familiar não é só um conceito, mas uma realidade que se manifesta de forma nítida no tecido empresarial da sociedade. Por isso, consideramos que, com a análise teórica e conceitual, devemos associar uma imagem condensada do papel que as empresas familiares desempenham no meio empresarial.

1.2. O CONCEITO DE EMPRESA FAMILIAR

Ao longo dos últimos anos, é evidente o interesse que o estudo das características e da problemática particular das empresas familiares desperta nas pessoas. Não é preciso enfatizar que o apogeu desse estudo responde a dois fatores fundamentais intimamente inter-relacionados: a importância das empresas familiares no sistema econômico das diferentes economias de nosso meio e a conscientização da sua importância por parte de diversas instituições, tanto públicas como privadas, à qual a comunidade acadêmica está buscando responder.

No entanto, apesar do progresso vivido na área, principalmente nas duas últimas décadas, grande parte do caminho ainda está por ser percorrido e, para que isso seja possível, a pesquisa nesse campo deve superar uma série de importantes barreiras teóricas e metodológicas – a fundamentação, a compreensão e a definição do próprio conceito de empresa familiar, como já anunciava Handler (1989).

A dificuldade de se obter uma definição clara e consensual sobre a empresa familiar se deve, em grande parte, ao fato de os negócios familiares serem realidades multidimensionais por natureza (Uhlaner, 2002), motivo pelo qual alguns autores propuseram definições baseadas em múltiplos fatores (Litz, 1995).

A definição de empresa familiar foi um dos aspectos sobre o qual mais se escreveu, sendo possível encontrar na literatura uma gama de definições e concepções de empresa familiar. Essa diversidade constitui atualmente uma barreira para o desenvolvimento da pesquisa, visto que é difícil estabelecer comparações entre diferentes estudos (Smyrnios, Tanewsky e Romano, 1998).

Neubauer e Lank (1999) fazem uma extensa recopilação, embora não exaustiva, de definições de empresa familiar (Tabela 1.1).

Desse modo, assim como afirmaram recentemente Astrachan, Klein e Smyrnios (2002), algumas definições centram-se mais no conteúdo, outras no objetivo e outras, ainda, na forma das empresas familiares. Da mesma forma, enquanto alguns autores propõem definições concretas sobre o conceito de empresa familiar, outros se limitam a descrever quais são as características diferenciais em relação a outros tipos de empresas.

No entanto, a maioria delas gira em torno de três aspectos que equivalem às três características que, segundo o professor Gallo (1995), servem para delimitar, na prática, as empresas familiares:

a) a propriedade ou o controle sobre a empresa;
b) o poder que a família exerce sobre a empresa, normalmente pelo trabalho nela desempenhado por alguns membros da família;

Tabela 1.1 Definições do conceito de empresa familiar
Empresa familiar é aquela em que a propriedade e as decisões são controladas pelos membros de um "grupo de afinidade afetiva". (Carsud, 1996)
Empresa familiar é aquela que, na prática, é controlada por uma única família. (Barry, 1999)
Empresa na qual os membros da família têm controle legal sobre a propriedade. (Lansberg, Perrow e Rogolsky, 1988)
Empresa na qual uma só família possui a maioria do capital e tem o controle total. Os membros da família formam parte da diretoria e tomam as decisões mais importantes. (Gallo e Sveen, 1991)
Empresa da qual os membros de uma ou duas famílias são proprietários e diretores. (Stern, 1996)
Empresa que será transferida à geração seguinte da família para que a dirija e controle. (Ward, 1989)
Organização na qual as principais decisões operacionais e os planos de sucessão da diretoria são influenciados pelos membros da família que formam parte da diretoria ou do conselho de administração. (Handler, 1989)
Empresa familiar é a que foi fundada por um membro da família e foi transmitida, ou espera-se que se transmita, aos seus descendentes. Os descendentes do fundador ou fundadores originais terão a propriedade e o controle da empresa. Além disso, membros da família trabalham e participam da empresa e dela se beneficiam. (Bork, 1986)

Fonte: Neubauer e Lank, 1999.

c) a intenção de transferir a empresa a futuras gerações e a concretização disso na inclusão de membros dessa nova geração na própria empresa.

Esses três aspectos são considerados em praticamente todas as definições de empresa familiar. Neubauer e Lank (1999) apresentam uma série de elementos definidores das empresas familiares, que podem ser relacionados com cada um dos três aspectos mencionados.

Assim, com relação à propriedade e ao controle, pode-se citar a porcentagem de participação no capital de uma família ou o fato de uma determinada família admitir que controla sua empresa.

No que se refere à direção, esses autores ressaltam a necessidade de que a família proprietária desempenhe funções executivas na empresa, que o diretor-geral da empresa seja um membro da família proprietária etc.

Finalmente, com relação à continuidade, consideram a intenção de, futuramente, manter a participação da família na empresa, o número de gerações da família proprietária que nela atuam ou o fato de os descendentes diretos do fundador terem o controle sobre a gestão ou sobre a propriedade da empresa (Neubauer e Lank, 1999, p. 34).

Propriedade, gestão e continuidade parecem ser elementos definidores da natureza familiar de uma empresa. Nesse sentido, enquanto alguns autores consideram que uma empresa é familiar se a propriedade pertencer à família (Landsberg, Perrow e Rogolsky, 1988; Barry, 1989), outros consideram que o controle da propriedade, mesmo sendo necessário, não é suficiente para defini-la como tal e, assim, exigem alguma das outras duas características: a participação da família nas tarefas de gestão e direção da empresa (Gallo e Sveen, 1991; Barnes e Hershon, 1976; Church, 1996; Donckels e Fröhlich, 1991) ou a intenção de transferir a empresa a futuras gerações (Ward, 1988; Gallo, 1995).

Na Figura 1.1 representamos cada uma dessas três dimensões em quadros e em cada quadro incluímos os trabalhos que consideram a característica correspondente fundamental na hora de classificar uma empresa como familiar.

Observe que existem diversos autores que determinam mais de um fator. No entanto, nos últimos anos, diversos autores têm defendido a idéia de que não é possível, nem correto estabelecer uma fronteira nítida que permita distinguir e separar as empresas familiares das empresas não-familiares. Como afirmam Astrachan, Klein e Smyrnios (2002, p. 46), partir da idéia

Figura 1.1 **Âmbitos definidores da empresa familiar**

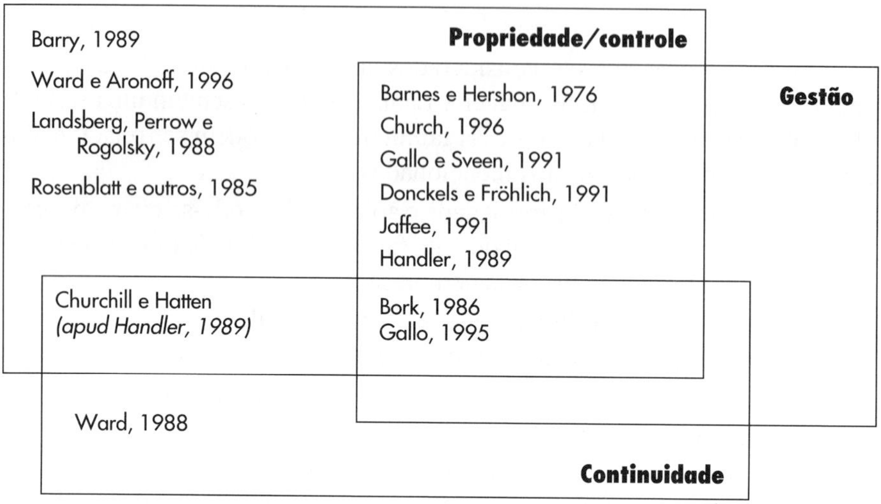

Fonte: Baseado em Gallo (1995), Neubauer e Lank (1999), e Astrachan, Klein e Smyrnios (2002).

de que exista a dicotomia empresas familiares e empresas não-familiares, quando não existe uma fronteira clara entre elas, cria ainda mais problemas a serem solucionados.

É nesse sentido que Neubauer e Lank (1999, p. 37) se expressam, quando dizem que "seria mais adequado à realidade falar do nível ou do grau em que a empresa é controlada por uma família". Essa tese já havia sido proposta por Shanker e Astrachan (1996), que sugerem o estabelecimento de um contínuo (de menos a mais) para a definição de empresa familiar, em vez de uma classificação dicotômica (empresa familiar – empresa não-familiar).

Tais autores afirmam que o importante não é o fato de uma empresa ser ou não familiar, mas sim o grau e a forma de comprometimento e influência de uma família sobre uma determinada empresa. Desse modo, propõem que uma empresa é "mais familiar" ou que uma família está mais envolvida em uma empresa quando pelo menos um membro dela forma parte da equipe diretiva e quando várias organizações familiares trabalham na empresa (Shanker e Astrachan, 1996), tal como está representado na Figura 1.2.

Seguindo a proposta de Shanker e Astrachan (1996), diversos trabalhos recentes visam elaborar escalas de medição para esse contínuo (Astrachan,

Figura 1.2 **Duas perspectivas sobre o caráter familiar da empresa**

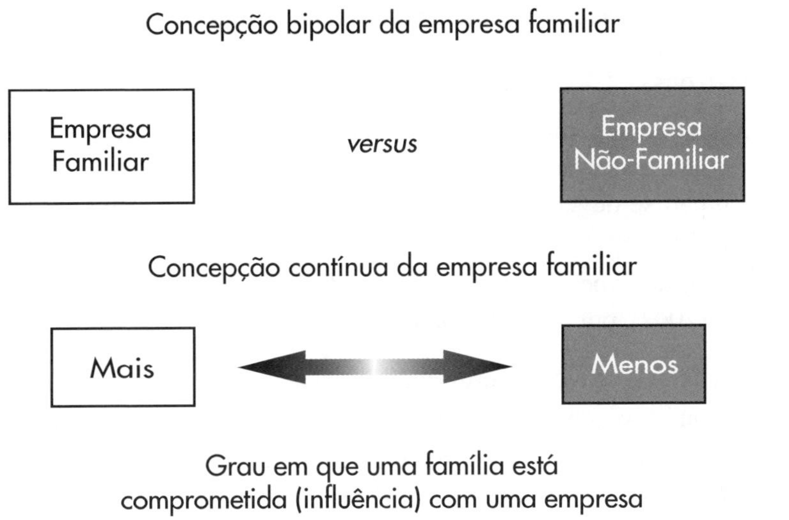

Klein e Smyrnios, 2002; Uhlaner, 2002). Assim, Astrachan, Klein e Smyrnios (2002) propõem a escala F-PEC, que é usada como um índice da influência da família na empresa. Esse índice é formado por três dimensões: poder, experiência e cultura. Vejamos cada uma delas.

O poder de uma família sobre uma empresa pode derivar da propriedade e da sua influência e participação nos órgãos de governança da empresa ou em suas equipes de diretoria.

Assim, ao medir o grau em que uma família mantém o poder e o controle sobre uma determinada empresa, Astrachan, Klein e Smyrnios (2002) levam em consideração aspectos relacionados com:

- a propriedade (porcentagem de ações pertencentes à família, tipo de propriedade – direta ou indireta – etc.);
- os órgãos de governança (presença e porcentagem de membros da família, em comparação a membros externos, no conselho de administração);
- os órgãos de gestão (presença e porcentagem de membros da família, em comparação a membros externos, na equipe diretiva, caráter familiar ou não-familiar do diretor-geral).

A experiência da família na empresa refere-se a qual geração iniciou a organização. Conforme mencionado anteriormente, muitos autores afirmam que, para uma empresa ser caracterizada como familiar, é preciso haver, pelo menos, a intenção de transferi-la à geração seguinte (Gallo, 1995; Barach e Ganitsky, 1995).

Alguns desses autores chegam inclusive a considerar que, até que, enquanto não exista um processo sucessório (da primeira para a segunda geração), não se deveria classificar uma empresa como familiar (Daily e Thomson, 1994).

O grau de experiência pode ser medido, segundo Astrachan, Klein e Smyrnios (2002), por meio de quatro dimensões:

- a geração em que a propriedade se encontra;
- a geração que no momento atua na gestão da empresa;
- a geração em que o conselho de administração está; e
- o número de membros da família que no momento atuam na empresa.

A terceira dimensão do modelo de Astrachan, Klein e Smyrnios (2002) é a cultura. Diversos trabalhos anteriores argumentam que o traço realmente distintivo de uma empresa familiar provém da existência do predomínio de uma cultura própria da família na empresa (Gallo, 1995). Assim, são duas as dimensões que devem ser levadas em consideração:

- o grau de sobreposição entre a cultura da família e a cultura da empresa; e
- o grau de compromisso da família com a empresa.

Poucos meses depois, baseando-se no modelo de medida F-PEC, de Astrachan, Klein e Smyrnios (2002), o qual acabamos de resumir, Uhlaner (2002) propõe uma escala de natureza "acumulativa" para medir o nível em que uma família está comprometida com a empresa e sua influência.

Em suma, Uhlaner (2002) aplica a escala de Guttman, utilizando seis itens:

1. Propriedade familiar da empresa.
2. Presença de familiares na gestão.
3. Proporção de familiares na equipe diretiva.
4. Influência da família na estratégia da empresa.

5. Planos de transferência da empresa à geração seguinte.
6. Auto-reconhecimento da empresa como familiar.

Para resumir, podemos dizer que, em primeiro lugar, os modelos mais recentes relacionados à delimitação da realidade "empresa familiar" defendem o princípio de que devem ser evitadas concepções simplistas que diferenciam as empresas em duas únicas categorias (empresas familiares *versus* não-familiares) e que é preciso considerar que o caráter familiar de uma empresa segue uma ordem de grandeza, de menor a maior influência e compromisso familiar com a empresa.

Em segundo lugar, o caráter familiar de uma empresa é claramente multidimensional para os quais a propriedade-controle, a participação da gestão e as intenções de transferir a empresa à geração seguinte constituem as três dimensões básicas. Para resumir, na Tabela 1.2 relacionamos essas dimensões com as que foram incluídas nos dois instrumentos de medição propostos recentemente (Astrachan, Klein e Smyrnios, 2002; Uhlaner, 2002).

Tabela 1.2 Dimensões e medição do grau de influência familiar sobre a empresa

	Escala F-PEC (Astrachan, Klein e Smyrnios, 2002)	Escala de Guttman (Uhlaner, 2002)
Propriedade	Poder: porcentagem de ações pertencentes à família e de participação da família no conselho de administração.	Propriedade familiar da empresa.
Gestão	Poder: participação da família na equipe diretiva e no conselho de administração.	Presença de familiares na gestão, proporção de familiares na equipe diretiva e influência da família na estratégia da empresa.
Continuidade	Presença de familiares na gestão, proporção de familiares na equipe diretiva e influência da família na estratégia da empresa.	Planos para transferência da empresa à geração seguinte.
Outras dimensões	Cultura familiar	Auto-reconhecimento como empresa familiar.

Fonte: Baseado em Astrachan, Klein e Smyrnios (2002), e Uhlaner (2002).

1.3. TIPOS DE EMPRESA FAMILIAR

Apesar de ao longo desta obra abordarmos a problemática particular da empresa familiar, ela não constitui realmente um tipo de organização homogênea. A comunidade de empresas familiares é composta por entidades muito diversas, com características comuns em certos aspectos, mas também com propriedades muito díspares em outras tantas dimensões. Além disso, essa heterogeneidade influencia no tipo de vicissitudes e problemas a serem enfrentados tanto no âmbito empresarial como na vertente propriamente relacionada com sua natureza familiar.

Por essa razão, é necessário estabelecer, desde este primeiro capítulo, algumas das dimensões mais significativas que permitem diferenciar umas empresas familiares de outras, principalmente porque as tipologias descritas fundamentam-se em diferenças reais em relação à sua problemática específica. Não é nossa intenção, portanto, propor classificações puramente conceituais que não condizem com a realidade cotidiana dessas organizações.

São muitos os critérios que podem ser utilizados ao se estabelecer uma classificação de empresas familiares. Em primeiro lugar, podem ser utilizados os fatores sociodemográficos das empresas, muito utilizados nas tipologias das empresas em geral. Dentre eles destacam-se: porte da empresa, tempo de existência, setor de atividade, forma jurídica, mercado geográfico etc. Em segundo lugar, podem ser utilizados fatores específicos das empresas familiares. Nesse sentido, são dois os fatores que se destacam: o primeiro está relacionado com o grau da geração da empresa, e o segundo, com o tipo de vínculo de união existente entre a família e a empresa.

1.3.1. Tipos de empresas familiares de acordo com os fatores sociodemográficos

As empresas familiares são, sobretudo, empresas. Como qualquer outra comunidade empresarial, aspectos como porte, idade, setor de atividade, forma jurídica e mercado geográfico são especialmente importantes ao se estabelecer tipologias de empresas (Díez, Galán e Martín, 1996).

Não pretendemos repetir aqui o que pode ser encontrado em qualquer manual de introdução à gestão empresarial no que diz respeito a classificações de empresas. No entanto, acreditamos que é preciso lembrar que as empresas familiares podem ser classificadas segundo qualquer um desses fatores, principalmente pelo fato de elas não poderem ser identificadas com nenhum dos tipos de empresas que possam ser descritas em função desses fatores.

Esclarecendo um pouco mais essa idéia: muitas vezes se enfatiza que uma elevadíssima porcentagem de pequenas e médias empresas (PMEs) existentes são empresas familiares. Isso é realmente verdade, mas não é correto identificar qualquer empresa familiar como PME. Na verdade, não são muitos os exemplos de empresas familiares de grande porte. Veja o caso de empresas como Osborne, Freixenet ou Pikolín, só para citar três empresas espanholas.

Do mesmo modo, também com falta de exatidão, não é difícil encontrar pessoas que diferenciam as empresas entre familiares e multinacionais, como se o mercado geográfico pudesse ser um elemento diferenciador de ambas. Como no caso anterior, é certo que a maioria das empresas familiares não é multinacional, mas o mesmo ocorre com o restante das empresas, visto que as companhias multinacionais são numericamente minoritárias. Empresas como Abengoa, Cortefiel ou Sol Meliá são exemplos claros de empresas familiares multinacionais espanholas.

Finalmente, outros autores preferem fazer distinção entre empresas familiares e empresas públicas (no sentido anglo-saxão do termo), ou seja, empresas cuja propriedade encontra-se diluída em ações com cotação em um mercado de valores. Entretanto, apesar de, novamente, a maioria das empresas familiares não ter cotação em bolsa e de a maioria das empresas com cotação em bolsa de valores não ser familiar, ambas as características não são reciprocamente excludentes, nem sequer contraditórias. Desse modo, existem empresas familiares cotadas de forma que a família mantenha a propriedade de um pacote acionário suficiente para manter o controle da empresa, enquanto o restante é negociado nas bolsas de valores. Alguns exemplos de empresas espanholas desse tipo são: SOS Arana, Ferrovial, Catalana Occidente etc.

Em suma, podemos dizer, em primeiro lugar, que as empresas são menos ou mais familiares, de acordo com os critérios expostos anteriormente. Em segundo lugar, conforme o porte, existem empresas familiares grandes, médias e pequenas. Com relação ao mercado geográfico, há empresas familiares locais, regionais, nacionais e multinacionais. De acordo com o tipo de propriedade e da forma jurídica, há empresas familiares que são sociedades e outras não, podendo ser sociedades de responsabilidade limitada, sociedades anônimas e de outros tipos, algumas com cotação em bolsa de valores e outras, não.

1.3.2. Tipos de empresas familiares com relação à geração

No âmbito da prática profissional, no mundo da empresa familiar, o principal critério de classificação das empresas familiares consiste da relação com a geração que está na empresa. Assim, costuma-se dizer que uma empresa é de primeira geração quando ela é de propriedade da família e dirigida pelo fundador ou fundadores. Diz-se que uma empresa é de segunda geração quando é gerenciada por filhos/sobrinhos do fundador ou fundadores. Diz-se que a empresa é de terceira geração quando ela é controlada pelos netos do fundador/fundadores, e assim, sucessivamente.

Com relação a esse critério de classificação, é preciso dizer que se trata de um critério muito gráfico ao se estabelecer um primeiro contato com uma empresa familiar, visto que a geração envolvida é uma variável que mantém estreita relação com outras dimensões da empresa e, por conseqüência, com a problemática específica que apresenta.

Assim, em primeiro lugar, o nível de envolvimento de uma geração está vinculado, necessariamente, à idade organizacional, a qual, por sua vez, costuma estar intimamente ligada às diferentes fases evolutivas por que passa qualquer empresa (ciclo de vida da empresa). Em segundo lugar, a geração que estiver envolvida com a empresa influencia no número de proprietários e nas suas inter-relações. Assim, as empresas em primeira ou segunda geração apresentam um número reduzido de proprietários, e suas relações são de grande proximidade – característica que diminui, conforme avançamos a gerações posteriores. Em terceiro lugar, a geração envolvida costuma estar relacionada com o porte e o grau de diversificação da empresa.

Diante desses pontos fortes, o fator geração apresenta algum inconveniente. Em termos concretos, o principal *handicap* desse critério de classificação é sua medição. Conforme uma empresa passa de geração a geração, estas tendem a se confundir e a se misturar na empresa – aspecto que se manifesta nas duas vertentes das empresas familiares: a família e a empresa. No que se refere à família, começa a acontecer o fenômeno de maior aproximação entre certos membros de gerações diferentes do que entre membros da mesma geração (por motivos de idade e cultura). No que se refere à empresa, costuma haver membros de duas, três e até quatro gerações distintas trabalhando juntos nos seus diferentes âmbitos.

Figura 1.3 Tipos de empresas de acordo com a geração

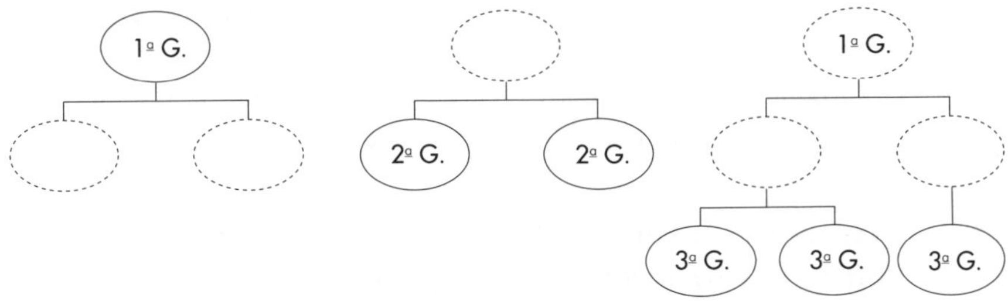

Comentaremos a seguir, resumidamente, algumas das características de cada tipo de empresa, de acordo com esse critério.

a) Empresas de primeira geração (fundador): são empresas controladas pelo fundador. Para muitos autores, esse tipo de empresa só pode ser considerado familiar se algum membro da geração seguinte (filhos, sobrinhos) já estiver nela incorporado, desempenhando algum tipo de função (trabalhando como membro do conselho de administração, como proprietário etc.). Nesse primeiro grau de geração, a propriedade pode ser única ou compartilhada, seja com outros membros da família (com algum irmão ou irmãos, por exemplo) seja com pessoas alheias a ela (sócios não-familiares). Desse modo, o cônjuge do fundador exerce papel fundamental nesse tipo de empresa, pois seu comportamento e sua atitude têm grande importância para a continuidade da geração.

b) Empresas de segunda geração (empresas de irmãos): são empresas em que o fundador, caso esteja vivo, passou para um segundo plano de atuação e o controle efetivo passou para seus filhos ou sobrinhos. A propriedade costuma estar nas mãos de vários irmãos. O controle da gestão, no entanto, pode estar tanto nas mãos da família como nas mãos de profissionais externos (empresa familiar profissionalizada) ou até mesmo ser compartilhado entre familiares e externos. Caso os irmãos participem da direção, todos podem executá-la ou só alguns deles, embora o mais comum seja que apenas um assuma a responsabilidade máxima pela empresa, concentrando sua liderança familiar.

C) Empresa de terceira geração ou posteriores (confederação de primos): são empresas familiares em que os netos (bisnetos, tataranetos etc.) do fundador são os principais proprietários e diretores. Nesse tipo de empresa, a complexidade existente obriga a se estabelecer sistemas formais de relações entre a empresa e a família (órgãos de governança estruturados, registros de família etc.). Tais sistemas serão analisados em capítulos posteriores.

1.3.3. Tipos de empresas familiares de acordo com o vínculo entre a família e a empresa

Uma terceira tipologia de empresas familiares surge quando se considera como critério de diferenciação o tipo de vínculo existente entre a família e a empresa, com relação a dois aspectos essenciais:

1. A vontade de continuidade da empresa familiar.
2. O tipo de relação (e dedicação) dos membros da família para com a empresa.

Considerando esses dois aspectos, o professor Gallo (1995, p. 5-7) define quatro modelos de empresas familiares (Figura 1.4):

a) **A "empresa de trabalho" familiar:** é aquela cujos membros da família pretendem gerenciá-la, com a maior parte deles atuando na empresa, se assim o desejarem. Desse modo, incentiva-se que os filhos trabalhem na empresa do pai e assim por diante, geração após geração, porém respeitando-se a vontade desses descendentes.
b) **A "empresa de direção" (administração) familiar:** trata-se da empresa em que os membros da família concordam em manter o controle apenas sobre a propriedade, transferindo a direção e a gestão da empresa aos familiares que tenham mais habilidade e formação. Nesse caso, portanto, somente alguns dos familiares têm realmente direito de trabalhar na empresa e de nela ocuparem cargos de responsabilidade. Os demais membros permanecem vinculados à empresa como acionistas/cotistas passivos.
c) **A "empresa familiar de investimento":** os membros da família proprietária dedicam-se exclusivamente a controlar as decisões de investimento e desinvestimento em diferentes negócios, e não na

Figura 1.4 **Tipos de empresas familiares de acordo com o vínculo entre a família e a empresa**

Fonte: Gallo (1995, p. 6).

gestão da empresa. O objetivo é manter maior liberdade de atuação, sem comprometer uma vinculação excessivamente estreita da família com determinado negócio da empresa. Procura-se maximizar a rentabilidade que os membros da família possam obter por meio dos negócios que realizam.

d) **A "empresa familiar conjuntural":** é aquela empresa em que não existe claro interesse da família em futuramente manter a propriedade ou a gestão sobre ela. O vínculo existente é resultado de circunstâncias históricas (herança de negócios ou patrimônios). No futuro, esse tipo de empresa tende a se desfazer assim que houver uma oferta de investidores externos.

Na verdade, somente os três primeiros tipos de empresas podem ser considerados familiares, no sentido estrito. Além disso, segundo Gallo (1995), costuma existir entre elas uma relação temporal, de modo que pode ser identificada certa evolução entre esses três tipos, pois inúmeras delas nascem como empresas de trabalho familiar e, com o tempo, muitas transformam-se em empresas de direção familiar para, depois de anos, algumas tornarem-se empresas familiares de investimento (Figura 1.4).

1.4. A EMPRESA FAMILIAR

Embora não existam números precisos, não há dúvida de que as empresas familiares constituem a base do tecido empresarial de grande parte da economia do mundo. O que há são apenas estimativas, tanto na Espanha e no Brasil, como em outros países, mas todas elas coincidem em um ponto fundamental: a maioria das empresas privadas é familiar e o peso delas na economia é esmagador.

Na Espanha, segundo o Instituto de la Empresa Familiar, existem cerca de um milhão e meio de empresas familiares, as quais empregam mais de oito milhões de trabalhadores, o que representa mais de 80% do emprego privado. Elas representam também 65% do total das empresas existentes no país, sendo responsáveis por aproximadamente 65% do PIB nacional e por 60% das exportações.

Como afirmamos anteriormente, são poucos os dados existentes que podem nos orientar sobre as características das empresas familiares – essa escassez de dados ocorre praticamente em todos os países. No entanto, faz poucos anos que o interesse crescente em conhecer e compreender as peculiaridades desse tipo de empresa está promovendo a realização de estudos descritivos sobre o assunto.

Entre esses trabalhos, podemos destacar um publicado por María Jesús Nieto (2002), sobre as características da empresa familiar espanhola. Os dados foram fornecidos pela Encuesta sobre Estratégias Empresariales (ESEE – pesquisa sobre estratégias empresariais). O trabalho analisa diversas características empresariais, das quais destacamos as seguintes: porte, mercado geográfico, setor de atividade e disponibilidade de recursos financeiros.

a) **Porte:** em relação ao porte, do total de empresas existentes na base de dados, mais da metade (56%) são PMEs familiares. Vale a pena ressaltar que, na média, 73% de todas as PMEs e 83% das PMEs familiares têm menos de 20 trabalhadores. Do mesmo modo, somente 25% das empresas com mais de 100 funcionários são familiares.

b) **Mercado geográfico:** esse aspecto está relacionado com o mercado geográfico das empresas. A análise da distribuição do mercado geográfico das PMEs familiares e não-familiares, em 1999, revela que as PMEs familiares têm um mercado geográfico mais reduzido (embora seja preciso reconhecer que a evolução desses dados parece esclarecer um processo de convergência nesse aspecto entre empresas familiares e não-familiares).

c) **Setor de atividade:** um terceiro aspecto que se refere aos principais setores de atividade nos quais as empresas familiares espanholas se concentram. Em 1999, os setores em que estava concentrada grande parte das empresas familiares do total de empresas desses setores eram: Madeira e móveis de madeira, Couro, pele e calçados, Têxteis e vestuário. Nesses setores, as empresas familiares representam, respectivamente, 66,6%, 65% e 63% do total do setor.

d) **Disponibilidade de recursos financeiros:** os dados relacionados à disponibilidade de recursos financeiros revelam que as empresas familiares têm um nível de endividamento maior que as não-familiares. Isso se deve ao fato de que essas empresas preferem recorrer a uma dívida bancária a fazer aplicações de capital diante das necessidades financeiras (para não perderem o controle sobre a propriedade da empresa).

ATIVIDADES

A seguir é proposta uma série de atividades voltadas para o desenvolvimento das habilidades de compreensão e reflexão do aluno.

1. O que é, na sua opinião, uma empresa familiar?

Guia da atividade

Essa atividade deve ser realizada antes de os alunos receberem algum tipo de influência ou informação do professor, ou seja, antes de suas idéias serem influenciadas. Essa atividade é muito simples, visando possibilitar uma reflexão do aluno e incentivar uma discussão sobre as suas concepções. A atividade consiste em fazer aos estudantes a pergunta que estabelecemos como título da atividade: "o que é, na sua opinião, uma empresa familiar?".

Cada aluno receberá dois papéis. No primeiro, o aluno deve, individualmente e sem interação com os colegas, elaborar uma definição de empresa familiar, de acordo com suas idéias preconcebidas. No segundo papel, o aluno deve fazer uma lista de características com as quais associa uma empresa familiar, por exemplo: "mais da metade do capital pertence à família", "o diretor-geral é um membro da família", "trabalham vários membros de uma mesma família" etc.

Passado um tempo suficiente para responder a essas questões, o professor deve escrever na lousa algumas das definições dos alunos e algumas das características, até que as idéias expostas comecem a ser repetidas. A partir desse momento, o professor, como em um processo de *brainstorming,* vai resumindo as idéias, eliminando as repetições e reunindo conceitos parecidos até chegar a algumas idéias de consenso. A atividade termina com uma sessão orientada pelo professor para os alunos emitirem suas opiniões e discutirem o tema.

2. É comum ouvir ou ler em vários lugares que as empresas familiares diferenciam-se das grandes corporações ou multinacionais por sua flexibilidade, velocidade para tomar decisões etc. Você considera que essas características diferenciais provêm da natureza familiar, uma vez que elas costumam ser de pequeno porte?

Boa parte das características expostas, como a flexibilidade ou a velocidade na tomada de decisões, está mais relacionada à propriedade da empresa, indiferentemente do fato de esta ser ou não uma empresa familiar – em particular com o porte da empresa. As grandes empresas normalmente são menos flexíveis que as pequenas e a velocidade da tomada de decisões costuma ser maior nas PMEs do que nas grandes corporações, visto que estas costumam desenvolver estruturas organizacionais complexas, com níveis de burocracia elevados, por meio de sistemas e rotinas também complexos.

No entanto, as empresas familiares não devem ser confundidas com as pequenas e médias empresas. Como mostrado neste capítulo, as empresas familiares podem ser grandes, médias e, claro, pequenas. Do mesmo modo, a oposição entre empresas familiares e multinacionais é também uma simplificação sem sentido. Cada vez mais empresas familiares são multinacionais e poderiam ser classificadas como corporações multinacionais.

3. Quais você considera serem algumas das causas da falta de consenso na definição do conceito de empresa familiar? E quais você acredita serem os principais inconvenientes ou problemas que provocam essa falta de consenso?

Várias podem ser as causas consideradas. Em primeiro lugar, o estudo das empresas familiares é consideravelmente recente e, por isso, a discussão sobre uma definição ainda não foi suficientemente extensa para se chegar a um estado de consenso global. Em segundo lugar, seu estudo foi desenvolvido a partir de enfoques bastante diversos. Assim, a empresa familiar conta com uma grande tradição no âmbito da consultoria, mas não no contexto acadêmico universitário de pesquisa. Da mesma forma, em pesquisas relacionadas a empresas e à administração prevalecem critérios de classificação associados com condições formais e objetivas que justifiquem reduções totais ou parciais de determinados impostos. Em resumo, cada administrador desenvolveu a sua concepção de acordo com necessidades e interesses próprios, os quais nem sempre coincidem.

Também são muito numerosos os problemas que surgem diante dessa falta de exatidão na determinação da empresa familiar. Na prática, essa falta de identificação dificulta a conquista de uma das aspirações de muitas empresas familiares com relação à existência de um sistema jurídico próprio. Além disso, do ponto de vista do desenvolvimento do conhecimento, é realmente difícil compreender as especificidades das empresas familiares, se não há um acordo sobre quais são exatamente essas empresas. Além disso, grande parte das pesquisas realizadas perde parte de sua utilidade por não ser possível estabelecer comparações de resultados por causa da utilização de diferentes conceitos de empresa familiar.

4. Segundo a tipologia de empresas do professor Gallo, baseada no vínculo entre a família e a empresa, você acredita que haja um processo comum de evolução entre uns e outros tipos de empresas?

Na verdade, as empresas familiares não costumam surgir como tais. Essa classificação surge no decorrer de um período de tempo, a fim de que membros da geração seguinte alcancem uma idade mínima para poder atuar na empresa. Depois disso, o normal é que a empresa comece adotando a forma de "empresa de trabalho familiar", na qual os diferentes membros da família que a controlam sentem que ela é o espaço natural para desenvolverem sua carreira profissional. Após alguns anos, e conforme a família cresce, essa possibilidade começa a ser cada vez mais difícil e a empresa passa a sentir necessidade de filtrar a entrada de familiares. Assim, passaríamos a um segundo nível, o da "empresa de direção (administração) familiar". Muitas empresas acabam sua trajetória nesse ponto. Porém, outras dão um passo a mais e acabam se tornando uma "empresa familiar de investimento".

5. A seguir, são propostas três listas de empresas da Andaluzia (região do Sul da Espanha) nacionais e internacionais. A partir de diferentes fontes de informações (imprensa econômica, revistas especializadas, internet etc.) identifique quais são as empresas que podem ser classificadas como familiares. Apresente justificativas.

Empresas andaluzas	Empresas das demais regiões da Espanha	Empresas estrangeiras
Osborne	Chupa Chups	Lacoste
Abengoa	BBVA	Pepsico
Larios	Inditex	Samsung
Azvi	Pikolín	Ford
Saimaza	El Corte Inglés	Washington Post

6. Considere os seguintes casos de empresas:

Empresa A: empresa de grande porte, multinacional, tem cotação em bolsa, e uma família (entre sua terceira e quarta gerações) controla 6% do capital, constituindo o grupo acionário majoritário. De fato, o diretor-geral pertence à família, assim como dois dos oito membros do conselho de administração.

Empresa B: empresa de pequeno porte cujo capital está nas mãos de uma única pessoa. Um dos seus dois filhos acaba de entrar para a empresa em um cargo diretivo e o outro ainda está estudando. Não há conselho de administração e o dono assume todas as responsabilidades (único administrador da empresa).

Qual das duas empresas você considera mais familiar?

Realmente é difícil definir qual das duas empresas é mais familiar. Os dois casos revelam claramente o caráter multidimensional do fenômeno. Assim, enquanto na primeira empresa o controle da propriedade é muito mais reduzido que na segunda, a empresa A já passou por dois processos de mudança de geração, o que supõe uma garantia do nível de participação da família na empresa.

A empresa B ainda não passou por nenhum processo sucessório, além disso, o controle está tão concentrado no fundador da firma que, mais do que uma empresa familiar, devemos considerá-la uma empresa unipessoal.

7. Exercício na internet: visite o site da empresa multinacional holandesa do setor cervejeiro Heineken (www.heineken.com). Analise a evolução da empresa e a vinculação da família Heineken com ela. Quais foram os diferentes líderes de cada geração? O que contribuiu para o desenvolvimento da empresa?

LEITURAS E QUESTÕES PARA DISCUSSÃO

LEITURA 1:

"Sua empresa é uma empresa familiar?", C. Escribano, ¿Es su empresa una empresa familiar? *Actualidad de la Empresa Familiar*, n. 1, p. 1.

Resumo

O artigo pretende aprofundar a reflexão sobre o conceito de empresa familiar. Para isso, mais do que formulações generalizadas, ele aborda a questão da identificação, por meio de parâmetros quantitativos, sobre o que é uma empresa familiar. Nesse sentido, o autor fundamenta-se em três tipos de requisitos determinados por:

a) o conjunto de acionistas;
b) a atividade;
c) a governança e a direção.

Além desses fatores, o artigo analisa outros aspectos e situações relacionados com a definição de empresa familiar.

Questões para discussão

1. O autor considera a possibilidade de uma empresa familiar ser controlada por mais de uma família. O próprio artigo deixa uma interrogação: "São empresas familiares?" Responda individualmente a essa questão, com um sim ou um não, e justifique sua resposta. Em seguida, o professor pode promover um debate entre os alunos que considerem esse tipo de empresa familiar e os que tenham opinião diferente.

2. Depois de ler atenciosamente o artigo, proponha uma definição de empresa familiar que abarque os principais argumentos expostos pelo autor. Você concorda com essa definição? Que aspecto você modificaria?

3. Você acredita que pode ser medido o quanto uma empresa é familiar através de indicadores quantitativos? Justifique sua resposta. Em caso afirmativo, proponha indicadores de possibilidade de quanto uma empresa é familiar.

LEITURA 2:

"Conceitos errados sobre a empresa familiar", E. Frankenberg, Conceptos erróneos sobre la empresa familiar. *Actualidad de la Empresa Familiar*, n. 19, p. 1-2.

Resumo

A autora percorre os diversos assuntos que costumam acompanhar as empresas familiares, mas que realmente não têm a ver com seu verdadeiro significado. O texto expõe cinco questões que toda empresa familiar deveria defrontar, a fim de anulá-las. Em suma, a autora defende que:

a) a empresa familiar não é uma monarquia;
b) a empresa familiar não é uma comunidade de iguais;
c) a empresa familiar não é uma comunidade religiosa;
d) a empresa familiar não é um banco;
e) a empresa familiar não é imortal.

Questões para discussão

1. Qual é a opinião da autora com relação aos critérios que devem prevalecer ao selecionar o sucessor? Como a questão do sexo influencia esse processo? Você acredita que em muitas empresas familiares ainda há discriminação sexual? Como a ordem de nascimento influencia no processo de seleção do sucessor? Você acredita que esse fator deve ser levado em consideração? Justifique suas respostas.

2. A autora defende que a empresa familiar não é uma comunidade de iguais. Isso significa que a empresa familiar não deve fazer prevalecer o valor da igualdade? O que você pensa ser mais importante na empresa familiar: a igualdade ou a justiça? Se a empresa deve levar em consideração as diferenças de objetivos existentes entre os diversos membros da família, quais fatores você acredita que podem ser levados em consideração e quais não devem?

3. A autora, no terceiro ponto do artigo, defende a importância de estabelecer limitações temporais para as decisões relacionadas com as pessoas. Leia com atenção os argumentos que ela expõe, reflita sobre eles e responda: você concorda com a idéia dela? Quais aspectos você acredita que devam ser regularizados nesse sentido? Você colocaria limitações máximas para o exercício dos cargos de maior importância ou deixaria à livre escolha dos membros da família, a cada momento?

4. Quando a empresa funciona como uma instituição financeira da família, que problemas podem surgir para o futuro da própria empresa? E para a família?

5. Até que ponto é positivo que seja ressaltado o valor da continuidade da empresa familiar? Acredita que é positivo? Ou, pelo contrário, pensa que ocorre uma pressão excessiva para os membros das futuras gerações?

REFERÊNCIAS

AMAT, J. *La continuidad de la empresa familiar.* Barcelona: Gestión, 2000.

ASTRACHAN, J. H.; KLEIN, S. B. e SMYRNIOS, K. X. The F-PEC scale of family influence: a proposal for solving the family business definition problem. *Family Business Review*, 2002, 15(1), p. 45-58.

DONCKELS, R. e FRÓHLICH, E. Are family business really different? European experiences from STRATOS. *Family Business Review*, 1991, 4(2).

GALVE, C. e SALAS, V. *La empresa familiar en España*: fundamentos económicos y resultados. Bilbao: Fundación BBVA, 2003.

GERSICK, K. E.; DAVIS, J. A.; McCOLLOM HAMPTON, M. e LANSBERG, I. *Empresas familiares:* generación a generación. México: McGraw-Hill, 1997. Série Management.

HANDLER, W. C. Methodological issues and considerations in studying family business. *Family Business Review*, 1989, 2(3), p. 257-276.

LANDSBERG, I.; PERROW, E. L. e ROGOLSKY, S. Family business as an emerging field. *Family Business Review*, 1988, 1(1), p. 1-8.

LEACH, P. More than family: non-family executives in the family business. *Family Business Review*, 2002, 15(2), p. 159-160.

LEVINSON, H. Conflicts that plague family business. *Harvard Business Review*, mar./abr. 1971, p. 90-98.

LITZ, R. A. The family business: toward definitional clarity. *Family Business Review*, 1995, 8(2), p. 71-82.

NEUBAUER, F. e LANK, A. G. *La empresa familiar:* cómo dirigirla para que perdure. Bilbao: Deusto, 1999.

SMYRNIOS, K. X.; TANEWSKY, G. A.; e ROMANO, C. A. Development of a measure of the characteristics of family business. *Family Business Review*, 1998, 11(1), p. 49-60.

UHLANER, L. M. *The use of the Guttman scale in development of a family business index.* Research Forum Proceedings of 13th Annual World Conference of Family Business Network, Helsinki, 2002.

A problemática específica da empresa familiar

APRESENTAÇÃO

As empresas familiares são o alicerce do desenvolvimento econômico e muitas delas alcançam posições de liderança nos setores em que atuam. No entanto, atualmente, além de terem dificuldades para crescer e atingir formas organizacionais sofisticadas, elas apresentam baixa expectativa de vida, em comparação às empresas não-familiares, e elevadíssima taxa de mortalidade.

Neste capítulo, pretendemos apresentar uma primeira aproximação com a complexa realidade da empresa familiar.

Nosso objetivo principal é facilitar e fornecer aos estudantes da área conhecimentos que possam lhes servir como introdução e sistematização da problemática da empresa familiar – uma realidade que possivelmente muitos deles, em um futuro não muito distante, terão de enfrentar, como seus principais gestores. Portanto, primeiramente, na seção 2.2, serão analisados os principais problemas que ameaçam a empresa familiar e, em seguida, serão apresentadas brevemente algumas propostas de resolução que permitirão a nossos futuros dirigentes, senão solucioná-los na totalidade, pelo menos conhecer as causas de sua origem, e atenuar, ainda que seja parcialmente, suas conseqüências. Essa seção foi estruturada de acordo com o modelo desenvolvido por Amat (2000): o modelo dos cinco círculos – que abarca a problemática da empresa familiar a partir da análise de cada uma das cinco áreas principais que envolvem esse tipo de empresa (a família, a propriedade, o negócio, a gestão e a sucessão).

A seção 2.3 aborda a cultura da empresa familiar após as questões iniciais que tratam do conceito e de alguns aspectos sobre sua formação, evolução e transmissão, tentando estabelecer dessa maneira os aspectos reais desse tipo de empresa, os quais, acreditamos, os empresários devem se esforçar para desenvolver, caso desejem que sua organização conserve tal caráter ao longo do tempo.

Por fim, nas seções 2.4 e 2.5 são abordadas as forças de união e dedicação – alicerces nos quais está fundamentada a cultura da empresa familiar –, assim como as principais causas de mortalidade das empresas familiares, as chamadas grandes armadilhas.

Capítulo 2

2.1. INTRODUÇÃO

Em muitos aspectos, a empresa familiar é como qualquer outra empresa em que se procura gerar riqueza, produzindo bens ou prestando serviços. Para atingir esse objetivo, emprega pessoas com diferentes experiências, habilidades e metas individuais, mas que se complementam para alcançar os objetivos da organização: trabalhar com a maior eficiência possível para gerar rentabilidade e ganhos. Entretanto, a empresa familiar é única em um aspecto-chave: seus dirigentes e funcionários compartilham, além de uma relação familiar, normas éticas e de conduta que seguem, em maior ou menor grau, no local de trabalho, isto é, têm uma cultura própria.

A maioria das razões que encontramos para explicar por que uma empresa deixa de ser familiar baseia-se no fato de ela não ter sabido identificar a tempo os dois papéis que os diversos membros da família devem exercer em suas relações com a empresa e que, ao não identificar o que se tem a oferecer à empresa familiar e o que se pode esperar dela, fica muito difícil fazer com que sejam mantidos a união entre os que formam a empresa e o compromisso de dedicação para conseguir sua função social. União e compromisso são, assim, as principais forças das boas empresas familiares.

O *boom* econômico vivido pela maioria dos países ocidentais a partir de meados dos anos 1950, e especialmente durante as décadas de 1960 e 1970 permitiu o nascimento e o desenvolvimento da maioria das empresas familiares atuais. No entanto, elas estão enfrentando difíceis mudanças desde meados da década de 1980. Grande parte delas está em processo de transição, nada fácil, de uma primeira geração dos seus fundadores para uma segunda geração, constituída geralmente pelos filhos. A questão é que, enquanto a primeira geração tem excelente visão comercial para identificar as necessidades do mercado e uma notável capacidade empreendedora de arriscar e construir uma organização, geralmente informal e flexível, feita à sua medida, os membros da segunda geração, além de possuírem perfis mais profissionalizados do que os pais e que dificilmente se encaixam com o perfil da organização que herdaram, não têm autonomia para realizar as mudanças estratégicas e organizacionais que alterariam essa situação. Igualmente, como conseqüência da internacionalização e da evolução tecnológica que a sociedade ocidental vivenciou nas últimas décadas, as empresas familiares tradicionais e de caráter mais local têm dificuldades ainda maiores que muitas das não-familiares para seguir competindo tanto com empresas multinacionais como com empresas internacionais. Infelizmente, a maioria dos estudos indica que a vinculação da empresa familiar com a própria família proprietária dificulta sua continuidade. Em geral, as empresas familiares apresentam excessiva resistência para enfrentar a necessidade de profissionalizar a gestão, bem como para incorporar dirigentes profissionais alheios à família para desenvolver as habilidades das suas equipes ou para ter uma perspectiva maior, voltada para o mercado externo, que permita tanto a manutenção e a melhora da sua posição competitiva como, e principalmente, sua internacionalização. A falta de resolução para alguns problemas como os anteriormente citados, na maioria dos casos faz essas empresas familiares caírem em grandes armadilhas, as quais essas unidades empresariais têm de superar se quiserem garantir sua continuidade, lançando mão, para isso, além do aproveitamento das suas forças, do estabelecimento de uma cultura sólida, capaz de perdurar no tempo. "O desafio da continuidade e do desenvolvimento da empresa familiar é apoiar-se decididamente nas forças da união e do compromisso, fazendo com que se transformem em valores e princípios da sua cultura, graças a uma decidida e inteligente determinação de não cair nas grandes armadilhas" (Gallo, 1995, p. 52).

2.2. A PROBLEMÁTICA DA EMPRESA FAMILIAR: PRINCIPAIS PROBLEMAS E RECOMENDAÇÕES

Nesta seção, pretende-se aprofundar sobre os principais problemas enfrentados pelas empresas familiares. Para analisar esses problemas (que afetam, na maioria das vezes, a continuidade dessas empresas), tomamos como base o modelo dos cinco círculos. Um modelo de diagnóstico elaborado por Amat (2000), baseado no denominado modelo dos três círculos, proposto por Davis e Tagiuri (1989) e ampliado posteriormente por autores como Ward (1994) e Lansberg (1983), que permite analisar as diferenças entre os diversos grupos de interesse existentes na empresa familiar e, como conseqüência, os problemas que originam, sempre que pertençam a todos ou a algum dos seguintes âmbitos ou áreas: família, propriedade, negócio, gestão e sucessão.

Em razão disso podemos dizer, portanto, que, dentro da sua problemática geral, a empresa familiar enfrenta:

a) **A sobreposição entre família e empresa**

O que é comum a todas as empresas familiares é o envolvimento direto, geralmente em diferentes momentos, de familiares tanto com a direção da empresa, principalmente na primeira e segunda gerações, como com seu grupo de acionistas/cotistas e com o conselho de administração. Isso implica trabalhar tanto com familiares como exercer simultaneamente vários papéis (familiar, proprietário e/ou funcionário/diretor) e depender economicamente da família.

O que faz com que a empresa familiar seja especialmente complexa são precisamente esses estreitos vínculos entre família, propriedade e empresa, pois provocam uma problemática sobreposição de papéis: a pessoa é, ao mesmo tempo, pai, gerente ou diretor geral, principal acionista/cotista e presidente do conselho de administração. Essa situação faz não apenas com que não haja uma clara separação entre o âmbito familiar e o da empresa, como também com que a história familiar, os valores e as regras de comportamento, bem como a relação interpessoal da família, passem a ser os fatores predominantes na empresa. Além disso, o esforço que o fundador realiza durante a criação e o posterior desenvolvimento da empresa, assim como a implicação dos demais membros da família em sua continuidade, dificulta a separação entre os dois âmbitos ou instituições. Tradicionalmente, os critérios familiares são os que acabam predominando sobre os empresariais. A transferência de valores da família, como a democracia familiar ("somos todos irmãos", "todos temos os mesmos direitos") para o mundo empresarial não corresponde às linhas de autoridade com as que essa empresa deve ser dirigida (baseada na relação de hierarquia entre superior e subordinado). Além disso, essa atitude pode criar graves dificuldades para a família e para a própria empresa. É inevitável o desequilíbrio que pode existir entre as diferenças de motivação e competência profissional entre familiares, por um lado, e, por outro, entre suas expectativas em relação à igualdade de direitos, a responsabilidades e à remuneração. As condições atuais requerem que o mercado e o profissionalismo tenham prioridade sobre o nepotismo e a relação familiar.

Do mesmo modo, uma elevada participação da família na gestão da empresa pode levar ao desenvolvimento de atitudes negativas, como o favoritismo, a desconfiança ou as resistências à sua necessária profissionalização e renovação estratégica. Por sua vez, o predomínio dos valores familiares sobre os empresariais pode provocar o surgimento de desequilíbrios na relação profissional, tanto com familiares como com profissionais externos (por exemplo, em aspectos como remuneração, promoção, descentralização e tomada de decisões). A existência desses grupos de interesses diferentes também faz com que surjam problemas lógicos, derivados da diferença de expectativas, interpretação e vivência da realidade. Igualmente, podem ser gerados conflitos de interesses entre os que trabalham na empresa e recebem uma remuneração mensal fixa e os externos a ela (por exemplo, os acionistas), que só recebem dividendos. Entre outros, esses problemas surgem principalmente na hora de dividir os benefícios. Do mesmo modo, pode haver conflitos entre os familiares que são diretores e os que por eles são dirigidos, sejam seus pais, tios, irmãos ou cunhados.

Quando a família controla a empresa familiar ficam mais visíveis os conflitos e tensões na empresa, assim como a harmonia e a união dessa família. Há maior probabilidade de conflitos, principalmente quando se trabalha em conjunto. O aparecimento de tensões interpessoais, tanto dentro como fora da empresa, muitas vezes é o resultado de tensões familiares mal resolvidas e não declaradas na família que se refletem dentro da empresa. São conflitos que surgem principalmente quando se tem de tomar decisões importantes: remuneração, cargo, hierarquia. São rivalidades e tensões estruturais que estão bastante relacionadas à ausência de regras do jogo, denominada *status* familiar ou protocolo familiar, e que se agravam quando existe um sentimento de favoritismo e ofensas que permitam comparação.

Todos esses conflitos anteriormente comentados são provenientes do que poderíamos chamar de uma raiz comum: a sobreposição entre família e empresa favorece mas também complica a vida familiar empresarial e patrimonial. Nesse sentido podemos afirmar que essas tensões não só são normais como também positivas, pois podem favorecer a recuperação do espírito empresarial e as renovações estratégica e organizacional.

b) **As dificuldades para enfrentar a crescente internacionalização**

A empresa familiar tem sérias dificuldades para manter sua rentabilidade de forma sustentada a longo prazo. Isso está ligado a seus entraves para enfrentar a internacionalização das suas atividades, a incorporação de novas tecnologias de processo e a adaptação e renovação dos seus produtos.

A crescente internacionalização implicou ratificação da vulnerabilidade da posição competitiva de muitas empresas familiares espanholas. Gual e Hernández (1996) estimam que deter 61% da indústria é pouco ou muito pouco competitivo. Uma causa direta disso é a maior ênfase dada a uma estratégia de seguidor que à de liderança, centrada na adaptação de produtos já existentes, e uma limitada inovação de produtos, além da incorporação mais lenta de novas tecnologias que as empresas não-familiares. Como conseqüência, as empresas familiares atuam predominantemente em mercados de caráter local ou nacional, com limitadas operações internacionais, e têm maior presença em setores manufatureiros mais tradicionais e de menor capacidade tecnológica.

c) **As dificuldades para enfrentar uma renovação organizacional**

A empresa familiar tem graves dificuldades para encarar a necessidade de renovação organizacional continuada do seu pessoal, da sua cultura e dos seus sistemas. Muitas vezes, isso está ligado ao predomínio dos critérios familiares sobre os empresariais e ao estilo de administração dos seus líderes (principalmente no caso dos fundadores), geralmente muito centralizado e voltado para uma gestão personalista. Isso costuma gerar dificuldades para enfrentar a profissionalização do seu pessoal, atrasando tanto a mudança de geração como o desenvolvimento dos instrumentos de direção necessários para facilitar essa mudança, promover sua melhoria competitiva (planejamento estratégico, planos de *marketing*, gestão financeira, recursos humanos e planos de qualidade) e estimular uma progressiva descentralização, graças à existência de adequados sistemas de gestão e de desenvolvimento permanente do pessoal.

d) **As dificuldades para planejar antecipadamente a sucessão da propriedade e da gestão**

Para Vilanova e Gimeno (1996), a maioria das empresas tem essas dificuldades. O fator que pode contribuir mais diretamente para o surgimento desses problemas certamente é a resistência dos familiares em abrirem mão do poder, principalmente se for proprietário único e gestor da empresa, especialmente se for seu fundador. Isso costuma estar associado à ausência ou à resistência à elaboração de um plano de sucessão, seja escrito, seja verbal. A essa situação anterior soma-se, como indicaram Lansberg (1988) e Davis e Taiuri (1989), a grande tensão familiar que um sem-número de empresas vivencia durante esse processo ou enquanto o aguarda. Essa tensão é gerada principalmente pelo aumento da rivalidade entre pais e filhos, irmãos e/ou entre diferentes acionistas ou ramos familiares, assim como pela ansiedade causada por essa situação nos diferentes grupos envolvidos (pessoal não-familiar, principalmente o de confiança do líder que transfere o comando, clientes e fornecedores).

e) **A gestão do patrimônio familiar e a ineficácia dos órgãos de governança da empresa, principalmente do conselho administrativo**

A gestão do patrimônio familiar pode originar, principalmente nas empresas de menor porte:

1. O risco de confusão entre patrimônio familiar e empresarial: em muitos casos, os benefícios conseguidos ao longo de toda a vida são reinvestidos na própria empresa, sendo colocados inclusive os imóveis em nome dela. A empresa consegue até mesmo fazer empréstimos por meio da penhora do patrimônio familiar e pessoal. Tudo isso implica elevado risco de perda tanto do patrimônio empresarial como do familiar.
2. O alto risco de confusão entre as finanças da empresa e as da família: em muitos casos, o pagamento de dividendos ou a remuneração são feitos de acordo com as necessidades familiares e não com os benefícios obtidos. E mais, existem casos em que inclusive as despesas domésticas ou particulares da família são pagas com cartões de crédito da empresa.
3. Uma consciência limitada da necessidade de realizar um adequado planejamento jurídico (civil, comercial e fiscal): quanto à governança corporativa, diremos simplesmente como os problemas relacionados à empresa familiar podem ser causados pela ausência de estruturas adequadas. Conforme será visto nos próximos tópicos, a governança corporativa atua por meio do conselho de acionistas e do conselho administrativo e é estruturada pelo código comercial e pelo protocolo da família. A dispersão do capital e/ou de um elevado número de acionistas sem que exista um acionista majoritário agrava ainda mais esse problema. Do mesmo modo, mostramos que, de acordo com as pesquisas realizadas, a presença limitada de conselheiros que não são da família, e principalmente de conselheiros externos, é uma das razões da menor eficiência dos conselhos administrativos.

f) **Uma gestão inadequada**

Sobretudo nas empresas familiares de menor porte, caracterizadas por uma estrutura organizacional majoritariamente personalista, há um sistema de controle pouco formalizado e uma política de recursos humanos não muito bem definida de formação, promoção e remuneração, geralmente não relacionada com critérios de mercado e eficácia.

A esses problemas, Cuatrecasas (2001) acrescenta os seguintes:

- **A solidariedade familiar:** as relações entre familiares são geralmente mais fortes quanto maior for o parentesco. Por isso, é muito freqüente pais darem trabalho aos filhos, prescindindo das suas capacidades e da sua verdadeira vocação e, inclusive, reservarem para eles as melhores oportunidades, em prejuízo dos mais afastados do núcleo da família ou totalmente alheios a ele. O resultado costuma ser a falta de entusiasmo, o abandono da empresa ou a recusa dos que nela estão ou que são considerados mais capacitados a nela entrarem.
- **Os defeitos de comunicação:** podem ter uma tripla origem. Em primeiro lugar, há o que provém do enorme esforço que o fundador deve envidar durante os primeiros anos de vida da empresa familiar e que lhe impedem de manter uma relação pessoal adequada com sua família. Em segundo lugar, o que deriva do próprio *modus operandi* da família em relação a esse assunto. Se há pouco diálogo, é provável que, com relação à empresa, exista também uma falta de comunicação. E, em terceiro lugar, pela falta de metodologia e rigor nos procedimentos para discutir os assuntos da empresa entre a família, muitas vezes estando os diretores não-familiares ausentes nessas discussões mesmo ocupando cargos de liderança.
- **Excesso de segredos:** é freqüente considerar os assuntos da empresa como uma prolongação dos assuntos familiares, os quais não devem ser expostos em público. Conseqüentemente, os problemas e as necessidades da empresa não são discutidos o suficiente, principalmente aqueles relativos às necessidades financeiras.
- **A prevalência da família sobre a empresa:** na dicotomia família-empresa, o empresário e os membros da família sentem-se obrigados a decidir quem deve ter prioridade. Não se trata de obter uma decisão única, de forma que ninguém esteja obrigado a tomar uma posição a favor ou contra, mas sim de avaliar, em uma situação de relação entre ambas as instituições, quais interesses podem carecer de maior proteção.

Além desses problemas (solidariedade familiar, defeitos de comunicação, excesso de segredos, nepotismo e prevalência da família sobre a empresa), existem outros que estão intimamente relacionados aos comentados por

Amat (2000), no início desta seção. Cuatrecasas (2001) fornece um possível **guia de ação** sobre como solucionar essas dificuldades nas empresas familiares. Esse guia contém as seguintes recomendações:

- Os sentimentos pessoais exercem um papel importante: deve-se procurar reduzir as situações em que eles venham a ser expressados.
- Os assuntos familiares e os da empresa podem e devem ser discutidos, mas cada um em seu ambiente e momento adequados.
- Divulgar o máximo possível a gestão da empresa, eliminando o excesso de segredos.
- Permitir e reconhecer as contribuições de terceiros.
- Dar trabalho a quem mereça, quando a empresa necessitar, remunerando o profissional de acordo com o mercado.
- Filhos e parentes não têm direito natural de trabalhar na empresa.
- Se os interesses (econômicos) da empresa e os da família são conflitantes, devem prevalecer os primeiros. O que é bom para a empresa, acaba beneficiando a família.

A empresa e a família devem permanecer tão separadas quanto possível, embora sempre considerando o nível de sua interligação.

2.3. A CULTURA DA EMPRESA FAMILIAR

2.3.1. Introdução

A existência de uma história e um patrimônio econômico comum aos membros da família empresária, assim como o envolvimento dela na gestão e na governança da empresa familiar, duas das suas principais características, contribuem para o desenvolvimento de uma cultura, de princípios e de valores compartilhados por todos os familiares. (Amat, 2000, p. 27.)

O avanço nos conhecimentos sobre administração estratégica mostra, cada vez com mais clareza, a influência que a existência de uma adequada cultura própria tem sobre o sucesso continuado de uma empresa, pois as pessoas da organização vivem essa cultura de maneira fiel e intensa.

Na cultura de uma empresa está a origem da manutenção da sua capacidade distintiva ou vantagem competitiva diferencial, o alicerce no qual se fundamenta sua estratégia e organização, o resultado de uma autêntica ação de liderança por parte de quem dirige a empresa, e a "escola" que forma os estilos de direção de seus futuros dirigentes.

2.3.2. Definição

Por cultura de um grupo humano costuma-se entender sua forma habitual e tradicional de pensar, sentir e reagir ao se deparar com os problemas que se lhe apresentam, isso é, o conjunto de hábitos e conhecimentos adquiridos como resultado da sucessiva aplicação de faculdades intelectuais que compõem os padrões de atuação dos membros desse grupo. Ou, do mesmo modo, como é mostrado em Díez et al. (2001) e em Tamayo (2000), o conjunto de princípios e valores compartilhados em uma organização, manifestados, por sua vez, tanto no comportamento dos funcionários como em todas as práticas ou elementos pelos quais são transmitidos esses significados compartilhados: os rituais ou rotinas programadas, a linguagem, as histórias, os símbolos ou qualquer outro sinal externo (código de conduta, vestuário, distribuição das salas e imagem da companhia).

A cultura de uma empresa estrutura-se em três níveis de elementos estritamente inter-relacionados, mas que podem sobressair individualmente em razão da importância da sua influência na elaboração da estratégia e no modelo e governança da organização. Os três níveis são: os artefatos, os valores e os princípios.

- O primeiro nível, representado pelos **artefatos**, é formado por objetos visíveis, considerados tradicionais na empresa (por exemplo: móveis da sala do fundador, insígnias, marcas, determinadas formas de dividir e decorar o espaço físico etc.), e por expressões audíveis habitualmente repetidas na empresa (como frases típicas, narrações de histórias de como as dificuldades foram superadas e o sucesso alcançado etc.). Alguns desses artefatos são conservados na empresa como uma demonstração de antigüidade e de capacidade de sobrevivência, alguns por carinho e outros porque são o resultado ou a manifestação externa de valores mais profundos que, por sua vez, fazem parte dos outros dois níveis da cultura.
- O segundo nível, que compreende os **valores**, corresponde aos princípios operacionais peculiares e importantes que influenciam no momento de traçar as linhas de ação ou de decidir entre alternativas suficientemente comparáveis, dando preferência às atividades e decisões que mais estejam de acordo com os conceitos do desejável que cada valor significa para a empresa (por exemplo: a preferência pelo autofinanciamento do desenvolvimento, a tendência a uma

pequena diversificação, a inclinação à menor participação nas decisões, a auto-exigência por elevados níveis de qualidade etc.).

- O terceiro nível, representado pelos **princípios**, é formado pelos fundamentos mais profundos da maneira particular que uma empresa atua. Em alguns casos, esses fundamentos se consolidaram na maneira de decidir da organização, como resultado de ter validado suficientemente os valores, pois, ao agir repetidas vezes de acordo com eles, a organização encontrou soluções para problemas importantes (por exemplo, a tomada de decisões por consenso) e que, nos casos em que se puderam validar, são acordos alcançados pelo grupo sobre determinadas formas de atuar em circunstâncias imprevisíveis (por exemplo, um acordo entre os proprietários sobre as condições das futuras incorporações dos membros da geração seguinte).

  Esses princípios são descobertos e desenvolvidos pelo grupo de pessoas que dirigem a empresa, enquanto aprendem a tratar com difíceis problemas de adaptação da companhia em seu meio e problemas de integração interna entre os responsáveis da organização. São, portanto, respostas aprendidas ao longo de sucessivas experiências em acontecimentos críticos.

  Como é natural quando se trabalha com conceitos como os anteriores, as fronteiras de separação dos elementos da cultura da empresa não são precisas, principalmente ao distinguir valores e princípios, porque, entre outras razões, a formação dessa cultura é um processo dinâmico, no qual alguns valores dão origem a princípios, e vice-versa, e uns e outros são substituídos no decorrer do tempo.

2.3.3. Formação e evolução

Na empresa, assim como acontece em outros grupos humanos, a cultura é formada pelo compartilhamento de experiências e pela realização de um aprendizado em comum, principalmente por parte de quem lidera a organização e dos seus colaboradores mais importantes. Nesse processo, prolongado no tempo, essas pessoas vão desenvolvendo, complementando e compartilhando seus valores, passando de uma soma de pessoas para um autêntico grupo que tem sentimentos e valores em comum (segundo nível da cultura). Conforme esse grupo adquire mais experiência na resolução de problemas, definirá e estabelecerá princípios válidos para todos os membros (terceiro nível, o de maior profundidade da cultura).

Quando não ocorre esse processo, ou só se consegue uma parte dele, os dirigentes da empresa, mais do que um grupo, formam um conjunto de individualidades unidas pela conjuntura, de modo que, pelo fato de assim serem, alcançam com mais facilidade determinados objetivos particulares, mas sem ter a firme vontade de continuarem unidos de maneira harmônica e duradoura.

Embora o processo de formação e desenvolvimento de uma cultura seja realizado por um grupo de pessoas, a influência de quem lidera é muito grande. Esse líder, ao ostentar o poder durante um período suficientemente prolongado, acaba moldando a cultura da organização com as próprias preferências e estilos, o que pode nos levar a pensar que liderar uma empresa equivale a formar sua cultura e, quando ela já está formada, a transformá-la.

As épocas mais influentes no processo de formação e evolução da cultura são aquelas em que a empresa passa por acontecimentos que podem ser críticos para sua continuidade, nos quais normalmente há a necessidade de tomar decisões que determinam o tipo de empresa que se quer ser a longo prazo e os associados que se quer ter.

Os acontecimentos críticos para a continuidade da empresa têm dois tipos de origens: o ambiente e a própria organização. As causas de uma ou de outra origem, que dão oportunidade para definir, desenvolver e pôr à prova a cultura de uma empresa, são, entre outras, as seguintes:

- intensas mudanças nos ciclos de atividade econômica;
- mudanças no ambiente de trabalho e sindical;
- sucessão;
- afastamento e admissão de dirigentes influentes;
- novas situações na estruturação do mercado.

2.3.4. Transmissão

A transmissão da cultura às novas pessoas que entram para a organização exige de uma atitude ativa para seu ensinamento e aprendizado. Para que a assimilação e a integração da cultura não fiquem exclusivamente no nível dos artefatos, seja por pensar que a imagem externa é o importante, seja pela segurança que os fatos históricos proporcionam, é preciso uma intensa e, às vezes, prolongada convivência entre os membros da geração precedente e as pessoas que se incorporaram. Essa convivência é uma oportunidade para realizar a forma de transmissão mais eficaz: a transmissão feita por meio do exemplo de vivenciar os valores em múltiplas decisões e de aplicar os princípios em situações delicadas (exemplo, BBVA).

Finalmente, ressaltamos como as empresas familiares apresentam grandes diferenças em relação às empresas não-familiares, no que se refere à sua cultura e ao seu processo de formação. As razões dessas diferenças devem-se, fundamentalmente, aos seguintes pontos:

- A empresa familiar tem mais grupos de interesse (sistema de proprietários, funcionários, membros da família) e maior número de inter-relações entre eles.
- Durante a primeira geração, e parcialmente na segunda, o poder na empresa familiar se apresenta de forma diferente. Geralmente varia em intensidade e duração.
- Os ciclos de evolução e desenvolvimento da empresa familiar estão relacionados com as necessidades variáveis dos membros da família que a dirigem e daqueles que possuem a propriedade.

2.4. FORÇAS DA EMPRESA FAMILIAR

2.4.1. Introdução

As seções anteriores podem nos levar a pensar que na empresa familiar só existem problemas a serem resolvidos e que não há nenhuma vantagem. Isso não condiz em nada com a realidade, pois, embora seja certo que a empresa familiar corre o risco de cair nas armadilhas que veremos mais adiante, por outro lado, pode-se comprovar facilmente que ela pode ter, por conta de sua própria natureza, dois grupos de forças que são essenciais e diferenciais para todo tipo de atividade empresarial: a união e o compromisso. Essas duas forças surgem do fato de existir uma família que deseja continuar como tal e prosseguem por meio do vínculo de união cultural – comentado na seção anterior.

Na família, por ser um grupo humano perfeito, surgem de forma natural as capacidades necessárias para atingir os objetivos de aperfeiçoamento dos seus membros e de continuidade. Por isso, as famílias bem organizadas são uma escola de virtudes, entre as quais se destacam duas: a união (que se revela por meio de interesses comuns, de uma autoridade reconhecida, uma confiança mútua, a comunicação, da identificação e da flexibilidade) e o compromisso (que se expressa, por sua vez, por meio da entrega a um ideal, do sacrifício pessoal, da exigência pelo melhor e do pensamento a longo prazo). Sem essas forças não existe possibilidade de aperfeiçoamento, por isso cada pessoa é de extraordinária importância para qualquer empresa. Quando se perdem essas virtudes por causa de uma profunda deterioração da família proprietária ou porque na empresa se envolve com muita freqüência em armadilhas, a empresa corre o gravíssimo risco de passar rapidamente do ótimo ao péssimo, de transformar a união em desunião e o compromisso em abstenção, com uma conseqüente série de fraquezas. Essas debilidades são fruto da desunião (o conflito de interesses, a divisão em facções, o receio, as fofocas, o ódio pessoal e a resistência à mudança) e da abstenção (a recusa em se entregar, reclamação por sacrifícios, refúgio de familiares desempregados, o pensamento de que o importante é hoje).

2.4.2. Análise das principais forças da empresa familiar

"As forças em potencial mais básicas da empresa familiar são: a união e o compromisso das pessoas que nela trabalham" (Gallo, 1995, p. 11).

A união entre as pessoas, a harmonia das suas preferências e modos de agir fazem com que surjam interesses comuns entre os membros da família que trabalham na empresa familiar, e entre eles e os membros da família que são proprietários. Além disso, fazem com que haja uma autoridade reconhecida, num clima de elevada confiança, que, por sua vez, evita as lutas pelo poder e as "segundas intenções". Por outro lado, se existe união e confiança, há facilidade na transmissão de informações e a sua compreensão, possibilitando intensa comunicação, espontânea e sem barreiras. Todos esses pontos são muito importantes em qualquer empresa, pois implicam a simplificação da elaboração da maioria dos aspectos básicos de sua organização, como a atribuição de responsabilidades, os modos de integração entre os dirigentes e as autoridades, a delegação e os níveis de autonomia que lhes conferem, os sistemas de informação e de controle etc.

O compromisso e a vontade de uma dedicação intensa e prolongada conduzem todos a um esforço para conquistar o bem do grupo, para se auto-exigir, desafiando a si próprio, a fazer cada vez melhor e para se dedicar mais do que reclamar. Esse compromisso, para qualquer empresa, é uma das mais intensas e elevadas motivações, que pode substituir várias motivações negativas e extrínsecas, freqüentemente presentes nas empresas, e potencializar o efeito dos adequados sistemas de remuneração, formação e oportunidade de carreira profissional.

2.5. ARMADILHAS DA EMPRESA FAMILIAR

As empresas familiares são o alicerce do desenvolvimento econômico e muitas delas alcançam posições de liderança nos setores em que atuam. No entanto, atualmente, além de terem dificuldades para crescer e atingir formas organizacionais sofisticadas, elas apresentam baixa expectativa de vida em comparação às empresas não-familiares e elevadíssima taxa de mortalidade.

São várias as causas que explicam a elevada mortalidade das empresas familiares. Muitas vezes são as mesmas razões, como crises econômicas, mudanças no ambiente, inovações tecnológicas etc., que provocam o desaparecimento das empresas não-familiares. No entanto, pode-se dizer que existem riscos, próprios das empresas familiares, e que muito freqüentemente as fazem sofrer, aos quais denominamos grandes armadilhas da empresa familiar.

Entre essas armadilhas, destacam-se as seguintes:

1ª Armadilha – ***A confusão entre ser proprietário e ter capacidade para dirigir:*** sabe-se que a posse das ações ou cotas de uma empresa é adquirida por meio de compra, herança etc. Sabe-se também que a capacidade de dirigir se desenvolve com a prática e o estudo, tendo como base determinadas qualidades inatas da pessoa. A concomitância de propriedade e capacidade de direção, que costuma ser natural nos primeiros anos de desenvolvimento da empresa familiar, quando o fundador a dirige, passa a ser mais difícil e tem de ser intencionalmente buscada, conquistada e avaliada com freqüência. Na verdade, conforme a empresa se desenvolve e seus meios competitivos mudam, são necessárias novas, distintas, múltiplas e mais profundas capacidades diretivas, estratégicas e organizacionais, capacidades integradoras e de técnica especial, capacidade voltada para atender à demanda de curto e longo prazo etc. Paralelamente, conforme o tempo passa, costumam aparecer diversos tipos de proprietários, acionistas com maiores ou menores porcentagens de propriedade, de diferentes idades e carreiras profissionais, diversos graus de parentesco etc. Diante de todas essas mudanças, não é difícil compreender que o fato de o atual proprietário ou seus herdeiros possuírem, hoje ou no futuro, a propriedade, não é sob nenhum ponto de vista garantia de que tenham capacidades adequadas para dirigir as novas situações da empresa. No entanto, para grande parte dos proprietários das empresas familiares é praticamente impossível aceitar essa realidade e, ao mesmo tempo, agir em conseqüência disso.

2ª Armadilha – ***A confusão dos fluxos econômicos:*** consiste em não querer seguir as regras de mercado para a geração e a distribuição do valor agregado (*EVA – Economic Value Added*). A geração e a distribuição do valor agregado e os vínculos contratuais que formam uma empresa produzem os fluxos econômicos representados no gráfico a seguir, de acordo com Gallo (1995):

Figura 2.1 Fluxos econômicos

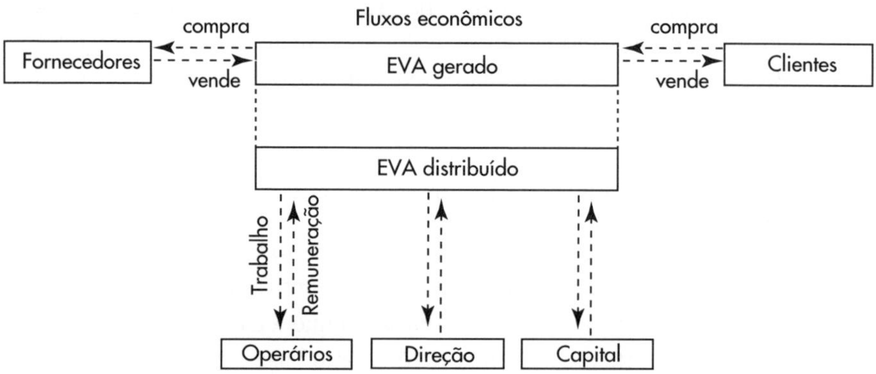

Quando ocorre alguma confusão, que venha a se prolongar por muito tempo, relacionada às remunerações do trabalho, da administração e do operacional, a empresa familiar não sobrevive. Essas remunerações devem ser as praticadas no mercado, não sendo válidas políticas permanentes de remunerar os membros da família com valores inferiores aos nele estabelecidos, por considerar que, pelo fato de a empresa ser própria, receberão futuramente o que lhes corresponde, sob forma de um patrimônio maior, ou de lhes dar uma remuneração superior porque necessitam dela para viver. Essas duas políticas, além de originarem problemas motivadores relacionados tanto aos que trabalham na empresa familiar como aos acionistas/cotistas, produzem uma significativa distorção dos custos e da imagem fiel da contabilidade da empresa. Algo semelhante ocorre quando as políticas de dividendos, reinvestimento e/ou ampliação de capital não for íntegra: a empresa familiar se capitaliza ou descapitaliza inadequadamente e os acionistas/cotistas acabam se deparando com situações irreais de rendimento do patrimônio. Essas situações, cedo ou tarde, fazem surgir problemas na empresa familiar, por ela não ter dividendos ou por sua perda de valor e de capacidade de competição.

3ª Armadilha – ***A confusão dos laços afetivos, próprios da família, com os laços contratuais, próprios da empresa:*** na família, você é avaliado pelo que é e, na empresa, pelo que faz. Em uma empresa, cada pessoa tem de contribuir com seu esforço para conseguir a geração de riqueza econômica e, em troca da sua contribuição, receber parte do que foi gerado. Isso não costuma acontecer na empresa familiar, na qual o amor faz com que todos possam receber mais do que contribuem, provocando, como conseqüência, o surgimento de uma armadilha que deteriora o compromisso de dedicação das pessoas com o desenvolvimento das vantagens competitivas da empresa familiar.

4ª Armadilha – ***O atraso desnecessário da sucessão:*** uma sucessão bem-feita opõe-se à improvisação, ao pensamento de que "depois de mim, o dilúvio" ou ao desejo de querer "reinar depois de morto". Deve-se preparar os outros e a si mesmo para superar o maior desafio e alcançar a maior grandeza de um dirigente: saber deixar as próprias responsabilidades e delegá-las a tempo a alguém que lhe exceda em capacidades profissionais na empresa. Esses requisitos nem sempre são facilmente cumpridos e, conseqüentemente, tende-se a atrasar desnecessariamente a sucessão.

5ª Armadilha – ***Considerar-se imune:*** essa armadilha é a pior de todas para a empresa familiar. É a que leva o dirigente à queda a qualquer momento e sem se dar conta das anteriores, com a consciência de que "somos inatingíveis". Ou seja, as pessoas pensam que não cairão em nenhuma armadilha somente porque possuem os conhecimentos adequados e/ou porque têm atitudes apropriadas.

É importante estar convencido de que na empresa familiar não existe uma "vacina" imunizante que impeça as pessoas de caírem em armadilhas durante um período de tempo prolongado. Os problemas de cada empresa familiar, por estarem relacionados com os do seu meio e os das pessoas da família proprietária, são múltiplos e variados, mudando tanto na forma como na essência, conforme o tempo passa, de maneira que chegam a se manifestar como se fossem problemas radicalmente novos.

O desafio consiste em ajudar as empresas familiares para que, apoiando-se decididamente nas forças de união e compromisso e evitando cair nas armadilhas que lhes são mais próprias, se desenvolvam com êxito, passando este sucesso para as gerações seguintes e alcançando posições de liderança em seus mercados.

ATIVIDADES

Na seqüência, sugere-se uma série de atividades voltadas para o desenvolvimento das habilidades de compreensão e reflexão do aluno.

1. Imagine que você está à frente, como sucessor, de uma grande empresa familiar. Você consideraria importante, tendo esse papel dentro da sua empresa, contar com uma cultura familiar forte? Enumere os pontos favoráveis ou desfavoráveis da sua posição.

Consideramos importante o fato de contar com uma cultura familiar forte, visto que, entre outras, ela nos proporcionaria as seguintes vantagens:

- A existência de uma cultura familiar que se compartilhe com todos os membros da família e que se transmita às gerações seguintes é um dos principais ativos com os quais uma empresa deve contar. Com isso, garantiremos, entre outras coisas, a harmonia e a resolução dos conflitos.
- A impressão que essa cultura familiar deixa na empresa é muito significativa, podendo-se, inclusive, dizer que é definidora. Ela determinará os valores éticos, a filosofia, o amor pelo trabalho, o sentimento de compromisso familiar, a dedicação e esforços absolutos... que não só se faz necessário conhecer, como também seguir, implantar, estimular, fomentar... se a pretensão é administrar os membros da empresa, garantindo a continuidade por meio do *know-how* ou do seu *modus operandi.*
- Os valores familiares constituem, em primeira e última instância, a fonte da qual se nutrem as relações familiares-empresariais e, assim, devem ser compartilhados por todos. Eles são adotados na cultura empresarial.

2. Você pode elaborar um único manual no qual sejam resolvidos todos os problemas que abarcam a problemática atual das empresas familiares? Descreva as linhas de ação que incluiria.

Não podemos elaborar um manual geral, visto que a casuística é imensa, sobretudo por conta do fato de que a realidade da empresa familiar, como qualquer realidade, é muito ampla, diversificada, heterogênea e dinâmica no tempo. E não só essa, mas também a de tudo que a rodeia, e que conseqüentemente pode incidir nela, gerando e ampliando essa problemática. O que podemos é estabelecer os problemas mais comuns. E, nesse caso, tanto na enumeração do problema como em sua solução, recorreremos ao que estabelece a experiência e o *know-how* – as conquistas dos pesquisadores tratadas ao longo deste assunto, neste capítulo.

3. Se pudéssemos estabelecer uma hierarquia entre todos os problemas que atingem a empresa familiar, qual você colocaria em primeiro lugar e por quê? Ou seja, qual você consideraria mais perigoso e, por isso, o primeiro e mais urgente a ser resolvido?

Ainda que, para estabelecer essa hierarquia, tivéssemos de conhecer a situação pela qual a empresa atravessa, além da sua própria realidade e o meio que a rodeia, consideramos que o principal e mais grave problema enfrentado é a sobreposição empresa-família. Dele, novos problemas se originarão e, caso ocorram, provocarão uma quebra das forças com as quais a empresa conta, podendo, inclusive fazê-la cair em grandes armadilhas, das quais não conseguirá sair. Consideramos, pois, que nesse problema está, na sua própria resolução ou não, a possível chave para garantir a futura continuidade da empresa.

4. Como uma empresa familiar pode enfrentar o desafio que representa a resolução tanto da problemática como das grandes armadilhas?

Lançando mão e aproveitando, ao máximo, tanto a cultura familiar como as forças com as quais ela conta: o compromisso e a união de todos os membros no trabalho à frente da empresa.

5. Utilize os meios que tem ao seu alcance (revistas, jornais, *sites* de empresas, conhecidos etc.), escolha uma empresa familiar, analise e comente, dentro do que a informação desses meios permita, tudo que concerne à problemática, à cultura e às forças dessa empresa, além das possíveis armadilhas nas quais ela tenha caído ou tenha evitado.

6. Considerando a empresa escolhida na questão anterior, você encontra algum tipo de relação entre as armadilhas em que ela cai ou enfrenta e os problemas que igualmente resolve ou não resolve? Tente relacionar os dois elementos.

Como comentamos nesta unidade, muitas vezes a origem de uma armadilha está em um problema que a empresa familiar não foi capaz de resolver.

LEITURAS E QUESTÕES PARA DISCUSSÃO

LEITURA 1:
"Muebles Verdi", extraído de Gallo, M.A. *Empresa Familiar:* textos y casos. Barcelona: Praxis, 1995, p. 30-43.

Sinopse: a Muebles Verdi é, segundo o próprio autor (Gallo, 1995, p. 31), "a história de esforços, acertos e generosidades de uma família que começou praticamente do 'zero' e desenvolveu uma empresa líder do setor de móveis na Itália". Podemos verificar, nessa empresa, muitos dos problemas que englobam a problemática geral da empresa familiar, como eles influenciam sua continuidade, além das forças do grupo, e muitos dos valores e princípios que formam sua cultura. Uma cultura que persistem em transmitir e uma propriedade que está nas mãos da família, que insiste em assegurá-la para as gerações seguintes.

Questões para discussão

1. Quais dos principais problemas que atingem a empresa familiar ficam evidentes no texto? Desses, quais foram resolvidos e como?

O principal problema que encontramos no texto é a sobreposição entre a família e a empresa, com a subseqüente sobreposição de papéis e funções, a falta de planejamento e uma gestão não muito adequada (as ações são divididas em partes iguais; a execução das funções são realizadas por simples desígnio do fundador e as necessidades da empresa, sem importar se o pessoal está preparado: Publio assume a direção da construção, mas não tem "noção de nada"; as crianças começam a trabalhar, mesmo se perdem aula...; nessa execução, também não existe distribuição de funções: eu me encarrego dessa área e você da outra, sem mais...). Desse problema anterior origina-se, por conseqüência, um segundo: a gestão não "muito adequada". Em muitos casos verifica-se uma quebra, divisão entre as distintas linhas de negócio da companhia. Ao mesmo tempo, não se nota uma comunicação entre os seus dirigentes. Todos sabemos que a empresa é uma soma de forças coordenadas e não de interesses ou ações isoladas que podem causar conflitos por "optar por diferentes caminhos" na hora de insistir, como grupo empresarial, em um mesmo propósito. A isso, soma-se a falta de uma estratégia, como também se admite no texto. Ao mesmo tempo também aparecem, embora como problemas resolvidos, a solidariedade familiar, a prevalência da família sobre a empresa, as dificuldades para enfrentar a crescente internacionalização e a renovação organizacional, a gestão do patrimônio familiar e a ineficácia dos órgãos do governo. Muitos deles são resolvidos praticamente a partir das suas origens, aproveitando tanto a forte cultura que tem esse grupo familiar como suas duas grandes forças: a união e o compromisso de todos os membros. Desse modo, vemos como os sentimentos pessoais são marginalizados, como a empresa prevalece sobre eles, como uma organização da companhia se une para se adaptar e enfrentar as situações críticas do meio, como se considera a possibilidade de formar um sucessor, de profissionalizar a companhia. Além disso, os assuntos familiares e os da empresa são discutidos cada um em seu ambiente, no lugar e momento adequados, divulga-se o máximo possível a gerência da empresa, eliminando segredos. Permite-se reconhecer as contribuições de terceiros, alheios ao núcleo familiar, recorrendo-se a elas; é dado trabalho a quem mereça, quando a empresa necessite e, nesse sentido, os filhos, netos e primos não têm direito natural de trabalhar na companhia...

2. No que concerne à problemática e às armadilhas latentes durante as gerações do Grupo Verdi, qual foi a influência sobre a continuidade do grupo? Explique as possíveis causas dessa influência.

Uma parte dessa problemática, como comentamos na questão anterior, foi resolvida, e outra, embora latente, como as armadilhas, surpreendentemente parece que não afetou a continuidade do grupo. Estamos nos referindo sobretudo à sobreposição empresa-família, à confusão entre ser proprietário e ter capacidade para dirigir (Publio e Renato têm personalidades fortes e estilos diferentes e, por isso, decidem dividir as atividades da produção) e a confusão dos fluxos econômicos (não se remuneram os filhos até uma certa idade, os benefícios são retidos, os dividendos são repartidos de acordo com as suas necessidades domésticas, são pagos os gastos do casamento de Publio...). Consideramos que, diante de tudo isso, a cultura empresarial desse grupo familiar era tão forte que evitou que essa problemática, ou essas armadilhas, fizessem surgir os aspectos negativos que teriam ocasionado a falta de continuidade do grupo. Ou, o que dá no mesmo, as forças da própria empresa familiar e da sua cultura anularam, ou pelo menos equilibraram, as conseqüências negativas que, sob outras circunstâncias, teriam ocasionado a não-continuidade da empresa.

3. No texto, Renato, um dos filhos, reconhece que no grupo familiar não existe somente uma cultura, ao contrário, que estavam sendo desenvolvidas culturas diferentes. Como você explicaria essa situação? A que você atribui isso?

A cultura é, por definição, um conjunto de princípios e valores compartilhados em uma organização. Ela nasce, então, no seio de um coletivo humano, da união desses princípios, experiências, hábitos de trabalho, todos compartilhados no seu local de trabalho. É lógico que, nas diversas empresas do grupo, com diversas equipes de trabalhadores com diferentes expectativas, formações, pensamentos, é possível desenvolver mais de uma cultura própria. No entanto, nesse caso, nós nos atreveríamos a afirmar que, mais do que diversas culturas nas várias empresas do grupo, o que existe são diversas subculturas, reduzidas a um primeiro nível de formação, o dos artefatos (peças fabricadas – especialização) (segundo pertença a uma empresa X, dentro do grupo familiar). Isso porque, no final, eles são dirigidos e atuam por uma cultura empresarial mais forte, que parecem assumir, não demonstrando estar em conflito ou contra ela. Falamos da cultura do grupo familiar que, em si, parece ser única, além de muito forte e consolidada.

4. Quais aspectos você ressaltaria da cultura que impera no grupo familiar? E como você considera que a descoberta de Renato, comentada na pergunta anterior, influencia essa cultura?

É uma cultura muito forte, compartilhada por todos os membros da família, que compartilham valores e princípios, propósitos e metas, que tentam transmitir às gerações seguintes, como:

- Vontade de crescer e de manter a empresa como propriedade da família.
- Gerar benefícios, consolidando a empresa e melhorando a situação financeira no que for possível.
- Alcançar uma posição de liderança no mercado médio de zonas rurais.
- Obter uma presença rentável no mercado.
- Estabelecer e resolver todas as decisões por consenso, evitando conflitos.
- Garantir a continuidade do grupo familiar acima de qualquer interesse pessoal.

A cultura do grupo familiar, que é bastante forte, está no terceiro nível, o mais profundo, o dos princípios, foi aprendida e transmitida segundo a experiência, na base da tentativa e erro, por meio de diferentes gerações, é assumida por todos os membros que parecem ter feito dela "uma própria" e, por isso, impera sobre o restante das subculturas que possam existir em cada uma das empresas do grupo. Esses trabalhadores, por não mostrarem nenhum tipo de oposição e sobre a base dos resultados obtidos pelo Grupo e sua posição no mercado, parecem também ter assimilado essa cultura.

5. Você observa algum tipo de força na "Muebles Verdi"?

Sim, nesse grupo familiar encontramos as duas forças potenciais mais básicas de qualquer empresa familiar: união e compromisso de todas as pessoas que trabalham nela. Desse modo, por exemplo, em julho de 1991, iniciam-se discussões para redigir novos estatutos, a partir dos quais seja garantida a continuidade do grupo nas mãos da família; nunca foi vendida nenhuma das suas ações; Giusseppe diz que não "se encaixa na estrutura", mas continua colaborando com a companhia; Publio assume a gestão da construção, quando, na verdade, não deseja realmente... em geral todas as decisões parecem ser adotadas por intermédio de um consenso entre todos, evitando qualquer tipo de excesso de segredos e assumindo o papel dos membros da família mais experientes e com mais tradição no grupo familiar.

6. Pode-se verificar no texto algum acontecimento crítico que possa ter afetado a cultura da empresa familiar ou até mesmo a empresa? Caso esses acontecimentos críticos tenham ocorrido, que influências você considera que eles exerceram sobre essas realidades? Justifique suas respostas.

Os principais acontecimentos críticos que puseram à prova não só a cultura desse grupo familiar como também o grupo em si tiveram origem principalmente nas mudanças do ambiente e na própria organização. Nesse sentido, referimo-nos, assim, à crise que sofreu o setor de móveis no período de 1973 a 1978 e à crise estratégica pela qual a Muebles Verdi pareceu passar, depois de o grupo ser analisado, em 1987. De ambas as crises pareceram sair bastante vitoriosos, aproveitando as próprias forças, reconhecendo os problemas a tempo e atuando em seguida, reorganizando e, em geral, adaptando-se às circunstâncias. Desse modo, a crise do setor foi enfrentada, aproveitando a força de uma rede própria de vendas, valendo-se das economias de escala de produção em série com as quais contavam e da sólida situação financeira que atravessavam. Quanto à crise estratégica, esta foi facilmente resolvida formulando as estratégias pertinentes: o grupo é reorganizado, a fim de reduzir os custos, priorizando a empresa acima do interesse pessoal e deixando no grupo somente os irmãos que contribuem com algo válido na área operacional; é considerada a figura do sucessor e, além disso, são fortalecidos a presença e o poder dos órgãos de governança do grupo. Voltamos a insistir que, sem esses elementos de união e forças do grupo, próprios de uma cultura empresarial familiar muito arraigada, essa situação anterior teria originado, muito provavelmente, profundas crises familiares, sobretudo levando em consideração a confluência do grupo de subculturas diferentes nas diversas empresas, além da confusão e o conflito dos fluxos econômicos.

LEITURA 2:

"Esto es otra historia: cámbiese el chip" [Isso é outra história: mude o chip], extraído de Diez, E.P. et al. *Adminstración y Dirección*. Madri: McGraw-Hill, 2001, p. 58-60.

Sinopse: nesse texto trata-se, por um lado, da não continuidade no tempo daquela que um dia foi considerada uma grande empresa familiar: Galerías Preciados, uma rede de lojas de departamentos comprada por outra que, ainda hoje, é uma grande empresa: El Corte Inglés. Por outro lado, também podemos verificar como se produz a mudança cultural dentro da nova empresa ou, pelo menos, como se fomenta essa mudança nos antigos funcionários da Galerías, depois de entrarem para El Corte Inglés. Um doutrinamento que nos permitirá observar o importante papel que a cultura exerce em favor da continuidade da organização, os aspectos a ela vinculados e que a fazem única e diferente das demais e como é realizada a transição, ou como se forma e evolui no seio da empresa.

Questões para discussão

1. A partir das informações fornecidas pelo texto analise as duas doutrinas que nele aparecem: a da El Corte Inglés *versus* a da Galerías Preciados. Quais aspectos você destacaria de cada uma? Você observa alguma semelhança ou diferença entre elas?

Embora, quanto à empresa El Corte Inglés, os valores, os traços e o perfil geral da sua cultura empresarial fiquem muito evidentes no texto e que, no que concerne à Galerías, deduz-se o mesmo, consideramos que as informações sobre as duas doutrinas são claras o suficiente para que se possa estabelecer, pelo menos, algumas diferenças notáveis entre ambas as culturas, posto que a única semelhança observada é que as duas foram submetidas, e criadas, sob uma mesma realidade: uma empresa familiar. Desse modo, com base no que nos diz o texto, podemos considerar em primeiro lugar por que a cultura da El Corte Inglés é bastante forte, enquanto a da Galerías Preciados é bastante fraca. Nota-se essa situação não só porque é tratada no texto ("a cultura da Galerías era reconhecida geralmente como um modelo de fraqueza e fragmentação") como também porque os funcionários esqueceram-se dela com facilidade e, na verdade, estavam dispostos a isso, não sendo essa cultura capaz de prevalecer diante de outra mais forte (a da El Corte Inglés). Em segundo lugar, como os valores, princípios e experiências de cada cultura são diferentes: na Galerías parece reinar o caos, o conflito, as intrigas políticas, os desperdícios econômicos, superfaturamentos, o descontentamento dos trabalhadores, a sindicalização... mais do que uma cultura, parece tratar-se de um conjunto de iniciativas de uma série de indivíduos movidos por interesses econômicos (como veremos adiante), enquanto na El Corte Inglés é o contrário: há uma ordem estabelecida, existem regras e modelos de comportamento a seguir, o serviço ao cliente é fornecido com compromisso e amabilidade, os trabalhadores são beneficiados, a paz social é promovida, há certo paternalismo com relação aos trabalhadores... Além disso, existem meios de transmitir essa cultura: histórias, símbolos (a insígnia na lapela), uma linguagem própria (fala-se ao contrário)... Aspectos, valores e elementos de transmissão que parecem não confluir na cultura da Galerías Preciados.

2. Em que nível você considera que estão as culturas comentadas anteriormente?

No caso da Galerías, não sabemos muito bem, visto que consideramos, na verdade, não que a cultura fosse fraca, mas que não chegou a se constituir, ficando reduzida simplesmente a um conjunto de individualidades unidas pela conjuntura de tal modo que, pelo fato de assim estarem, alcançam com mais facilidade determinados objetivos particulares, sem nenhum desejo de continuarem unidas de maneira harmônica e duradoura – daí as lutas pelo poder, os conflitos e as intrigas pelo dinheiro. Se situássemos essa empresa em algum nível, seria no primeiro, no dos artefatos (poderíamos dizer que é o nível das simples aparências que vinculam os trabalhadores a uma simples empresa). Essa situação da cultura da Galerías Preciados, descrita anteriormente, além de não corresponder, é oposta à da El Corte Inglês – uma cultura que colocamos no terceiro nível, o dos princípios, por ser formada pelos fundamentos mais profundos da maneira particular de a empresa atuar. Esses fundamentos parecem ter sido consolidados como resultado de terem validado suficientemente os valores na base da tentativa e erro, foram aceitos e fazem parte das respostas assimiladas pelos responsáveis organizacionais e que agora são transmitidos.

3. Em que momento de formação essas duas culturas se encontram? Descreva. O que está acontecendo no seio da cultura da empresa?

Voltamos a insistir em nossa consideração de que a cultura da Galerías Preciados não chegou a se formar completamente, ou seja, desapareceu, sem sequer ter se formado ou, pelo menos, como vimos no texto, não chegou ao segundo nível, no qual as pessoas que compartilham da mesma cultura vão desenvolvendo, complementando e compartilhando seus valores, deixando de ser uma soma de pessoas para ser um autêntico grupo, com sentimentos e valores comuns (aqui ocorre uma grande luta pelo poder e um grande individualismo – cada um pensa em si próprio). Situação completamente oposta à vivida na El Corte Inglés, em que a formação chegou no nível máximo, o terceiro, de maior profundidade da cultura, chegando a definir e estabelecer princípios válidos para todos os membros. É, portanto, uma cultura totalmente formada. Desse modo, a primeira situação faz com que, na verdade, não exista uma cultura, mas um conjunto de diretores que, mais que um grupo, formam um conjunto de individualidades unidas pela conjuntura, com a finalidade de alcançarem mais facilmente os objetivos econômicos que a vontade de continuarem todos unidos. Entretanto, a segunda situação dá lugar à existência de uma cultura e a todas as vantagens proporcionadas à empresa, que visam, por exemplo, garantir a sua continuidade – uma das suas principais forças.

4. Como se realizou a transmissão da cultura que impera na El Corte Inglés para os antigos funcionários da Galerías Preciados? Você considera essa forma eficaz?

A transmissão se faz por meio de uma atitude ativa que visa ao ensinamento e aprendizado da cultura (com cursos, vídeos etc.). Consideramos essa forma eficaz, visto que não se opõe à essência da cultura, conjunto de valores compartilhados... em nenhum caso se impõe nada, pois, se assim fosse, não seria cultura e sim imposição, mandato... isso costuma ter bons resultados e nota-se, nesse caso, que a cultura foi rapidamente aceita pelos novos funcionários. Com base no exposto anteriormente, podemos considerar que esse modo de operar é totalmente eficaz.

5. A partir das informações fornecidas no texto, você observou na Galerías Preciados ou na El Corte Inglés algum acontecimento crítico que afetava a cultura dessas empresas? No que se diz respeito a elas, você considera que esse(s) acontecimento(s) a(s) afetou(aram)? De onde você acredita que ele(s) tenha(m) se originado?

Os principais acontecimentos críticos que encontramos no texto afetaram exclusivamente a Galerías Preciados. Consideramos que foram causados pelas circunstâncias (expropriação de Rumasa e as sucessivas vendas, umas com fins lucrativos – grupo venezuelano Cisneros –, outras após duvidosas operações imobiliárias – os britânicos Mountleigh – e as últimas, vinculadas a operações contábeis não muito "transparentes" – Fernando Sada-Justo López-Tello) e pela própria organização em si (má gestão, planejamento ineficaz e falta de liderança, que acabaram em lutas pelo poder, corrupção por dinheiro, forte sindicalização etc.). Em geral, esses acontecimentos puseram à prova a cultura organizacional e consideramos que a Galerías Preciados não passou nesse teste. Nesse sentido, optamos por duas hipóteses: ou a empresa era tão fraca, no início, que as sucessivas vendas e o fato de ela não fomentar a união empresarial necessária acabaram fragmentando, despedaçando a cultura; ou desde sua origem não existiu nenhuma cultura e as sucessivas vendas, bem como as contínuas mudanças, não permitiram que se solidificassem estreitos vínculos entre os membros da empresa que se acredita serem os valores compartilhados, princípios que dão origem a essa cultura empresarial. Essa fraqueza cultural ou inexistência de uma cultura fez com que a empresa não pudesse contar com uma força que a ajudasse a superar sua problemática (excesso de segredos, falhas na comunicação, gestão inadequada etc.), caindo, assim, em uma das armadilhas mais difíceis de superar: a confusão dos fluxos econômicos. Tudo isso, somado aos acontecimentos críticos os quais ela não foi capaz de enfrentar, acabou afetando a continuidade não só da sua cultura, como também da própria companhia. Para fazer uma análise possivelmente mais exaustiva, teríamos de saber por que a Galerías Preciados não continuou sob o controle da família proprietária e foi vendida para o grupo venezuelano Cisneros – informação não fornecida no texto.

6. Partindo da relação entre a força da cultura e os resultados organizacionais, o que você acredita que acontecerá com cada uma das culturas anteriores? Para responder, não leve em consideração a situação atual de ambas as empresas. Qual você acredita que garantirá a continuidade da empresa? Por quê?

Dada a sua fraqueza, a cultura da Galerías só pode acabar, como ocorreu posteriormente, destruída por uma cultura mais forte, nesse caso, a da El Corte Inglés. Uma cultura que, por suas características, assim como pelo nível em que se encontra, acreditamos que ainda perdurará por muito tempo, contribuindo, ao constituir uma força que tem a empresa, para enfrentar a problemática que a envolve: a continuidade dessa organização empresarial.

LEITURA 3:

El Alfarero S.L., caso sobre "A problemática específica da empresa familiar", Cátedra da Empresa Familiar da Universidade de Sevilha, EEF-US-01.

Alejandra: Muito bom dia, telespectadores de "Uma olhada no passado". Cumprimentamos vocês, neste bonito e ensolarado sábado do mês de outubro de 2002, aqui de Paterna – uma pequena cidade medieval, localizada a cinco quilômetros de Valência, com uma grande tradição oleira, que remonta, pelo que tudo indica, ao domínio muçulmano da cidade: segunda metade do século XIII e primeira do século XIV. Como vocês podem notar, estamos na El Afarero S.L. (O Oleiro Ltda., em português). Situada, segundo documentos medievais do século XV, em um dos dois bairros oleiros mais antigos de Paterna, na *les oleries majors*, em pleno canal de Moncada, rodeado de antigas oficinas de oleiros, a maioria delas à venda, essa pequena empresa familiar é das poucas que conseguiu manter esse precioso legado do passado através do tempo, partindo já para sua quarta geração. Encontramo-nos, então, aqui no torno, com seu proprietário, Sr. Rodrigo, que fez a gentileza de nos receber hoje aqui para falarmos tanto da sua empresa como de uma prática que ele conhece muito bem: a olaria, ofício que pratica desde quando tinha apenas cinco anos.

Alejandra: Bom dia, Sr. Rodrigo.

Rodrigo: Bom dia a você e a todos os telespectadores do seu programa.

Alejandra: O que o senhor acha de começar a entrevista falando um pouco mais da El Alfarero S.L.? Fale da sua empresa, Sr. Rodrigo.

Rodrigo: Como você disse muito bem no início, esta é uma empresa estritamente familiar que já está na quarta geração se dedicando à olaria. Um ofício que continuamos fazendo, hoje em dia, meus filhos e eu, quase completamente com as mesmas técnicas e processos utilizados por meus antepassados. Primeiro por meu bisavô (o fundador da empresa), depois por meu avô e, em seguida, por meu pai. Utilizamos, portanto, um processo de trabalho basicamente artesanal, recorrendo muito pouco à tecnologia sofisticada de hoje. Para isso, dispomos de todos os equipamentos (um forno elétrico para fazer as queimas, um pirômetro para medir a temperatura, um torno manual para o levantamento de peças, torninhos para modelagem etc.) e também das ferramentas (espátulas, polidoras, esponjas, lixas etc.), instalações e pessoal necessários para o bom desempenho dessas funções. Nesse sentido, eu diria que, quanto a esses primeiros elementos – a maquinaria e as instalações –, mantemos em funcionamento basicamente a maioria das utilizadas pelas gerações anteriores da El Alfarero S.L. Uma perfeita manutenção e conservação dessas instalações e equipamentos ao longo do tempo possibilitou o funcionamento com pleno rendimento, ainda hoje. E em relação à equipe de funcionários, eu diria que à frente dela estou eu. Aos 80 anos sinto-me um menino. A cabeça não me falha e as forças ainda não me abandonaram. Por isso, eu me encarrego de organizar tudo. Como meu pai e meu avô, penso em continuar até que o corpo agüente. Sou o cabeça da família e conseqüentemente o principal responsável pelas decisões que atingem tanto a El Alfarero S.L. como a família. Por isso, também sou o presidente da empresa e o que ostenta a maior parte do seu capital social. Embora também seja certo que eu não gosto de impor nada e que a todo momento procuro apoiar essas minhas decisões em consenso com o restante dos membros da família e, em conseqüência, da El Alfarero S.L.: minha esposa (Antonia), meus dois filhos (Jacinto e Tomás), meus netos (Sofia, Luisa, Carlos e Enrique). Aliás, todos eles possuem partes iguais do restante das ações da família. A cada um deles atribuo funções muito concretas dentro da atividade que realizamos na empresa. Tarefas que eu, pessoalmente, me encarrego de supervisionar e controlar a toda hora. É que, sabe, na minha empresa, para o correto desempenho dessas funções, sempre recorremos à experiência acumulada pelos anos. Você sabe,"aquele que muito viveu sabe mais do que o que muito viu".

Alejandra: O senhor poderia falar um pouco mais sobre essas funções, que, segundo o senhor, cada membro da sua família desempenha na El Alfarero S.L.? Quem sabe assim podemos mostrar a nossos telespectadores a grande riqueza e complexidade do processo de elaboração que envolve um ofício tão antigo como o que é realizado em sua empresa.

Rodrigo: Claro que sim. Falar da profissão a que tenho me dedicado por toda minha vida e dos meus entes queridos, como você vai notar, é um grande prazer para mim.

Pois bem, como já disse no começo da nossa conversa, à frente de todo o processo estou eu. É que, embora meus dois filhos sejam mestres oleiros como eu (*magister operis terre*), sou eu quem passou a maior parte do tempo nesse ofício e, portanto, o encarregado de, além de revisar, planejar e estabelecer todas as linhas de ação, ensinar às gerações mais jovens tudo o que devem saber sobre a empresa e o ofício, enquanto eu estivar vivo, no meu caso, meus adorados netos: Sofia, Luisa, Carlos e Enrique. Lembra deles, certo? Atualmente todos eles, quer dizer, menos o Enrique, são aprendizes. Embora, é claro, que de acordo com a idade, capacidade e experiência na empresa, cada um tem um nível diferente. Sofia, Luisa e Carlos são os filhos do meu filho mais velho, Jacinto. São jovens muito obedientes e disciplinados que desde a tenra idade mostravam uma grande curiosidade e entusiasmo pelo trabalho que desenvolvemos na empresa. Sempre estiveram agarrados na barra da minha calça. Tenho certeza de que algum dia, como o pai, o bisavô e o tataravô, eles serão grandes mestres oleiros. O mais novo, Carlos, fica comigo no torno. É uma graça de menino: paciente, alegre, persistente e muito aplicado. Todos dizem que ele se parece muito comigo. Ajuda-me no processo de elaboração das peças. Agora, por exemplo, estou ensinando a ele como preparar e aplicar rebocos, pátinas e esmaltes. Uns acabamentos cerâmicos que, depois de vários anos de formação e prática, minha neta Luisa já domina. Ela é a responsável por essa função na companhia e é alguns anos mais velha que o Carlos. Desde pequena mostrou ter grandes habilidades para os trabalhos manuais, de modo que, quando cresceu um pouco mais, entrou para a escola de oficinas e ofícios de Valência e passou a fazer vários cursos de pintura e desenho. Ela se encarrega, além da aplicação desses acabamentos cerâmicos, do desenho e da decoração da cerâmica que elaboramos, principalmente cerâmica cozida e esmaltada. Da venda dos nossos produtos na fábrica, na pequena sala no depósito, onde temos uma variada exposição de produtos, ocupa-se minha neta mais velha, Sofia. Essa é uma tarefa que ela desempenha sozinha na maior parte do tempo, embora, às vezes, só em momentos muito precisos, quando nós não damos conta e ela precisa nos ajudar, é auxiliada por minha mulher, Antonia. Antonia já tem bastante idade e não tem cabeça para nada, por isso fica sempre em casa, com minha nora, ajudando nas tarefas da casa e fazendo casacos, blusas e vestidos para os netos. Essa minha neta, Sofia, tem muita habilidade com números, muito tato com os clientes e é ótima para os negócios. Se alguém propusesse, venderia até o próprio pai. Além disso, é uma menina maravilhosa, afável no trato e possui um lindo sorriso – ela atrai os clientes como o açúcar atrai formigas.

Quanto aos meus filhos, Jacinto e Tomás, tenho de admitir que me saíram ótimos trabalhadores. Sabem tudo o que devem saber sobre o negócio e atuam sempre sob minhas ordens. Nunca reclamam de nada. Ocupam-se principalmente da negociação do preço dos nossos produtos com os clientes, assim como dos custos dos materiais que utilizamos no processo. Além disso, eles me ajudam com as tarefas de cozimento das peças, preparam os estandes das diversas feiras de exposição, das quais eles, como representantes da família, participam com nossos produtos, solicitam as várias licenças que a atividade anterior requer, pagam os impostos correspondentes ao funcionamento da atividade, administram as contas e também se encarregam de que as peças cheguem em ótimas condições aos nossos clientes.

Por último, mas nem por isso menos querido, está meu neto Enrique. Ele é filho único, sabe? Diferente dos primos e contra os meus desejos e convicções, foi criado fora de casa. É que o meu segundo filho, Tomás, e sua esposa decidiram que, para assegurar seu futuro, segundo eles, queriam lhe proporcionar uma sólida e brilhante formação. Por isso, sempre estudou em colégios e institutos de prestígio no exterior. Atualmente ele está em Madri. Está terminando a faculdade de Administração de Empresas. Quando terminar, quer fazer mestrado em Alta Direção e não sei em que mais. Nunca se cansa de aprender. Na verdade, não entendo por que, como digo, em nosso trabalho tudo se reduz sempre ao mesmo, às quatro operações básicas: soma, subtração, multiplicação e divisão. Meus filhos dominam o processo com perfeição e nunca precisaram saber nada mais. Podemos dizer que é o sonhador da família, o inconformado, o que quer mudar tudo. Quer ampliar as instalações, estabelecer uma estrutura hierárquica, produzir em grande escala, contratar assessores externos, terceirizar os trabalhos menos especializados para as pessoas da cidade... e uma infinidade de outras coisas. Quem o escuta, tem a sensação de que não estamos fazendo nada, e que ele terá de fazer tudo quando eu faltar. Diz para eu não ficar nervoso porque já tem tudo pensado. Vai transformar a El Alfarero S.L. em uma multinacional de prestígio do setor. Eu disse a ele que isso requer muito investimento e que nós não dispomos de tanto capital, mas ele me disse para eu não me preocupar porque já levava isso em conta. Para enfrentar essa situação, pensa em ampliar o capital, recorrer a empréstimos bancários e, como se isso não fosse suficiente, quer promover a entrada de novos investidores para a companhia, acionistas externos ao núcleo familiar. Quando penso nisso me arrepio inteiro. Estranhos na El Alfarero S.L.! Que Deus não queira. Somos uma grande família. Assim permanecemos durante quatro gerações e assim continuaremos, enquanto eu estiver vivo. Ainda bem que até agora ele não tem nenhuma função dentro da empresa. Tanto seus estudos como sua ausência impedem isso. O pior, creio eu, virá quando eu não estiver mais no comando, já que é nesse meu neto que toda a família está de olho para me suceder futuramente na empresa. Meus filhos não sabem fazer nada sem mim. Além disso, consideram que já estão velhos para assumir essas funções à frente da El Alfarero S.L., que não estão preparados e que é melhor Enrique desempenhar essa função, o único que tem estudo universitário. Não é que eu não confie nele... mas é que... é tão jovem... além disso, quase não sabe mover o torno.

Alejandra: Sr. Rodrigo, o senhor pode nos dizer sua opinião sobre o "dinheiro fácil e rápido"? Esse sonho que é perseguido com tanta ansiedade hoje em dia, principalmente pelas novas gerações?

Rodrigo: Sinto muito, mas não acredito no "dinheiro fácil e rápido" e muito menos na forma de consegui-lo. O pouco que temos em minha família e em minha empresa nos custou muito para obter. Os anos me mostraram que tudo tem seu tempo, por isso fico de longe, só observando os que me prometem novas e inovadoras formas de conseguir esse dinheiro de hoje. O patrimônio da El Alfarero S.L. levou quatro gerações para ser levantado e mantido, portanto, você compreenderá, senhorita, não vou colocá-lo em jogo, como pretendem alguns, em uma simples jogada. Ao contrário do que, com grande insistência, meu neto Enrique sempre tenta me fazer ver, toda mudança implica riscos, e eles nem sempre são bons. Além disso, se as coisas estão e vão bem como estão, digo eu, para que mudar? Está certo, senhorita?

Alejandra: Qual a sua opinião sobre a crescente internacionalização da economia, da busca e penetração em novos nichos de mercado, das mudanças e do progresso para enfrentar os novos acontecimentos desse meio? Pelo que pude notar nas suas respostas, acredito que o senhor não seja muito favorável. Estou errada?

Rodrigo: Internacionalização? Novos nichos de mercado...? Pode me explicar o que é isso? (...) Ah, já sei. Ou seja, em resumo, a distribuição dos nossos produtos fora de nossa cidade, nosso estado e inclusive fora do nosso país, não é mesmo?... Você podia ter começado por aí. Não senhorita, nesse campo ainda não nos aprofundamos. Esta é uma modesta empresa familiar, isso causaria muita agitação e, além do mais, eu já estou muito velho. Com o que tiramos na cidade e agora com as exposições e feiras nas cidades vizinhas dos nossos produtos de sempre (bacias, vasos, talhas, pilões, tampas, jarros...) nos basta e ainda sobra. Além disso, reconheço que não podemos encarar a elevada produção que implicaria maior fornecimento dos nossos produtos. Não temos os meios para isso e só eu e os meninos não damos conta de uma produção maior. Já nos custa assumir a demanda dos clientes com os quais nos comprometemos recentemente. Por outro lado, é claro que é preciso progredir e concordo com isso. Mas no devido tempo. Na verdade, claro que progredimos, embora meu neto se empenhe em mostrar o contrário. Meu bisavô tinha de extrair argila das pedreiras, escavando pequenas cavidades numa das paredes laterais, depois tinha de amassar a argila, jogar em balsas onde a misturava com areia, calcário e água em diferentes proporções, de acordo com a massa que e queria obter, deixando de molho e, depois de muito amassar, deixava em vasilhas onde iam envelhecendo; voltava a amassar de novo e, finalmente, depositava a massa em pequenas balsas, junto aos tornos, que ia pegando para fazer as diversas peças que vendia. Tudo era um dificílimo processo de preparação da argila que agora, por exemplo, meus netos não fazem, pois faz parte do básico que compramos dos nossos principais fornecedores. Do mesmo modo, se pensarmos no meu avô, lembraremos como ele levava nossos produtos pelas cidades vizinhas, no lombo de um burrinho, enquanto agora meus filhos fazem isso em enormes caminhonetes de 90 cavalos. Então, você não acha que isso que acabei de relatar seja um grande progresso? Ha, ha!

Alejandra: Seus filhos têm esse mesmo pensamento?

Rodrigo: Meus filhos sim, todos eles. São muito bons filhos. Tanto a mãe deles como eu conseguimos fazer deles verdadeiros homens úteis. O que parece concordar menos, como você já deve saber, é meu neto Enrique. Ele é o único que saiu um pouquinho rebelde. Mas é compreensível. Ele é apenas um garoto, jovem demais ainda e sem quase nada de experiência. Sempre sonhando... é um furacão de menino... cada vez que vem aqui, como eu disse antes... quer mudar tudo! E a verdade é que muitas vezes não o entendo. Sempre diz que estamos ficando para trás, que nossos métodos e processos de trabalho, presos ao passado, são totalmente ineficientes hoje e que chegará uma hora em que vamos ser expulsos do mercado. Eu, na verdade, não creio que estamos tão mal, inclusive este ano nossas vendas aumentaram; além disso, utilizamos o mesmo método já há três gerações. Meu pai aprendeu com o dele, que aprendeu com o meu bisavô e, penso eu, que tão ruim não deve ser... Deve ser coisa da idade. Eu sou um velho de 80 anos e ele um garoto de quase 22. Mas é que, com esse meu neto... não há quem o faça mudar de idéia! Ele aproveita qualquer oportunidade, mínima que seja, para continuar me bombardeando com um monte de termos e coisas novas que aprende lá na universidade que eu falei onde ele está, mas eu, por mais que ele repita e me explique, não consigo entender muito bem: produção em cadeia, economia de escala, especialização de trabalho, distribuição em planta, marketing... e agora está empenhado em criar uma página na internet. Quer que comercializemos por meio de um treco em que está sempre mexendo, um computador. Ainda não sei muito bem como quer que façamos isso, mas, bom... eu continuo firme em meu pensamento. De modo que, para tranqüilizá-lo um pouco, sempre digo a ele que não corra tanto, que vá anotando tudo e que, quando termine a faculdade... aí conversaremos... se dependesse dele... ha-ha... que juventude!... Claro que temos de progredir... mas tudo no devido tempo.

Alejandra: Pelo que pude notar e pelo que o senhor me conta, vocês têm uma demanda considerável e o ritmo de produção não é muito elevado. Vocês dão conta de atender a todos os pedidos com um quadro de funcionários tão reduzido, formado somente por membros da sua família?

Rodrigo: Sim, com todos nós envolvidos, produzimos o suficiente e ainda sobra tempo. Somente em determinados momentos, quando vemos que os ganhos da semana foram bons e que quase "estamos com a água no pescoço", costumamos contratar os filhos do meu grande amigo Raúl para que nos dêem uma mãozinha. São bons rapazes. É uma pena que não possamos tê-los como funcionários fixos. É que, senhorita, as vendas já não são mais como antes e os custos disparam cada vez mais, de modo que tanto eu como os meus filhos decidimos que chegou a hora de "apertar o cinto".

Alejandra: O que o senhor fez para isso, para enfrentar esses custos?

Rodrigo: Uma coisa muito simples, senhorita. Meus filhos abriram mão dos progressivos aumentos de salário para o futuro, permanecendo fixo na mesma quantia para os próximos cinco anos e eu, pela minha idade, preciso de pouco mesmo e, na verdade, moro com minha mulher em minha casa, com um deles, Jacinto, pois renunciei ao pouco que ganhava. Dessa forma, não serei mais uma carga para acrescentar à empresa. Além disso, reduzimos os custos da maquinaria e os utensílios que utilizamos, procurando usar apenas aqueles que temos e somente comprar outros quando esses estiverem totalmente inúteis. Esse motivo, somado aos numerosos imprevistos que com freqüência cada vez maior aconteciam com o forno antigo, no qual, desde a época do meu bisavô, continuávamos cozinhando as peças (as cinzas ou a fumaça que saía sujavam muito o verniz das peças; às vezes a temperatura não subia o suficiente e as cerâmicas ficavam mal cozidas; outras vezes a entrada brusca de ar frio fazia as mais quentes estourarem; as 15 ou 17 horas de cozimento que exigia o processo, segundo o tamanho da peça, para nosso ritmo de produção, passaram a ser muito tempo), em determinado momento nos obrigou a comprar um forno elétrico novo e um pirômetro para medir a temperatura.

Antes de passar para a próxima pergunta, senhorita, eu gostaria de retomar o assunto dos salários que ganhamos na El Alfarero S.L. Não quero que fique uma má impressão. Então, voltando aos salários dos meus filhos, digo a você que na empresa nunca ganharam muito. Somente o necessário para viverem decentemente e levarem suas casas para frente. Nunca tiveram problemas nesse sentido. Quando eram mocinhos não ganhavam salário. Eu me encarregava de dar dinheiro a eles para pagarem a conta quando saíam com amigos ou namoradas. Para atenuar isso, em troca, a empresa se encarregava de todos os possíveis gastos extraordinários que possam ter surgido: os estudos dos meninos, as suas festas de aniversário ... não podemos deixar de lado os filhos quando eles precisam de nós. Além disso, a fidelidade deles à família e o amor que sentem pela empresa é muito visível. Do mais novo ao mais velho, estão sempre dispostos a ajudar, sempre que a empresa necessita.

O resultado é o trabalho de todos e não somente de um de nós. Somos uma grande família e a empresa é questão de todos.

Alejandra: O senhor tem medo da morte? Teme o futuro da El Alfarero S.L.? O senhor teme que, com sua morte, como acontece com muitas empresas do setor, sua empresa desapareça?

Rodrigo: Senhorita, isso só Deus sabe. De qualquer forma, estou totalmente satisfeito com o trabalho que tenho desenvolvido à frente da empresa. Tenho certeza de que meu legado não morrerá comigo. Cumpri a missão que depois das gerações anteriores vínhamos cumprindo na família: garantir que a El Alfarero continue viva e a família com ela. Muitas vezes, enquanto contemplo como meus filhos trabalham, parece que me vejo anos atrás, com meu pai e meu avô. É aí que me dou conta de que nada mudou. Dentro da El Alfarero S.L. parece que o tempo parou... Vejo-me refletido em meus filhos, no que fazem... um gesto, uma palavra, um movimento qualquer deles no desempenho das suas funções... lembram-me muito do que foi executado anos atrás por mim mesmo, meu pai e meu avô. Tudo isso faz com que meus pensamentos retrocedam no tempo e pareça que nada mudou desde aquela época. Muitas vezes eu tenho a impressão de que o tempo parou na El Alfarero S.L.

Alejandra: Daqui, junto com o Sr. Rodrigo, enquanto contemplamos a beleza e a qualidade dos produtos elaborados na El Alfarero S.L., o resultado final de uma experiência e do *know-how* transmitidos através de quatro gerações, agradecendo a ele o tempo que dedicou a nós, suas sábias palavras e o acolhimento que tanto ele como sua família ofereceram à equipe deste programa, nós nos despedimos. Até um próximo encontro. Muito obrigada por confiar mais uma vez em nós. Esperamos que continuem olhando para o passado. Lembrem-se de que os pilares do futuro são as bases desse passado.

Questões para discussão

1. Quais tipos de problemas, dentro da sua problemática geral, a El Alfarero S.L. enfrenta? Identifique-os no texto e comente.

a) *A sobreposição entre a família e a empresa:* nesse caso, vemos o envolvimento direto de familiares, tanto na direção da empresa como no seu grupo de cotistas e o conselho de administração (o avô é o principal cotista e o restante tem participações em proporções iguais). Esses vínculos entre a família, a propriedade e a empresa é o que faz da empresa familiar especialmente complexa, além de dar lugar a uma problemática sobreposição de papéis: uma mesma pessoa é simultaneamente pai, gerente ou diretor geral, principal cotista e presidente do conselho de administração. Além disso, essa situação faz com que não exista uma clara separação entre o âmbito familiar e o da empresa, sendo a história familiar, os valores, as regras de comportamento e a relação interpessoal os fatores predominantes da empresa, situação que se observa ao longo de todo o texto (processos, métodos de trabalho e maquinaria que são transmitidos de geração a geração, não existe uma delimitação clara entre o patrimônio familiar e o da empresa, e mais, seu proprietário assimila, mistura, identifica a realidade empresarial com a familiar...).

b) *As dificuldades para enfrentar a crescente internacionalização:* a crescente internacionalização implicou a ratificação da vulnerabilidade da posição competitiva de muitas empresas familiares – situação que, no texto, observa-se nos comentários de Enrique e, com maior ênfase, na estratégia seguida na El Alfarero S.L., de seguidor mais do que de liderança, centrada na adaptação de produtos já existentes e em uma limitada inovação de produtos, somada a uma incorporação mais lenta de novas tecnologias de processo. *"Internacionalização? Pode me explicar o que é isso? (...) no lombo de um burrinho, enquanto agora meus filhos fazem isso em enormes caminhonetes de... cavalos. Então, você não acha que isso que acabei de relatar seja um grande progresso? Ha, ha".*

c) *As dificuldades para enfrentar uma renovação organizacional:* a empresa familiar tem grandes dificuldades para encarar a necessária e contínua renovação organizacional do seu pessoal, da sua cultura e dos seus sistemas. Isso está ligado ao domínio dos critérios familiares sobre os empresariais e ao estilo de direção do seu líder, Sr. Rodrigo, geralmente muito centralizado e voltado para uma gestão personalista. Esse senhor está preso ao passado e, além disso, não aceita os riscos que as mudanças implicam – as quais ele não deixa que sejam implantadas em sua empresa. Seu neto Enrique já propôs tais mudanças, mas ele não deixa implantá-las. *"Eu, com a minha idade, me sinto um menino... a cabeça não me falha e as forças ainda não me abandonaram, por isso, eu me encarrego de organizar tudo... como meu pai e meu avô, penso em continuar até que 'o corpo não agüente' (...) meus filhos me saíram muito bons trabalhadores, sabem tudo o que têm de saber sobre os negócios e sempre atuaram sob minhas ordens, nunca reclamam de nada. Meu neto é o que me saiu 'um pouquinho rebelde' (...) nunca se cansa de aprender... e não entendo porque, como eu digo, em nosso trabalho tudo se reduz sempre ao mesmo, quatro operações básicas: soma, subtração, multiplicação e divisão... meus filhos dominam o processo com perfeição e nunca precisaram saber nada mais... esse meu neto... nunca está satisfeito, sempre quer mais (...) quer mudar tudo (...) transformar a El Alfarero S.L. em uma grande multinacional (...) eu digo a ele que quando terminar a faculdade conversaremos".*

d) *Uma gestão inadequada:* nesse caso, existe uma clara confusão entre o patrimônio familiar e o empresarial. Assim, a remuneração é feita de acordo com as necessidades familiares. *"O dinheiro da matrícula dos meninos tiramos das vendas da empresa, assim como qualquer outro gasto extraordinário, como as festas de aniversário dos meus netos. Não se ganha muito, na verdade, o salário dos meus filhos permaneceu invariável durante muitos anos, eles têm o necessário para viver e levar suas casas para frente, para eles está tudo bem; quando eram mocinhos não ganhavam, eu me encarregava de dar a eles dinheiro para pagarem a conta quando saíam com amigos ou namoradas, o que era suficiente. Para atenuar isso, em troca a empresa se encarregava de todos os possíveis gastos extraordinários que possam ter surgido. Não podemos deixar de lado os filhos quando eles precisam de nós. Todos estão sempre dispostos a ajudar".*

2. Que tipo de repercussões você acredita que os problemas tratados na questão anterior têm sobre a empresa familiar El Alfarero S.L.?

a) *A sobreposição entre a família e a empresa:* nesse caso, poderá ser objeto tanto de tensões, conflitos que resultam em aspectos negativos (nepotismo) e que dificultarão e complicarão a gestão à frente da empresa e a própria vida familiar, como do fato de que essas mesmas tensões que surgem entre esses sistemas – família e empresa – podem favorecer a recuperação do espírito empresarial e a renovação estratégica e organizacional. Desse modo, vemos como os primeiros podem proceder do desigual afeto que o Sr. Rodrigo sente por seus netos. Situação que ele não quer demonstrar. Ele adora os três netos do seu filho mais velho, os quais "ele criou", os que "sempre estiveram agarrados na sua calça", os que compartilham seu ofício. Mais precisamente o mais novo, Carlos, que todos dizem que se parece com ele. No entanto, embora o ame por ser seu neto, ele não entende Enrique, que praticamente é um desconhecido para ele, não compartilha da sua visão sobre a empresa e lhe causa problemas demais, principalmente quanto à família, que o vê como futuro sucessor à frente da El Alfarero S.L. Além disso, Enrique pensa, entre outras coisas, em estabelecer as linhas de autoridade com que a empresa deve ser administrada no futuro, com base numa relação hierárquica que não corresponde ao sistema igualitário e paternal predominante nessa empresa familiar. É nesse sucessor em potencial que acreditamos ver essa recuperação do espírito empresarial e a renovação estratégica e organizacional. Mais concretamente, nas mudanças que pensa em implantar e em seu desejo de transformar a El Alfarero S.L. numa grande multinacional.

b) *As dificuldades para enfrentar a crescente internacionalização:* estas fazem com que a empresa familiar seja mais vulnerável diante do contexto atual, afetando principalmente sua competitividade, sobrevivência e continuidade em geral. Essas conseqüências negativas se manifestam, no caso, via Enrique (*"temos um processo muito rudimentar, estacionado no tempo, seremos expulsos do mercado.")*. Como resultado disso, a El Alfarero S.L. atua predominantemente em mercados de caráter local ou nacional, não sabemos se com alguma operação internacional, fruto das feiras das quais participará, e terá maior presença em setores manufatureiros tradicionais (olaria) e de menor conteúdo tecnológico.

c) *As dificuldades para enfrentar uma renovação organizacional:* esse fato costuma provocar nas empresas, e acreditamos que está ocasionando na El Alfarero S.L., principalmente em sua direção, dificuldades para enfrentar a profissionalização do seu pessoal, atrasando tanto a mudança de geração (na El Alfarero S.L. o diretor principal é o avô e o próximo já será o neto, Enrique, porque seus filhos estão acostumados a atuar sob as ordens do seu pai, e mais, todos se consideram velhos para assumir essas funções, acreditam que não estão preparados e que é melhor que o neto, mais preparado, desempenhe essa função – diferentemente do que pensa o Sr. Rodrigo, que espera ficar no comando até morrer ou estar incapacitado) como o desenvolvimento dos instrumentos diretivos necessários para promover a melhora competitiva da companhia (planejamento estratégico, planos de marketing, gestão financeira, planos de qualidade...) e estimular uma progressiva descentralização, graças à existência de sistemas adequados de direção e desenvolvimento permanente do pessoal. *"Eu, na minha idade, me sinto um menino... a cabeça não me falha e as forças ainda não me abandonaram e, por isso, eu me encarrego de organizar tudo... como meu pai e meu avô, penso continuar até que o corpo agüente"... nesse sentido tive muita sorte com meus filhos, que me saíram muito bons trabalhadores, eles sabem tudo o que têm de saber sobre os negócios e sempre atuam sob minhas ordens, nunca reclamam de nada. Meu neto é que me saiu um pouquinho rebelde... está estudando Administração de Empresas em Madri; quando terminar, quer fazer mestrado em Administração e não sei em que mais... nunca se cansa de aprender... e não entendo por que, como eu digo, em nosso trabalho tudo sempre se reduz ao mesmo, às quatro operações básicas: soma, subtração, multiplicação e divisão... meus filhos dominam o processo com perfeição e nunca precisaram saber de mais nada... esse meu neto... nunca está satisfeito, sempre quer mais... quer mudar tudo.* Volta a haver influência negativa na competitividade da empresa familiar e também em sua eficácia e eficiência.

d) *Uma gestão inadequada:* seus efeitos sobre a empresa não estão sendo muito bons nem para o momento presente (com respeito à contabilização e à tributação – o que é da empresa, o que é da família, quanto realmente ganhamos, quanto perdemos?...) nem com relação às necessidades de liqüidez e disponibilidade de capital, as quais a empresa tem de enfrentar, principalmente diante de qualquer imprevisto. Quando isso acontece, o que fazemos? Vendemos a enorme caminhonete com que os filhos transportam as diversas peças, hipotecamos sua casa? Isso, por sua vez, causaria problemas com relação aos herdeiros, durante a sucessão.

3. O que você ressaltaria com relação à formação e evolução da cultura que impera na El Alfarero S.L.?

Com relação à formação, como é formada pelo compartilhamento de experiências e pela realização de um aprendizado em comum, principalmente por parte de quem lidera a organização e dos seus colaboradores mais importantes. *"Os conhecimentos e o processo são transmitidos de geração a geração: de Rodrigo, o atual proprietário da empresa para seus filhos e anteriormente do bisavô de Rodrigo, o fundador, para o avô de Rodrigo e deste ao pai de Rodrigo, que os passou para ele. (...) O resultado é o trabalho de todos e não só de um de nós. Somos uma grande família e a empresa é questão de todos."* Entende-se que nessa formação a influência do cabeça da família, neste caso, Rodrigo, é bastante elevada." *Estou totalmente satisfeito, estou seguro de que meu legado não morrerá comigo. Cumpri a missão que há gerações vínhamos cumprindo na família: garantir que a El Alfarero continue viva e a família com ela. Muitas vezes, enquanto contemplo como meus filhos trabalham, parece que me vejo anos atrás, com meu pai e meu avô. É aí que me dou conta de que nada mudou. Dentro da El Alfarero, parece que o tempo parou... Vejo-me refletido em meus filhos, no que fazem... um gesto, uma palavra, um movimento qualquer deles no desempenho de suas funções... lembram-me muito do que foi executado anos atrás por mim mesmo, por meu pai e meu avô. Tudo isso faz com que meus pensamentos retrocedam no tempo e pareça que nada mudou desde aquela época... o tempo parou na El Alfarero S.L.* Por Rodrigo ter ostentado o poder durante um período de tempo bastante longo – ele está com 80 anos –, acabou moldando a cultura da organização com as próprias preferências e estilos. Nota-se que é um homem muito conservador, afável, que não confia nos riscos nem nas mudanças, e seus filhos compartilham esses pensamentos. *"Não confio no 'dinheiro fácil e rápido' e muito menos na forma de consegui-lo. O pouco que temos nos custou muito para obter. Os anos me mostraram que tudo tem seu tempo, por isso fico de longe, só observando os que me prometem novas e inovadoras formas de conseguir esse dinheiro de hoje. O patrimônio da El Alfarero, S.L. levou quatro gerações para ser levantado e mantido, por isso você compreenderá, senhorita, não vou colocá-lo em jogo, como pretendem alguns, em uma simples jogada. (...) se as coisas estão e vão bem como estão, penso eu, para que mudar? Você não acha?*

Com relação à evolução da cultura, podemos dizer que está em seu terceiro nível, o de maior profundidade. Rodrigo conseguiu estabelecer uma série de princípios válidos para todos os membros." *Em minha empresa todas as decisões são tomadas por consenso. Esse é o método empregado por meu bisavô, meu avô e meu pai. Para isso, sempre recorremos também à experiência acumulada pelos anos... você sabe, senhorita, que 'aquele que muito viveu sabe mais do que o que muito viu'. (...) Meus filhos 'não sabem fazer nada sem mim', ninguém da minha família, salvo Enrique, reclama, mas ele não tem funções na empresa. (...) Vejo na forma de trabalhar deles o meu pai e avô...*) Ou seja, seu domínio sobre a empresa e sobre o trabalho dos seus filhos é total.

4. Você considera que a continuidade da cultura que impera na El Alfarero S.L. desde o bisavô de Rodrigo até o momento atual estará garantida depois da entrada da geração seguinte, a dos netos? Explique sua resposta.

Na verdade, consideramos que não, que essa cultura sofrerá importantes mudanças ou, pelo menos, podemos dizer que ela passará por uma importante fase de testes, que pode consolidá-la ou destruí-la. Entre os acontecimentos críticos que influirão, e de fato já estão influenciando, nessa consolidação ou não da cultura mantida durante quatro gerações (avô, pai, Rodrigo e filhos) da El Alfarero S.L., estão:

1. As mudanças sofridas no meio (maior competitividade, internacionalização...).
2. Mudanças que se aproximam na própria organização, dentro da empresa, com o processo de sucessão que terá de ser realizado. O atual presidente, Sr. Rodrigo, tem 80 anos, seus filhos não querem assumir a direção da companhia, mas sim deixá-la para seu neto Enrique. A mentalidade, valores e princípios tão diferentes que esse sucessor apresenta para a empresa já estão causando uma grande preocupação para o avô que, até agora, não lhe atribuiu nenhuma função na

empresa. Enrique é um membro da família com uma cultura que, por parecer que, em alguns aspectos, choca, é oposta à mantida de geração após geração, fruto talvez de uma nova geração mais comercial e influência de uma cultura totalmente distinta da cultura da empresa de sua família. Sempre foi criado fora de casa, em internatos, estudou em colégios de prestígio, cursou a universidade... No geral, podemos dizer que mostra uma mentalidade mais agressiva, mais comercial. Oferece a seu avô e à El Alfarero S.L.: inovação, mudança e risco em troca da tradição e segurança. Além desse complexo processo sucessório existem todos as mudanças que o novo sucessor pretende realizar na empresa: *"ampliação de instalações, estrutura hierárquica com..., produção em grande escala, contratação de assessores externos, terceirização de trabalhos menos especializados... pensa em transformar El Alfarero S.L. numa multinacional de prestígio do setor, mas isso requer muito investimento, por isso pensa em ampliar o capital e recorrer a empréstimos bancários e à entrada para a companhia de novos investidores, acionistas/cotistas estranhos ao núcleo familiar".*

5. Em que você considera que a El Alfarero S.L. se baseou para perdurar por quatro gerações e estar quase passando para a quinta?

A El Alfarero, S.L., ou melhor, a empresa familiar que está à frente dela garantiu a continuidade da empresa, lançando mão e explorando ao máximo duas das forças em potencial mais básicas da empresa familiar: a união e o compromisso das pessoas que nela trabalham.

6. Que tipo de riscos ou quais possíveis armadilhas e de que modo eles estão colocando ou colocarão em perigo a continuidade da empresa familiar El Alfarero S.L.? Restringindo-se à problemática da empresa familiar, qual você diria que é a causa desses riscos e armadilhas?

Encontramos no texto a confluência das armadilhas a seguir relacionadas, as quais, como apontam vários estudiosos da empresa familiar, não só possivelmente colocarão em perigo sua continuidade, no caso da El Alfarero S.L., como também, conforme se observa na primeira que citamos, já fazem essa empresa correr perigo.

1ª Armadilha – *A confusão dos fluxos econômicos*: na gestão do patrimônio dessa empresa familiar, observa-se que as regras do mercado não são seguidas com relação à geração e à distribuição do valor econômico agregado. Não há salários fixos e eles não estão de acordo com o mercado, mas sim com o que o atual proprietário acredita que seus filhos precisam para "manter a casa". Além disso, eles já decidiram continuar recebendo esse mesmo salário durante os próximos cinco anos. Além do mais, as remunerações extras se dão na forma de matrícula dos filhos na escola, e os gastos extraordinários para festas de aniversário. Tudo por conta da empresa e como compensação pela deficiência de salário e remuneração dos seus filhos. Essa situação está causando uma significativa distorção tanto dos reais custos da empresa como da imagem fiel da sua contabilidade. Além disso, ao investirem em novos investimentos ou na mão-de-obra sem previsão alguma. *"Todos nós somos suficientes e ainda sobra para realizar o trabalho. Somente em momentos certos, quando vemos que os ganhos da semana foram bons e vemos que quase estamos com a água no pescoço, costumamos contratar os filhos do meu grande amigo Raúl. (...) Além disso, reduzimos os custos da maquinaria, procurando utilizar completamente a que temos e só comprar uma nova quando essa estiver totalmente inútil."* Estão correndo o risco de descapitalizar a empresa. A soma dessas situações possivelmente contribuirá para uma futura falta de capacidade dessa empresa familiar competir e, com isso, para sua sobrevivência na geração seguinte. Pensamos que, embora as origens dessa armadilha possam estar em qualquer um dos problemas aos quais nos referimos na primeira pergunta, acreditamos que, de todos eles, o que mais está provocando o surgimento de tal armadilha é o relacionado à grande sobreposição empresa-família, que se manifesta na empresa.

2ª Armadilha – *O atraso desnecessário da sucessão:* o atual proprietário e dirigente máximo da El Alfarero S.L., Sr. Rodrigo, parece não querer admitir que já é a hora de "passar o bastão do comando". Na verdade, pelo que diz (*"até que o corpo agüente estarei à frente do comando"*), parece que não o fará até morrer. A principal conseqüência disso é que ainda não preparou seus filhos para sucedê-lo em seu posto à frente da empresa (seus filhos, aliás, já se acomodaram com a situação e não querem assumir esse papel) nem pensou em preparar os netos. Seus filhos parecem só pensar nessa situação quando vêem um dos netos, Enrique, como futuro sucessor. Uma situação que o Sr. Rodrigo não parece estar muito disposto a assumir e muito menos a consentir que ocorra um dia. É que ele não reconhece que esse seu neto lhe é superior em capacidades profissionais para desempenhar essa função. É por isso que não presta atenção às idéias de seu neto (*"este garoto..."*) e continuamente adia a implantação delas (*"já conversaremos quando você terminar a faculdade"*). Essa armadilha, que nasce de um problema bastante comum nas empresas familiares espanholas – a dificuldade que a empresa familiar tem de enfrentar para planejar antecipadamente a sucessão – provocará graves conseqüências no futuro, quando chegar o momento, como veremos no Capítulo 8. Podemos simplesmente dizer que o resultado disso pode ser a não continuidade da empresa durante as futuras gerações.

REFERÊNCIAS

AMAT, J. M. *La continuidad de la empresa familiar.* Barcelona: Gestión, 2000.

DÍEZ et al. *Administración y dirección*. Madri: McGraw-Hill, 2001.

DRAKE e DRAKE, R. *La empresa familiar ante el derecho:* el empresario individual e la empresa de carácter familiar. Madri: Civitas, 1995.

GALLO, M. A. *Empresa familiar:* textos y casos. Barcelona: Praxis, 1995.

GUAL, J. e HERNÁNDEZ, A. *La competitividad sectorial de la industria española.* Documento de Trabajo, Cátedra Nissan. Barcelona, 1993.

HERREROS, J. et al. *Manual de la empresa familiar*. Madri: Cinco Días, 2001.

LEACH, P. *La empresa familiar*. Buenos Aires: Granica, 1996.

SCHEIN, Edgar H. *Organizational culture and leadership.* Jossey-Bass, 1987.

TAMAYO GALLEGO, J. A. *Organización*. Edición Digital@tres, S. L. L., 2000.

TRIGO, J. e AMAT, J. M. *Problemática de la empresa familiar.* Madri: Fundación para el Análisis y los Estudios Sociales, 2001.

WARD, J. *Cómo desarrollar la empresa familiar*. Buenos Aires: El Ateneo, 1994.

Empresa e família

APRESENTAÇÃO

A empresa familiar compõe um sistema social de grande complexidade. Essa complexidade deriva da confluência de duas organizações sociais, que por si só já são complexas: a empresa e a família. Cada uma delas, em separado e de modo independente, constitui uma entidade composta por diversas pessoas que desempenham diferentes papéis, na qual se estabelecem numerosos e complexos sistemas de relações.

Este capítulo visa examinar minuciosamente os dois elementos básicos constitutivos da empresa familiar. Seu objetivo principal consiste em identificar os diferentes agentes sociais que intervêm nas empresas familiares e os diversos papéis que cada um deles pode desempenhar, além de analisar os sistemas de relações entre uns e outros.

A seção 3.1 aborda a terminologia, referindo-se às diferenças de significado e de enfoque que existem entre dois termos similares, mas diferentes: empresa familiar e família empresária.

A seção 3.2 dedica-se à identificação dos diferentes papéis existentes dentro das empresas familiares. Nesse sentido, é descrito o modelo mais clássico sobre a empresa familiar – que pode ser classificado como geralmente aceito por todos os estudiosos desse tipo de empresa: o modelo dos três círculos (propriedade, direção e empresa).

Uma vez analisados cada um dos sete diferentes papéis, a seção 3.3 detém-se em um aspecto fundamental das relações entre empresa e família: a profissionalização da empresa familiar. Para muitos, a profissionalização da empresa familiar é o fator-chave, a condição necessária para assegurar a continuidade desse tipo de organização a longo prazo.

Finalmente, a seção 3.4 centra-se na prevenção de conflitos na empresa familiar. Em suma, são analisadas as razões ou causas que provocam o surgimento de conflitos. Nesse processo preventivo de conflitos, a comunicação é considerada o elemento-chave.

Capítulo 3

3.1. INTRODUÇÃO

Do ponto de vista humano e social, a empresa familiar constitui uma complexa realidade. Nela confluem diversos sistemas sociais que muitas vezes são divergentes, como a família e a empresa. Por um lado, a família constitui um sistema composto por indivíduos ligados por vínculos de sangue ou de parentesco por afinidade, com certos interesses, problemas e características, cuja evolução formou um tipo específico de cultura.

Por outro lado, a empresa é uma organização orientada por objetivos econômicos e formada por pessoas que desempenham papéis bastante diversos (acionistas, diretores, trabalhadores). Ela interage com outras organizações sociais do seu meio (clientes, fornecedores, intermediários financeiros, administrações públicas etc.), possui objetivos e desafios específicos e é impregnada por uma série de valores particulares.

Neste capítulo, pretendemos identificar quais são os principais agentes sociais envolvidos em uma empresa familiar, visando compreender melhor as diferentes visões desse tipo de empresa e os diferentes objetivos e papéis que cada um desses agentes pode nela representar.

Para isso, vamos começar fazendo uma diferenciação entre as duas grandes esferas que constituem a empresa familiar – a empresarial e a familiar – para, em seguida, na seção 3.2, descrever até sete papéis diferentes identificáveis dentro desse tipo de empresa. Esses papéis apóiam-se sobre um modelo de empresa familiar que implica a decomposição do sistema em três subsistemas inter-relacionados e com espaços de intersecção: a propriedade, a gestão e a família. Na seção 3.3 será abordada a importante questão da profissionalização da empresa familiar.

A seção 3.4, por sua vez, aborda o problema da gestão de conflitos nas empresas familiares e analisa o papel da comunicação na empresa familiar como instrumento de prevenção e resolução desse tipo de conflito. Para que isso fosse possível, foi adotada uma concepção cognitiva do conflito com base nas disparidades de expectativas dos indivíduos e grupos de uma organização, que derivam das diferenças das suas próprias percepções da realidade.

3.2. O SISTEMA DA EMPRESA FAMILIAR

3.2.1. Família e empresa: empresa familiar *versus* famílias empresárias

O termo "empresa familiar" aponta nitidamente para duas combinações: a empresa e a família, e a família e a empresa – dois componentes em que não está claro qual tem maior peso. Na verdade, por vezes, costuma-se utilizar dois termos diferentes, de acordo com a orientação que se queira dar a cada um dos dois elementos.

Desse modo, costuma-se utilizar o termo *empresa familiar* quando o que se destaca é a empresa, a organização, cuja propriedade está nas mãos de uma família, que determina a orientação estratégica da empresa e pode, inclusive, liderar os próprios órgãos de governança e direção.

De modo inverso, costuma-se utilizar o conceito de *família empresária* quando o aspecto que se deseja destacar está mais ligado à instituição familiar, ao conjunto de pessoas que, além de compartilhar um parentesco familiar, possui, controla e/ou dirige um determinado negócio, patrimônio ou organização empresarial.

Do nosso ponto de vista, nenhum dos dois termos é superior ao outro, mas, dependendo do âmbito analisado, talvez seja mais adequado utilizar um ou outro. Desse modo, se o assunto é a incorporação de profissionais externos à empresa, trata-se de um problema típico da empresa familiar. Por outro lado, se o que se discute é a educação dos filhos dos empresários para que possam assumir futuras responsabilidades, trata-se de uma questão que envolve a família empresária.

Nesta obra, vamos utilizar preferencialmente o primeiro termo, visto que ele apresenta uma orientação mais empresarial e de gestão. No entanto, definitivamente, temos a opinião de que empresa familiar e família empresária não passam de dois lados de uma mesma moeda, como mostra a Figura 3.1.

Na Figura 3.1 há um espaço de intersecção entre os dois âmbitos que compõem a empresa familiar. Nesta seção, vamos analisar as relações existentes entre eles: a empresa e a família. É essa intersecção e a relação com

Figura 3.1 Empresa e família: empresa familiar *versus* família empresária

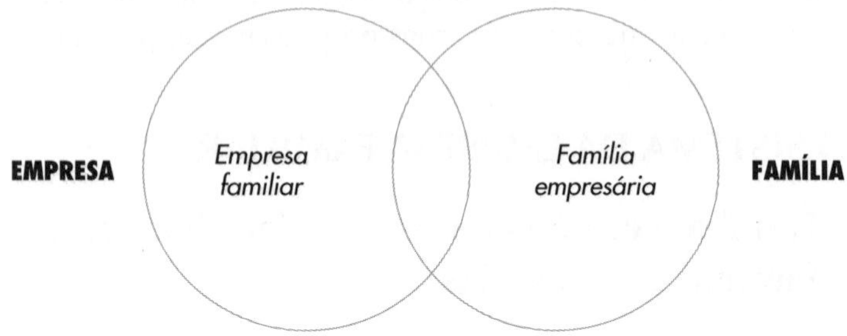

os demais âmbitos, seja pelo lado da empresa ou pelo lado da família, o que confere à empresa familiar um caráter particular.

3.2.2. O modelo dos três círculos da empresa familiar

Para entender a problemática particular das empresas familiares, o melhor é recorrer ao modelo clássico da empresa familiar, o denominado modelo dos três círculos. Esse modelo se propõe a esquematizar os diferentes âmbitos que coexistem nas empresas familiares.

A base do modelo é a concepção binária exposta na seção anterior, na qual o círculo representativo da empresa subdivide-se em outros dois círculos: o primeiro, relativo à propriedade e o segundo, à gestão, sendo esses dois âmbitos de ligação com a empresa claramente diferenciados, como foi exposto no primeiro capítulo. Desse modo, os três círculos representam os seguintes âmbitos:

- Círculo 1: A FAMÍLIA.
- Círculo 2: A PROPRIEDADE.
- Círculo 3: A GESTÃO.

O modelo é representado na Figura 3.2.

Cada uma das áreas distintas representa diferentes agentes envolvidos na empresa familiar. A seguir, vamos analisar cada um deles, da maior à menor participação na empresa.

Figura 3.2 **O modelo clássico dos três círculos da empresa familiar**

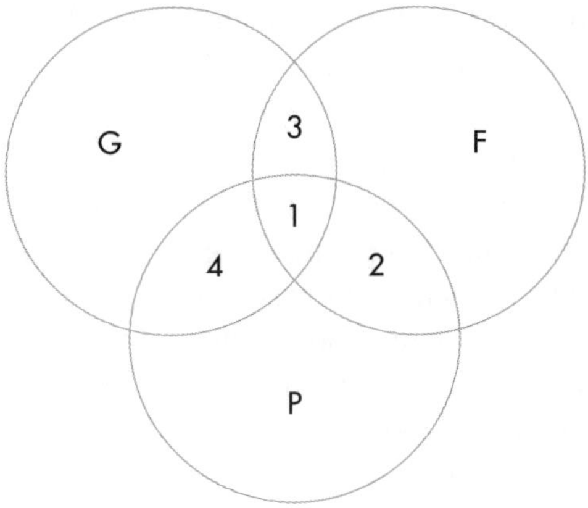

3.2.2.1. Família, propriedade e gestão

Trata-se do espaço de intersecção dos três círculos. Refere-se a todos os membros da família proprietária que possuem ações ou parte da propriedade da empresa e que, além disso, ocupam cargos de direção. Essas pessoas são as que têm maior participação na empresa.

No caso das empresas familiares de primeira geração, os fundadores constituem um bom exemplo desse tipo de agentes. Em empresas de sucessivas gerações, esse papel triplo só pode ser desempenhado por determinadas pessoas, visto que nem todos os membros da família podem ter acesso à propriedade e menos ainda à gestão, como veremos em seguida.

Uma situação que pode ocorrer em algumas empresas é que ninguém ocupe essa área de tripla responsabilidade. Trata-se de empresas que, para evitar conflitos entre os membros da família e diante da dificuldade de encontrar profissionais com razoáveis preparação e habilidades de liderança, decidem profissionalizar 100% da companhia e manter o seu controle por meio de participação majoritária na propriedade. Essa situação pode ocorrer tanto de forma transitória como permanente.

3.2.2.2. Família e propriedade

Conforme acabamos de apontar, determinados membros da família podem ser proprietários, mas não ocupar cargos de responsabilidade executiva na empresa familiar. Trata-se de pessoas que têm interesse suficiente na empresa para desejarem continuar vinculadas a ela, mantendo a propriedade por meio de uma determinada porcentagem de ações ou cotas. No entanto, essas pessoas não mostram nenhum interesse em desenvolver sua vida profissional como membros da diretoria, seja qual for o nível (diretor-geral, diretor funcional etc.).

Uma situação muito comum pode ser descrita como o caso dos filhos do fundador ou os membros das gerações posteriores, que passam toda a infância e adolescência na empresa mas têm vocações que estão longe de ser empresário ou diretor. Amam a empresa, por isso desejam que ela continue sob a direção da família. Além disso, reconhecem que por meio dela podem obter uma renda interessante do ponto de vista econômico. No entanto, como qualquer indivíduo, sentem a própria vocação. Querem ser médicos, arquitetos, artistas, professores etc.

Em relação a essas pessoas, é preciso seguir duas recomendações: uma dirigida aos pais ou membros da geração precedente e outra, a elas mesmas.

Em primeiro lugar, não se deve forçar esses familiares a se incorporarem à empresa se eles realmente não o desejarem. Dirigir a empresa não deve ser nem um direito nem uma obrigação para nenhum membro da família. Se forem obrigados, nem a empresa nem o indivíduo darão o melhor de si e, com o tempo, os dois fracassarão. Portanto, deve-se evitar forçar os filhos a dirigir a empresa do pai, seja de forma explícita, seja de forma sutil.

Em segundo lugar, se um determinado membro da família não desejar dirigir a empresa não significa que não queira saber nada sobre ela, se ele possui participação na propriedade. Ser acionista ou cotista não só dá direitos (econômicos e políticos na empresa), como também implica obrigações, como o dever de se informar sobre o progresso da empresa e mostrar interesse pelas principais decisões a serem tomadas.

Outro caso é o da aposentadoria dos membros de mais idade da família. Às vezes, essas pessoas, depois de ficarem na liderança da empresa durante décadas, decidem, por vontade própria ou por invalidez física ou mental, passar para um segundo plano e deixar as funções executivas para os seus descendentes ou para algum profissional externo. Nesse caso, essas pessoas costumam continuar com a propriedade (completa ou parcial) e, se possível, passam a exercer um cargo honorário ou representativo (presidente de honra, presidente não-executivo etc.).

3.2.2.3. Família e gestão

Nesse caso, temos indivíduos que, por pertencerem à família proprietária da empresa, desenvolvem funções diretivas, mesmo sem possuírem ações ou cotas. Quando se fala em atividades diretivas, deve-se considerá-las em sentido amplo. Não nos referimos somente ao fato de ser o diretor geral da empresa. Também é uma função diretiva ocupar um cargo intermediário nas diversas áreas funcionais da organização.

À primeira vista, pode parecer estranho haver pessoas que desempenham esse papel. Mas não é assim. O caso mais típico consiste na empresa cujo fundador mantém as suas ações/cotas até falecer. Nesse caso, normalmente os filhos, em uma primeira etapa, colaboram com o pai na direção da empresa até que, em uma segunda etapa, ele deixe de exercer as funções diretivas, conforme comentamos na seção anterior.

3.2.2.4. Propriedade e gestão

Esse espaço reúne os indivíduos com participação na propriedade e que desenvolvem funções de direção, sem pertencer à família que detém o controle da organização. Como no caso anterior, não se trata de um dos papéis mais comuns, mas também não deixa de ter conteúdo. Vejamos uma situação concreta.

Pense numa empresa cuja família proprietária a controla por meio de uma porcentagem não muito grande de ações/cotas. Em empresas como essa, podem haver outros sócios minoritários que negociem com a família dominante a incorporação de algum diretor próprio na empresa.

Um segundo caso consiste em diretores não-familiares que são recompensados com ações ou cotas da própria empresa. Costuma-se fazer isso em duas situações. A primeira é quando certos diretores são muito estimados pela família por terem demonstrado grande capacidade de gestão e enorme lealdade durante muitos anos. A segunda refere-se aos diretores que, acredita-se, se sentirão mais motivados vinculando a própria remuneração com os resultados da empresa (considere, por exemplo, o sistema de remuneração baseado em *stock options*).

3.2.2.5. Família

Esse grupo, apesar de não fazer parte, em sentido estrito, da empresa familiar, constitui um dos mais significativos para a sobrevivência da organização. Nele estão incluídos todos os familiares que não possuem ações/cotas e nem exercem funções diretivas na empresa. Dentro desse grupo, é possível distinguir diferentes agentes:

1. Os cônjuges.
2. Os filhos mais novos.
3. Os familiares desvinculados.

Os cônjuges (não-proprietários): constituem um elemento-chave na evolução de qualquer empresa familiar. O papel e as funções dos cônjuges já foram bastante discutidos, sendo essa uma questão que tem evoluído nas últimas décadas, graças ao processo de igualdade de sexo. Do mesmo modo, cabe diferenciar o cônjuge do(a) fundador(a) e os cônjuges das gerações seguintes. Dada a sua importância, mais adiante nos aprofundaremos na questão do papel do cônjuge na empresa familiar.

Os filhos mais novos: trata-se do futuro da empresa familiar. Mesmo quando os filhos dos proprietários são menores, já fazem parte do sistema da empresa familiar e assim devem ser tratados. Veremos em capítulos posteriores o que se pode fazer para envolver esses filhos na empresa e como lhes propor uma cultura, respeitando, como já afirmamos, a futura liberdade de cada um para escolher o próprio futuro.

Os familiares desvinculados: conforme comentamos anteriormente, determinados membros da família podem desejar romper seus vínculos com a empresa e se desfazerem da participação na propriedade – se a tiverem – ou do direito de sucessão. Apesar disso, essas pessoas continuam fazendo parte da família e, em virtude desse parentesco, devem ser consideradas com respeito e vistas como fonte de ajuda (de qualquer tipo, inclusive econômica), se necessário.

3.2.2.6. Gestão

Salvo raras exceções, toda empresa familiar conta com diretores de diferentes níveis, que nada têm a ver com a família e que não têm nenhuma participação no seu capital. Esses profissionais são vitais para o funcionamento da empresa. Às vezes, até mesmo o diretor geral da empresa é um profissional alheio à família. O papel dos profissionais não-familiares é tão importante que será analisado em uma seção específica, um pouco mais adiante.

Além dos diretores, outro coletivo importante é o dos trabalhadores da empresa familiar, que constituem, como já se sabe, a base para a obtenção de qualquer tipo de vantagem competitiva em uma empresa. O capital social é, sem dúvida, o principal valor e o ativo mais fundamental de qualquer organização. O fato de determinada empresa pertencer a uma família pode incidir tanto positiva como negativamente sobre os funcionários.

Em primeiro lugar, pode afetar negativamente a motivação se o fato de ser membro da família proprietária confere direitos a certos funcionários, não justificáveis do ponto de vista racional ou econômico. A remuneração, por exemplo, costuma ser uma importante fonte de conflitos, quando são concedidos salários superiores a funcionários familiares, em detrimento dos não-familiares, em cargos similares. Do mesmo modo, a incorporação das novas gerações familiares à empresa deve ser cuidadosamente planejada, visto que, se não for realizada com certa prudência e atenção, pode provocar graves conflitos entre os funcionários. Considere, por exemplo, o caso de um trabalhador com certo tempo na empresa, que deve começar a treinar o filho proprietário, muito mais jovem que ele, sabendo que provavelmente acabará sendo seu chefe num futuro talvez não muito distante.

Diante desses aspectos negativos, cabe analisar outros de sentindo contrário. Por exemplo: as empresas familiares costumam tratar seus funcionários com uma proximidade maior do que as grandes corporações não-familiares. É comum, em empresas familiares não muito grandes, que o processo de seleção de funcionários seja tão centralizado a ponto de o proprietário passar a interferir diretamente em cada contratação, ocasionando situações em que ele conhece pessoalmente quase todos os funcionários e sabe inclusive seus nomes. Essa maior proximidade propicia um clima no qual a tomada de decisões é muito mais rápida e flexível, e uma situação em que se sabe, com bastante precisão, qual é a estratégia da empresa e, o que é mais importante, qual será nas próximas décadas (a estratégia é o mais importante). Esse fato deriva da maior orientação para o longo prazo das empresas familiares e da sua menor rotatividade de dirigentes.

3.2.2.7. Propriedade

Esse último grupo refere-se às pessoas ou entidades que possuem ações da empresa familiar, mas não pertencem à família nem exercem nenhuma função diretiva. Trata-se de investidores, de naturezas bastante diversas, que possuem certa porcentagem do capital social.

Em algumas ocasiões, trata-se de investidores institucionais (entidades financeiras, capital de risco etc.) e, em outras, de sócios minoritários que se incorporaram à empresa quando esta foi fundada ou posteriormente. Em qualquer caso, esses proprietários visam, como objetivo básico, obter determinados níveis de rentabilidade. Por isso, e salvo se a participação for minoritária, costumam se interessar em participar dos órgãos de governança da empresa, como, por exemplo, no conselho de administração.

Um caso particular é o das empresas familiares que têm cotação em bolsa. Embora representem a minoria, é cada vez maior o número de empresas familiares que recorrem ao mercado de valores quando precisam conseguir quantidades significativas de financiamento para enfrentar processos de crescimento de grandes dimensões. Empresas como Cortefiel e Sol Meliá são alguns exemplos, na Espanha.

Nesse tipo de empresas, há uma elevada quantidade de pequenos acionistas que têm interesses próprios e, evidentemente, os próprios direitos (participação na comissão geral em determinados casos, direitos de receber informações, possibilidade de rentabilidade a curto prazo etc.). Como já foi visto, são muitos os papéis e funções que podem ser identificados dentro de uma empresa familiar. Cada um deles apresenta características específicas e a interação de uns com outros pode ser uma fonte de conflitos que coloquem em perigo a continuidade da empresa familiar. A melhor maneira de evitar esses conflitos pede que:

- cada um dos agentes faça um esforço para compreender a perspectiva do restante dos papéis existentes na empresa familiar;
- sejam gerados determinados foros de encontro e canais de comunicação, tanto específicos como globais, para cada coletivo, nos quais sejam promovidas a interação e a comunicação.

3.3. A PROFISSIONALIZAÇÃO DA EMPRESA FAMILIAR

Se precisássemos escolher até cinco pontos-chave relacionados com a continuidade das empresas familiares ao longo do tempo, certamente estaria entre eles a profissionalização. No entanto, nem sempre quando se fala de profissionalização da empresa familiar, trata-se do mesmo fenômeno. Para isso, vamos diferenciar dois aspectos distintos.

Em primeiro lugar, o caráter externo ou interno (familiar ou não-familiar) dos membros que exercem cargos de direção nas empresas familiares. Do nosso ponto de vista, esse aspecto não tem nada a ver com a profissionalização, embora também exerça influência sobre a empresa. Trataremos desse assunto no próximo capítulo.

Em segundo lugar, outra acepção desse termo relaciona-se à existência de uma estrutura organizacional e de gestão, na qual prevaleçam os valores empresariais e seus dirigentes contem com a formação e capacitação idônea para o cargo que exercem, pertencendo ou não à família proprietária. Esse é, do nosso ponto de vista, o correto significado do conceito de profissionalização.

Como acabamos de mostrar, a profissionalização de uma empresa depende:

A) Dos princípios e valores que prevalecem na empresa: assim, para poder afirmar que uma empresa está profissionalizada, os princípios que devem nortear a estrutura, a evolução e o funcionamento da empresa, devem ser os empresariais, tais como a produtividade, a rentabilidade, a qualidade, o benefício, o equilíbrio financeiro etc. No extremo oposto, nas empresas menos profissionalizadas, os valores pessoais e familiares podem ter grande importância, de forma que sejam tomadas decisões empresariais baseadas em critérios familiares.

b) Da existência de uma estrutura e de um modelo organizacional e empresarial: as empresas caracterizam-se por ser organizações e estas, por sua vez, por contar com sistemas e modelos voltados para a conquista dos seus objetivos. Esses sistemas vão mais além dos profissionais que exercem as distintas funções da empresa. Em outras palavras, os profissionais é que devem desenvolver as funções da empresa, e não o contrário.

c) Dos profissionais que exercem cargos de alguma responsabilidade executiva na empresa, pois devem ser as apropriadas, quanto ao nível e à orientação da formação, capacitação profissional, aptidões e atitudes. Essas pessoas têm de ser as melhores para cada cargo. Nas empresas familiares, nem sempre é possível encontrar membros da família que sejam os mais adequados para determinados cargos.

No entanto, o fato de pertencer à família proprietária constitui mais uma característica do indivíduo, que pode favorecer o desempenho da sua atividade no cargo que exerce ou, pelo contrário, desfavorecê-lo totalmente, segundo cada caso.

Independentemente dos cargos diretivos e com relação à confluência de papéis entre família e empresa, cabe dizer que a existência de funcionários familiares apresenta vantagens e inconvenientes. Um estudo recente, desenvolvido com base em 2.700 entrevistas sobre a conveniência de se ter funcionários familiares, chegou a essa conclusão. Um resumo dessas vantagens e inconvenientes é mostrado na Tabela 3.1.

O que é realmente importante na profissionalização da empresa familiar passa pela certeza de que os dirigentes tenham destrezas e habilidades

Tabela 3.1 Vantagens e inconvenientes dos funcionários familiares

Vantagens	Inconvenientes
1. Em comparação aos não-familiares, um familiar é mais suscetível de ter maior noção da responsabilidade pública do seu trabalho.	1. Se um familiar é contratado como executivo e demonstra ser incompetente, não se pode despedi-lo ou transferi-lo com a mesma facilidade que os demais.
2. Um familiar é mais suscetível de se adaptar que um não-familiar.	2. O nepotismo tende a desanimar os que não fazem parte da família e que buscam trabalho na empresa.
3. Um familiar é suscetível de ter maior interesse pela empresa que um não-familiar.	3. O nepotismo costuma criar inveja e ressentimentos entre os funcionários.
4. Quando o parente de um executivo passa a fazer parte da direção e demonstra ser capacitado, o espírito de equipe de direção é estimulado.	4. É impossível para os diretores serem objetivos em relação às qualificações dos seus familiares ou às de outros executivos.
5. Em comparação aos não-familiares, o parente de um executivo é suscetível de ser mais leal e responsável.	5. Nas equipes de dirigentes com influência dos membros de uma família, os interesses familiares tendem a ter maior prioridade que os corporativos.
6. Membros da família na direção ajudam a assegurar a continuidade e a efetividade da aplicação das políticas corporativas.	6. O nepotismo tende a gerar falta de consideração em relação ao senso comum, à integridade e à objetividade da alta direção.
7. Por não ter de se esforçar para estar à altura do seu chefe, o executivo júnior, parente de um executivo, pode respeitar o próprio ritmo e desenvolver melhor suas capacidades.	

Fonte: Empleados familiares: puntos fuertes y débiles, em *Actualidad de la Empresa Familiar*, 2000, n. 2, p. 11.

suficientes para desenvolverem suas funções empresariais. Carlock e Ward (2003) propõem para a empresa familiar um modelo sobre as atividades de gestão e liderança, baseado no clássico de Mintzberg (1990), mostrado na Tabela 3.2.

3.4. A GESTÃO DE CONFLITOS

Como já foi visto, a empresa familiar é uma organização socialmente complexa. Tal heterogeneidade de agentes, de papéis em interação e em constante evolução é, como bem se pode compreender, uma mistura de cultura de conflitos de maior ou menor relevância.

A literatura sobre conflitos no mundo empresarial tem demonstrado que o conflito não é, em si mesmo, algo negativo. Ele é, na verdade, algo

Tabela 3.2 Atividades de gestão e liderança na empresa familiar

Papéis interpessoais	
Representação	• "Cabeça visível" da empresa e da família.
Líder	• Organizar e fazer parte da direção. • Motivar os funcionários pertencentes ou não à família. • Trabalhar com o conselho de administração e com o conselho de família.
Intermediário	• Criar um compromisso da família com a empresa. • Trabalhar dentro da empresa. • Ligar os diferentes grupos familiares. • Criar relações com os interessados externos.
Papéis informativos	
Supervisor	• Pesquisar o meio externo. • Manter contatos pessoais com membros da família. • Supervisionar os funcionários.
Difusor	• Difundir as informações da empresa. • Esclarecer as informações da família. • Reforçar os valores e a visão da família.
Porta-voz	• Representar a empresa perante a família e a família perante a empresa.
Papéis de decisor	
Empreendedor	• Pensamento e formulação estratégicos. • Reorganização empresarial durante as transições de gerações.
Eliminador de perturbações	• Resolver os conflitos ou problemas empresariais. • Reformular planos empresariais.
Atribuidor de recursos	• Atribuir recursos, principalmente remuneração, dividendos e investimentos.
Negociador	• Negociar o consenso familiar. • Fazer uma ponte entre os conflitos familiares e empresariais.

Fonte: Carlock e Ward, 2003, p. 138.

inevitável, faz parte da vida das organizações sociais e contribui para seu desenvolvimento e seu processo de evolução natural. Uma organização que pretende evitar a qualquer custo todo tipo de conflitos tende a ocultá-los.

O que ocorre é que esses conflitos ocultos tendem a aumentar com o tempo, a se auto-alimentarem e, cedo ou tarde, acabam explodindo, provavelmente no momento menos oportuno.

Assim, partindo dessa idéia, é importante ressaltar a necessidade de controlar os processos de conflitos, mantê-los em níveis razoáveis e providenciar mecanismos adequados e legítimos para enfrentá-los e resolvê-los. Para isso, é necessário compreender como eles são gerados nas organizações, como prevê-los e como articular esses mecanismos de solução.

3.4.1. A origem do conflito: percepções e expectativas

Todo conflito origina-se da existência de expectativas diferentes por parte das pessoas ou grupos que compõem uma organização. As expectativas são a base de um conflito. A Figura 3.3 ilustra o processo de geração de conflitos em qualquer organização social.

A origem de todo conflito provém dos processos de percepção dos indivíduos e dos grupos sociais. Sabemos muito bem que não agimos em função da nossa realidade, mas sim em função de como a percebemos. Por isso, um mesmo acontecimento é sempre encarado de forma muito distinta por indivíduos diferentes. Considere, por exemplo, o caso de uma empresa que, em um determinado ano, apresente resultados negativos.

Alguns, os mais envolvidos com os órgãos diretivos, tendem a interpretar esse resultado como conjuntural e motivado por determinadas mudanças no meio empresarial (globalização, legislação desfavorável, ações da concorrência etc.). No entanto, outros administradores podem considerar que esses maus resultados derivam de um trabalho deficiente por parte dos dirigentes da empresa e de uma falta de previsão e precaução diante das mudanças do meio. Conforme apresentado na Figura 3.3, os fatos A, B, C e D não são exatamente iguais para todas as pessoas.

Essas diferenças de percepções devem-se às disparidades existentes nos modelos cognitivos das pessoas, os quais dependem tanto de fatores puramente pessoais e genéticos como da própria experiência acumulada ao longo de toda a vida, dentro e fora do contexto em questão. As pessoas e os grupos, durante toda a sua existência, incorporam constantemente as experiências que formam sua visão de mundo e seu modo de interpretar os novos acontecimentos. Trata-se de um processo interativo. Os fatos vividos influenciam a mente do indivíduo, mas ele, por sua vez, transforma-os, através do filtro que supõe ser o seu modo específico de percebê-los.

Tais diferenças fazem que, ao longo do tempo, as pessoas e os grupos criem diferentes expectativas sobre os acontecimentos que surgirão no futuro. Uma expectativa não é mais que a projeção, no futuro, das próprias percepções do passado. Por exemplo: se um funcionário observa que no passado as promoções na empresa foram dadas sempre para a pessoa com maior tempo de casa, ele criará a expectativa de ser promovido quando nela adquirir um tempo suficiente.

As expectativas dependem, portanto, de como os fatos são encarados. Diferenças nos processos de percepção provocam, conseqüentemente, di-

Figura 3.3 **Processo de geração de conflitos**

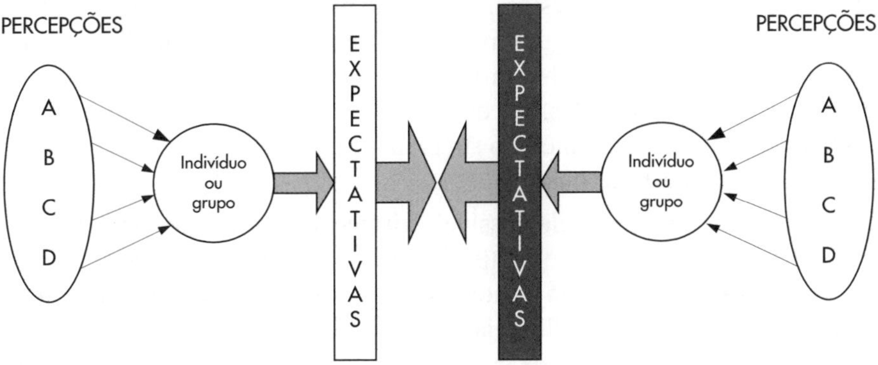

ferenças de expectativas e são elas que, em dado momento, provocam um conflito. Um exemplo desse tipo de processo nas empresas familiares é o caso a seguir.

Imagine uma empresa familiar de terceira ou quarta geração, na qual, até o momento, a sucessão esteve pensada para o primogênito, mas que agora é considerada a necessidade de estabelecer alguns pré-requisitos para as gerações seguintes (determinada formação e experiência, capacidade de liderança etc.). Provavelmente, durante toda a vida desse primogênito, tanto ele como o atual líder tenham criado a expectativa de que a sucessão acontecesse em certo sentido. No entanto, é provável que outros filhos do mesmo pai e alguns primos estejam trabalhando arduamente para adquirirem as habilidades necessárias para se tornarem o próximo líder da empresa familiar, com a expectativa de assim serem reconhecidos e, portanto, levados à sucessão. Na hora de eleger o sucessor, ambas as expectativas entrarão em conflito.

3.4.2. A prevenção do conflito: o papel da comunicação

Se o conflito provém, na maioria dos casos, das diferenças de expectativas, deve-se orientar a prevenção nesse sentido, isto é, deve-se evitar expectativas contrárias. Para tanto, a chave é a **comunicação**.

A comunicação entre os diversos agentes que formam as empresas familiares é fundamental para que as diferentes percepções e expectativas sejam as mais homogêneas possíveis e, conseqüentemente, as possibilidades de conflitos sejam limitadas a riscos não tão perigosos.

Às vezes, os membros das empresas familiares pensam que é melhor não falarem sobre certas questões, bem como não comunicá-las. A assimetria de informações (fato que alguns membros da empresa ou da família reconhecem, mas que outros desconhecem) é uma das principais causas da criação de diferentes expectativas. Mas, por que tantas empresas e tantas famílias apresentam uma falta de comunicação tão grande? São várias as razões, dentre as quais queremos destacar duas.

Em primeiro lugar, pela possível existência de interesses ocultos, difíceis de explicar aos demais e de justificar racionalmente. Trata-se de interesses emocionais em oposição a interesses empresariais. Por exemplo: o fato de um pai desejar que seu filho seja o sucessor, e não os seus sobrinhos, pode levá-lo a adotar uma postura de indiferença, empregando suas bases de poder para introduzir seu filho antes dos outros, evitando, assim, que se discuta de forma transparente e pública o problema da sucessão.

Em segundo lugar, o receio de conflito estende-se no curto prazo aos processos de comunicação. Assim, em muitos casos, as pessoas evitam um pequeno conflito hoje e, mais tarde, sentem vergonha de enfrentá-lo por acreditarem que é tarde demais. O problema é que, se as pessoas deixam passar ainda mais tempo, tal conflito irromperá a qualquer momento e explodirá em suas mãos. Um caso muito típico é o do filho que não encontra o momento certo para dizer ao pai que não tem interesse em ficar encarregado pela empresa familiar. A cada dia que passa as expectativas do pai e o medo do filho são maiores.

Nessas situações, a empresa desenvolve modelos negativos de comunicação (ver a Tabela 3.3). Essa falta de comunicação faz com que se desenvolvam processos de isolamento entre os diferentes grupos. Cada um deles tende a substituir essa falta de informação proveniente dos demais grupos com as próprias suposições e explicações. Tal situação fortalecerá a ruptura da cultura global da empresa familiar e da família empresária, além de promover o surgimento de subculturas, de maior ou menor heterogeneidade.

Por todas essas razões, as empresas familiares devem reagir às situações de falta de comunicação. De acordo com Pilar de Nicolás (2003), existem várias recomendações a respeito:

1. É importante colocar em prática as soluções o quanto antes. Deixar o tempo passar sem fazer nada é fazer algo, sim: é comportar-se nega-

Tabela 3.3 Modelos negativos de comunicação

Evitação	"Eu não falo mais nada". "Prefiro não falar com ele".
Triângulo de comunicação	"Fale com fulano. Não me meta mais nisso, pois não quero problemas"; "Diga a beltrano que assim não podemos continuar e que mude sua atitude".
Negação	"Na verdade, nós nos comunicamos muito bem"; "Sempre concordamos".
Acusação	"Ela é uma pessoa de personalidade insuportável. Eu faço o que está ao meu alcance, mas ela não muda".

Fonte: El reto de mejorar la comunicación entre los miembros de la familia empresaria, Pilar de Nicolás, 2003, em *Actualidad de la empresa familiar*, n. 22, p. 8.

tivamente para o desenvolvimento não só a longo prazo da empresa, como também a médio e curto prazos.

2. Para solucionar problemas gerados pela falta de comunicação, é importante recorrer à ajuda externa especializada em provocar e administrar estrategicamente a mudança, equilibrando família e empresa.
3. É fundamental compreender que as situações mais preocupantes são, na maioria dos casos, conseqüência lógica do crescimento paralelo da empresa e da família.

ATIVIDADES

A seguir, apresentamos uma série de atividades voltadas para o desenvolvimento das habilidades de compreensão e reflexão do aluno.

1. Descreva qual costuma ser a principal fonte de conflitos entre familiares ativos (os que exercem funções diretivas, operacionais ou estratégicas na empresa) e passivos (os que somente possuem ações/cotas, mas não intervêm no funcionamento da empresa, no curto e no longo prazo).

Talvez a maior fonte de conflitos entre os acionistas/cotistas familiares ativos e passivos derive das políticas de crescimento e de distribuição de dividendos. Na maioria dos casos, os acionistas/cotistas passivos mantêm-se à margem da empresa, sempre que ela lhes permita obter rendimentos monetários suficientes para o nível de vida que – subjetivamente – acreditam que lhes corresponda. Enquanto a empresa o retribuir com determinadas rendas anuais (materializadas na forma de dividendos ou por outros meios), o acionista/cotista passivo aceitará, sem criticar, a gestão dos seus familiares ativos.

No entanto, estes últimos costumam perceber a necessidade de empreender projetos de investimento que permitam fazer a empresa crescer, principalmente se quiserem manter níveis de competitividade aceitáveis. Nesses casos, os diretores familiares costumam preferir que a empresa mantenha uma política de autofinanciamento máxima, com limitada ou nula distribuição de dividendos. Essas políticas podem não ser entendidas por aqueles que não acompanham a transformação da empresa, da concorrência e do mercado. E, além disso, podem, inclusive, questionar a vantagem de crescer, de investir em inovação e de ampliar mercados.

2. Atualmente, muitas empresas familiares importantes têm um presidente não pertencente à família e que controla a empresa. Que papéis esses conselheiros externos devem desempenhar em suas respectivas empresas?

Atualmente, ninguém se atreve a duvidar dos benefícios de se contar com conselheiros externos em empresas que tenham um porte mínimo. Os conselheiros externos tratam os problemas com objetividade, servem como mediadores entre os grupos da família ou da propriedade, garantem uma correta atuação do ponto de vista moral, legal e profissional e representam todos os acionistas da empresa, sem exceção.

3. Quais as vantagens e inconvenientes de envolver parentes por afinidade (os cônjuges dos familiares) em uma empresa familiar?

O papel dos parentes por afinidade é, provavelmente, um dos aspectos mais conflitantes das empresas familiares. Para muitos, eles devem ser mantidos sempre à margem da empresa. No entanto, além de não ser possível generalizar esse princípio, essa discriminação nunca deve ser levada às últimas conseqüências. Vejamos alguns argumentos a favor e contra o envolvimento dessas pessoas na empresa familiar.

Contra a participação dessas pessoas assinalam-se os riscos que surgem diante da futura mudança na relação matrimonial entre o familiar e seu cônjuge. Podem ocorrer possíveis separações ou divórcios em meio a uma difícil situação para o membro da família em questão e para o restante dos seus congêneres. Igualmente, é preciso considerar que a natureza dos vínculos entre familiares (irmãos, pais e filhos, primos etc.) é muito diferente dos matrimoniais. Um exemplo disso é que dois irmãos são capazes de se ofender gravemente em uma discussão e logo em seguida dirigirem-se um ao outro com toda sinceridade. Entretanto, essa situação é muito mais improvável de acontecer com um casal.

Por outro lado, não é possível e nem vantajoso isolar completamente os cônjuges de membros da família da empresa familiar. Não se pode esquecer o papel que o núcleo familiar – e nesse caso, sim, são incluídos o marido e a esposa – tem na educação dos filhos, em geral, e principalmente em sua percepção sobre a empresa.

4. Que papel pode ou deve exercer o fundador de uma empresa familiar quando já não tem a total responsabilidade executiva da empresa?

Antes de responder diretamente a essa questão, é necessário enfatizar a conveniência de que esse processo de aposentadoria seja realizado, e não tarde demais. Em geral, não existe uma idade certa, pois depende fundamentalmente do estado físico e mental do fundador e da existência de uma segunda geração capaz de se encarregar da empresa. No entanto, não se deve demorar mais do que o tempo razoável para fazer a sucessão.

Contudo, deixar as responsabilidades executivas não tem por que significar a saída absoluta da empresa, se não for estritamente imprescindível (por razões de saúde, por vontade própria ou algo semelhante). O fundador pode continuar sendo útil para a empresa, desempenhando um papel simbólico voltado para o interior (providenciado uma identidade para a empresa, um modelo de referência para seus filhos e para os funcionários etc.) e um papel representativo voltado para o exterior (imagem pública da empresa, sua personalização na sociedade).

LEITURAS E QUESTÕES PARA DISCUSSÃO

LEITURA 1:

"Calzados Andares, S.L. 'A família Andrades': Caso sobre órgãos de governança da empresa familiar", Cátedra da Empresa Familiar da Universidade de Sevilha, EEF-US-02.

APRESENTAÇÃO

Como todos os anos, toda a família Andrades se reúne em volta do fundador da Zapatos Andares, Manuel Andrades Enamorado, para comemorar seu aniversário. Apesar da sua idade – 79 anos –, Manuel ainda mantém o respeito dos filhos, conquistado em muitos anos de forte personalidade. Como todos os anos, seus seis filhos (com seus cônjuges), seus 12 netos (os casados, com suas esposas ou maridos) e seus seis bisnetos reúnem-se para um almoço. Em nenhum outro dia do ano eles conseguem se reunir.

Manuel Andrades começou trabalhando em uma sapataria (que já não existe mais) da rua Francos de Sevilla, até que, na década de 1950, em parceria com um grande amigo, encontrou uma pequena fábrica de sapatos que, naquele momento, passava por dificuldades. Com o tempo, seu amigo, Ignacio Velarde, ficou doente, precisando fazer um tratamento caro – motivo pelo qual decidiu vender para Manuel a maior parte da sua participação do negócio. Hoje, seus cinco netos mantêm a propriedade com 12% da participação. Os 88% restantes estão distribuídos entre o fundador (que contabiliza 42% do capital) e seus seis filhos (cada um com 8% de participação). Em certa ocasião, o sr. Manuel reconheceu que "dessa forma, meus filhos só poderiam me afastar se todos concordassem plenamente".

A empresa conta com uma planta de fabricação própria na cidade de Dos Hermanas, de onde distribuem a produção para toda a Espanha e para mais de 15 países. A empresa utiliza duas marcas: Yarda, a mais tradicional, de sapatos para adultos, e Pasitos, de calçados infantis. Trata-se de uma empresa que cresceu sobre a base do autofinanciamento, com contração de poucas dívidas.

Desde essa época até 1988, o sr. Manuel foi a alma da empresa, foi a empresa e Calzados Andares era o sr. Manuel Andrades. Desde o princípio, seus filhos, impulsionados por ele próprio, foram incorporando-se à empresa (salvo o caso da sua filha Adelina, que é casada com um prestigioso arquiteto da Catalunha, onde atualmente vive, sem trabalhar). Sr. Manuel lhes deu liberdade para estudarem o que quisessem, mas sempre deixou claro que sua vontade era que, por fim, eles se encarregassem de levar a empresa adiante. E assim, Manuel, o filho mais velho, hoje é o diretor geral, Pedro José é o diretor de produção, Andrés é o diretor financeiro, Isabel é encarregada da área de marketing e Ignacio dedica-se às atividades internacionais e de exportação.

Depois do almoço, farto e marcado por vários brindes à saúde do sr. Manuel, à continuidade da empresa, à família, aos novos netos e aos que estão por vir, a família espalhava-se em grupos pelos vários cômodos da casa, as mulheres, de um lado, os maridos, de outro. Sr. Manuel ia dormir por algumas horas, o que era sagrado desde que se aposentou, e os jovens agrupavam-se por idade nos diferentes aposentos da casa.

Na sala de estar, em volta da lareira, Manuel Andrades Piña (filho do patriarca e fundador), alternando um copo de uísque e um bom charuto de Havana, aproveitava a ocasião para conversar sobre a empresa com seus irmãos. Ele não costumava tocar no assunto, mas sempre alguém queria pedir alguma coisa para a empresa e, mais cedo ou mais tarde, algum dos seus irmãos abriria fogo. Com ele estavam Pedro José, Andrés e Isabel. Ao lado deles, seu filho, Manuel Jesús, que há anos trabalha na empresa na área de pesquisa e desenvolvimento de novos produtos e *design*.

Ignacio, o mais novo dos irmãos, gostava de aproveitar esse momento para conversar com seus sobrinhos, Jorge e Aurora (filhos do seu irmão mais velho e quase da mesma idade que ele), e deixar de falar de sapatos "pelo menos por um dia". Manuel Jesús, apesar de ter praticamente a mesma idade de Ignacio, aparentava ser muito mais velho – "o fato de ser Manuel III deve fazer com que cresçam cabelos brancos", brincavam seus irmãos.

CONVERSA NA SALA

Depois de várias conversas sem importância, Pedro José foi o primeiro que se atreveu a falar da empresa. E tocou no assunto porque tinha algo importante para propor e discutir. Seu filho mais velho, Pedro, tinha acabado de concluir seu MBA na Universidade de Illinois, depois de fazer o curso de Administração e Direção de Empresas, na Universidade de Sevilha. Era o momento de encontrar um espaço para ele na empresa. Além disso, sua segunda filha, Aurora, provavelmente terminaria esse ano a faculdade de Pesquisa e Técnicas de Mercados, na mesma universidade. O que ela faria depois? Um mestrado como o do irmão ou seria melhor começar a trabalhar em uma empresa multinacional, na área de marketing, para passar alguns anos aprendendo e mais adiante aplicar essa experiência na empresa da família?

Isabel, por ser a mais envolvida na área (lembremos que ela é a responsável pelo marketing da empresa), pensa que primeiro vem a formação e depois a experiência, por isso é melhor que Aurora estude. Agora, ela gostaria de participar da decisão do tipo de mestrado e do lugar onde sua sobrinha devia fazê-lo, e não como foi feito com Pedro, que se encarregou de procurar um lugar e praticamente tomou a decisão sozinho. Quanto a esse sobrinho, para ela tanto faz se entrar na empresa, mas pensa que deve entrar no departamento do pai, como seu assessor ou algo assim.

Andrés, pelo contrário, não concorda muito com que Pedro entre para a empresa, ainda mais como assessor do seu pai. Ele reconhece que a formação de Pedro é boa, mas por que não trabalha primeiro em outra empresa, como seu pai sugere a Aurora? "Além do mais, creio que essa é uma decisão muito importante e não estão aqui todos os que deveriam opinar. Devemos ser muito cautelosos para não cometer um erro e abrir um precedente. Lembrem-se do que aconteceu com o primeiro marido de Adelina, que chegou com um ar de superioridade por ter experiência como diretor financeiro de uma grande multinacional, entrou na empresa e o que conseguiu foi fazer nossa irmã sofrer, destruiu o casamento deles e quase quebrou a empresa".

"Verdade" – disse Isabel –, "mas devemos tratar cada caso em particular. Não é porque nosso ex-cunhado era um horror que todos os cônjuges são iguais. Sinceramente, eu não vejo nenhum problema se amanhã ou depois o marido ou a mulher de alguém da família, que esteja realmente preparado e queira, venha a trabalhar na empresa. Assim, a empresa e a família se unem mais, o vínculo torna-se mais forte e o compromisso também".

Por fim, Manuel tomou a palavra: "A verdade é que esse é um assunto complicado. Creio que não tem problema Pedro entrar para a empresa, mas acredito que ele deva começar de baixo, para aprender o negócio. Mas de uma coisa estou certo: nem todos estão aqui para decidir".

"Isso é verdade, mas quando estão todos?" –, disse Pedro José, um pouco exaltado – "Lembro a vocês que, com essa mesma desculpa, levamos três meses adiando três decisões importantes: o investimento que propus para modernizar a fábrica, a nova campanha publicitária proposta por Isabel, com a nova imagem corporativa dos nossos produtos, e o projeto de abrir uma sapataria exclusiva com nossos produtos, como experiência-piloto. Antes, todas essas questões eram resolvidas pelo papai, mas, desde que o médico lhe recomendou deixar totalmente a empresa, demoramos muito para tomar decisões."

"Ou o que é pior" – insiste Isabel, dirigindo-se a Andrés –, "parece que, quando é do seu interesse, você convoca uma reunião de urgência e o assunto é, decidido, esteja quem estiver. Lembre-se do que você disse no ano passado, sentados aqui mesmo, que eu não gostei como foi decidida a distribuição dos benefícios de dois anos atrás. Eu estava viajando com o Ignacio. É verdade que, por ter tomado a decisão rápido, pudemos pagar uma grande parte das dívidas e reduzir os custos financeiros, mas eu teria gostado de dar minha opinião. Além disso, nem sequer foram avisados os netos do Velarde, só o mais velho. Tudo bem que eles sempre aceitam o que dizemos e nunca temos problemas com isso, mas as coisas não são assim".

Andrés reconheceu seus erros, mas disse que Manuel foi quem teve a última palavra sobre a decisão. "Eu só disse a Manuel que era a oportunidade para decidir rápido e liberar fundos, e ele decidiu reunir os que no momento estavam disponíveis para opinar".

"Está bem, está bem, não vamos falar mais do passado" – disse Manuel. "A questão é o que fazer com Pedro e Andrea".

IGNACIO, JORGE E AURORA

Enquanto isso, em outra sala, Ignacio e seus sobrinhos Jorge e Aurora conversavam sobre história. Jorge era professor adjunto da Faculdade de História da Universidade de Málaga. Aurora, pelo contrário, depois de estudar química, decidiu não trabalhar se não encontrasse alguma coisa relacionada ao que tinha estudado. Passaram-se os anos e finalmente decidiu não trabalhar (seu marido trabalha com imóveis) e se dedica, como *hobby*, aos trabalhos manuais. Eles não conversaram sobre nada relacionado à empresa nem a sapatos.

VINTE E POUCOS

No jardim, os filhos de Pedro José e de Andrés conversam sobre seus assuntos: namorados, namoradas, amigos, amigas, viagens, estudos, futuro etc. Em certo momento, Macarena, a filha mais velha de Andrés, pergunta a Pedro sobre sua experiência em Illinois e sobre o que ele pensa em fazer agora: trabalhar na empresa do avô?

"Não sei..." – responde Pedro –, "papai quer que eu trabalhe com ele, espera muito de mim. Eu, na verdade, não sei se sirvo pra isso. O que aprendi não tem nada a ver com o que escuto meu pai falar em casa ou o que falam nosso avô e nossos pais em dias como este. Não sei se eles é que não têm noção de nada ou se meus professores não sabiam do que estavam falando.

Mas, enfim, também não tenho outra coisa melhor para fazer. Se nosso primo Manolo já está na empresa, por que não eu?"

"Você não é como o Manuel" – brincaram por causa da aparência mais velha do primogênito de Manuel. "O primo parece nosso tio. Vamos falar a verdade: tudo bem que ele é o mais velho de todos os netos, mas às vezes parece que ele se acha mais Andrades do que o próprio avô. Nós somos diferentes, somos mais normais" –, disse Macarena.

O LAR ESQUENTA

Enquanto isso, o calor da lareira esquentava o tom da conversa entre os irmãos. Apenas Manolo não se atrevia a dizer uma palavra, embora também não tivesse a mínima intenção de se retirar. Trabalhava com seus tios e o pai, os que tomavam as decisões na empresa. Estava perto do poder e gostava disso. Mas, quando a conversa pegava fogo, preferia ficar calado e observar.

A conversa foi passando de um assunto a outro, como nos debates de televisão. Não se chegava a conclusões. Às vezes uns e outros se tratavam mal ou iniciavam discussões cruzadas. Falaram sobre a possibilidade de levar o pai para uma clínica particular, a fim de que ele receba melhor atendimento, sobre a necessidade de obter mais financiamento por intermédio da concessão de crédito ou de um sócio capitalista, sobre o rendimento de vários diretores externos da empresa e inclusive criticaram o presente que a empresa deu para os funcionários no último Natal. Segundo Andrés, os bons trabalhadores que a empresa tem não estavam sendo motivados.

Mas o momento culminante da conversa foi quando alguém deixou escapar que talvez fosse bom Manuel deixar de ser diretor geral, não por nada, mas porque já está com 57 anos, ocupa o cargo há 14 e talvez fosse bom que houvesse uma rotatividade de cargos. Afinal, todos eram irmãos e tinham a mesma cota de propriedade.

Isso gerou, logicamente, todo tipo de comentários: se não seria melhor procurar alguém que não seja da família, quem deveria ser o novo diretor, se a gestão tem sido boa ou má até agora, se é preciso estabelecer as regras do jogo, se seria necessário determinar uma idade para aposentadoria, mas não tão curta etc. E, obviamente, também falaram que isso deveria ser discutido entre todos eles. Mas novamente Pedro José disse: "Todos quem? Só os seis irmãos? E os Velarde? Eles também são sócios. E o que acontece com Manolo, que não tem participação, mas trabalha na empresa? Possivelmente, se nos decidimos de uma vez, meus filhos também participem. Eles não têm direito de opinar? E papai? Está mal, mas não podemos deixá-lo à margem,

Figura 3.4 Âmbitos definidores da empresa familiar

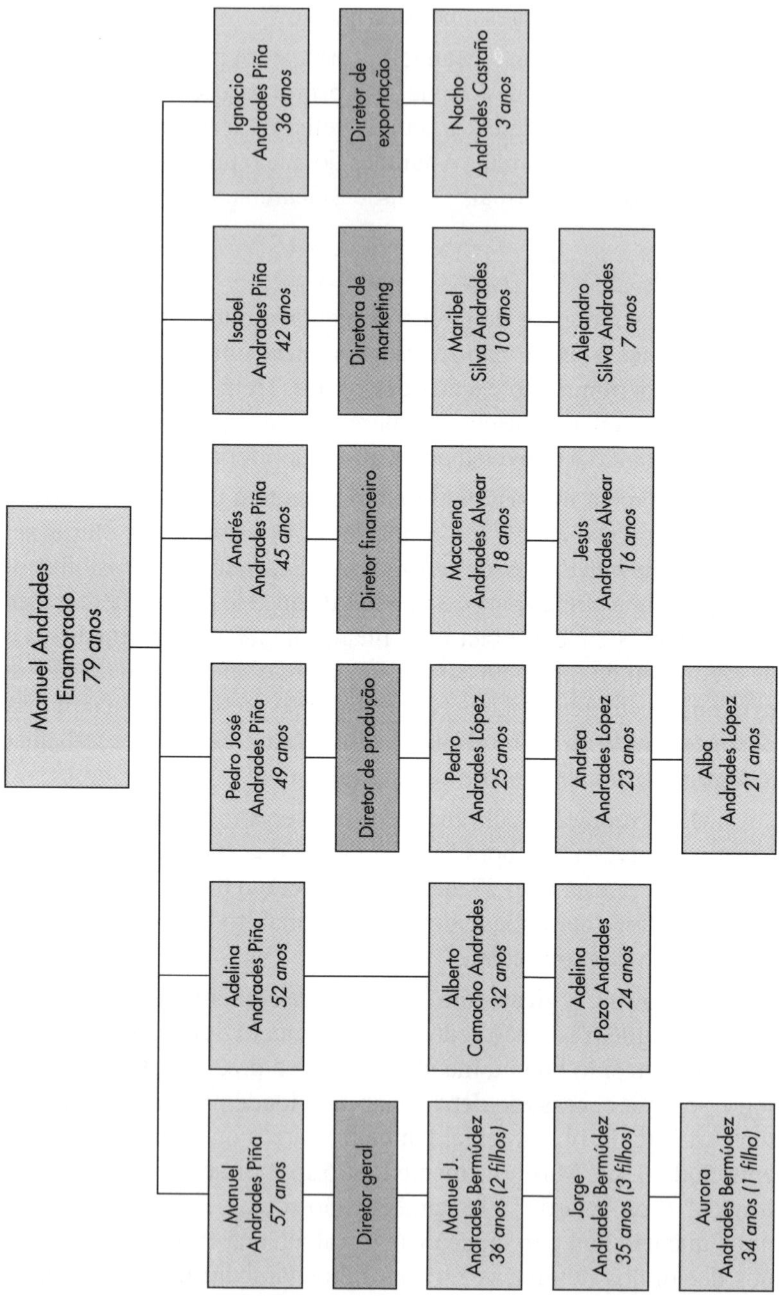

ainda que participe só por ser o sócio majoritário. Se ele souber e resolver se negar, não podemos fazer nada. E Adelina? Não trabalha na empresa, mas é proprietária. Enfim, desse jeito nunca faremos nada".

"Eu proponho que seja contratado um consultor para solucionar nossos problemas. Talvez sejam as árvores que não nos deixam ver a floresta" – ousou dizer Manolo. "Afinal, somos uma família unida, sem problemas graves, o negócio vai bem, não tivemos necessidade de fazer mudanças drásticas, e a única coisa é que existem algumas deficiências organizacionais".

Nesse momento, Ignacio, o mais novo dos irmãos, entrou na sala e escutou essa proposta de Manolo. "Olha só!" – exclamaram. "Chegou quem faltava. Agora vai querer opinar, decidir e tudo mais" – disse Manuel. "Mas nunca está quando a conversa é sobre coisas importantes".

A isso, Ignacio respondeu: "Hoje eu vim ver o papai e minha família, meus irmãos, meus sobrinhos... a empresa e seus diretores eu vejo todos os dias. Amanhã encontro todos vocês de novo, mas amanhã vocês não dirão as coisas como hoje e eu não entendo por quê. Amanhã vocês conversam com suas equipes, com sua gente, mas não entre nós. Eu creio que sua proposta, Manolo, é bem-intencionada, mas também acredito que temos de fazer uma megarreunião, da qual participem todos, mas todos mesmo, para falar dos assuntos escolhidos por nós mesmos, por meio de uma pesquisa prévia. Com uma reunião anual desse tipo, a empresa e a família iriam de vento em popa."

EPÍLOGO

Enquanto isso, o avô dorme tranqüilamente, alheio às preocupações dos filhos, que até pouco tempo atrás eram as suas preocupações. No jardim, as crianças (Maribel, Alejandro, Manolín etc.) sobem e descem as escadas, e os recém-chegados dormem, comem ou choram, enquanto acontecem conversas de viagens, decoração, celulares, doenças infantis, o mercado de capitais e outros milhares de assuntos de suas mães e pais.

Questões para discussão

1. Identifique, com base no modelo dos três círculos, a posição de todos, e cada um dos personagens que aparecem no caso.

2. Identifique os problemas que aparecem no caso e que deveriam ser abordados de maneira formal. Sobre quais problemas você considera que eles deveriam ter conversado esse dia?

3. Se você fosse um consultor a quem a família solicitasse um diagnóstico preliminar, o que diria a eles?

LEITURA 2:

"147 anos para construir e um ano para destruir: a morte da dinastia Fairfax", caso extraído de Neubauer, F. e Lank, A.G. *The family business:* its governance and sustainability. Bilbao: Deusto, 1999, p. 112-114.

Sinopse: trata-se da história de uma famosa dinastia empresarial australiana, dedicada aos meios de comunicação: a família Fairfax. Quando a empresa chega à quarta geração, o presidente da companhia, já em fase de maturidade pessoal, é expulso da empresa pelo filho do seu primeiro casamento. Ele se casa novamente e tem outro filho, com o qual planeja uma vingança que acaba levando a empresa à falência.

A história tem diversos personagens. O pai, pessoa com forte personalidade e intensa vida empresarial, social e sentimental. A atual esposa desse senhor e seu filho e, finalmente, os outros filhos, principalmente o primogênito, fruto do primeiro casamento do pai.

Questões para discussão

1. Depois de ler atentamente a história, você poderia diagnosticar o principal problema que levou ao fracasso final da empresa da dinastia Fairfax, após quatro gerações de sucesso?

A história, tal como uma tragédia grega, resume uma trama de amores, dinheiro e vinganças, que demonstra como a empresa pode chegar a se tornar um instrumento arrojado nas discussões familiares e como a família pode afetar negativamente as decisões empresariais.

Por um lado, o caso mostra a importância que os processos de separações de casais e as novas relações têm para a empresa, assim como os sucessivos filhos, irmãos somente por parte de pai. Esse tipo de processo, mais ou menos freqüente em nossa sociedade, é acompanhado por difíceis relações familiares, que nem sempre são conduzidas de maneira racional. Nessas situações, podem surgir sentimentos de competição entre irmãos, disputas sobre a legitimidade entre eles etc.

Por outro lado, há a resistência do pai, Sir Warwick Fairfax, em deixar o cargo, apesar da idade – nessa época, 74 anos. A personalidade autocrática desse senhor não admitia a possibilidade de a empresa seguir um caminho cujo rumo não fosse determinado por ele. Acreditava-se indispensável e não assumia que devia passar a vez para a nova geração.

Em todo caso, Sir Warwick entendia que ele, e exclusivamente ele, deveria decidir quando deixar a empresa e, o que é ainda pior, para qual filho.

Sentia-se proprietário da empresa e com todos os direitos sobre ela. Quando seu filho mais velho toma a atitude de assumir a direção da empresa, ele se revolta e percebe que essa decisão foi influenciada por sua ex-mulher, mãe deste filho. Promete e planeja uma vingança.

Mas, de novo, confunde o terreno da vingança pessoal ou familiar, já que utiliza a empresa, tomando decisões inconcebíveis do ponto de vista empresarial, contraindo dívidas incalculáveis e atirando-se sem pensar nas questões econômicas, com a intenção de tirar seu filho e todos os familiares da empresa. O resultado final não podia ser outro: a perda da empresa.

2. Identifique os diferentes papéis exercidos pelas personagens que aparecem no caso:

Sir Warwick Fairfax

Sir Vincent Fairfax

Lady Mary Fairfax

James Fairfax

Warwick Fairfax filho

3. Compare as personalidades dos dois primos Fairfax: Warwick e Vincent. Você acredita que, se houvesse troca de papéis, a empresa teria sobrevivido nas mãos da família? Até que ponto você considera que os fatores relacionados com a personalidade provocaram a ruína final?

O caso, tal como é descrito, enfatiza a influência da personalidade sobre o resultado da empresa. Assim, as grandes diferenças entre os dois primos, Sir Warwick e Sir Vincent são prova disso. No entanto, a influência da personalidade dos proprietários de uma empresa só ocorre diante da ausência de sistemas, estruturas, mecanismos formais e preestabelecidos que estejam acima das pessoas, com nomes e sobrenomes. É precisamente a falta desses mecanismos que ocasiona a grande discordância no comportamento dos primos Fairfax – eles agiram dessa forma porque o sistema assim o permitiu.

REFERÊNCIAS

AMAT, J. *La continuidad de la empresa familiar*. Barcelona: Gestión, 2000.

GALLO, M. A. *Empresa familiar:* textos y casos. Barcelona: Praxis, 1995.

GERSICK, K. E.; DAVIS, J. A.; McCOLLOM HAMPTOM, M. e LANSBERG, I. *Empresas familiares*: generación a generación. México: McGraw-Hill, 1997. Série Management.

LEACH, P. More than family: non-family executives in the family business. *Family Business Review*, 2002, 15(2), p. 159-160.

NEUBAUER, F. e LANK, A. G. *La empresa familiar*: cómo dirigirla para que perdure. Bilbao: Deusto, 1999.

TRIGO, J. e AMAT, J. M. *Problemática de la empresa familiar.* Madri: Fundación para el Análisis y los Estudios Sociales, 2001.

VALERO, A. e LUCAS TOMAS, J. L. *Política de empresa, el gobierno de la empresa de negocios*. Pamplona: Universidad de Navarra, 1999.

WARD, J. L. *Creating effective boards for private enterprises:* meeting the challenges of continuity and competition. San Francisco: Jossey-Bass, 1991.

WARD, J. L. *Cómo crear um consejo de administración em empresas familiares:* respuesta a los retos de continuidad y competência. Bilbao: Colección del Instituto de la Empresa Familiar, 2004.

Órgãos de governança da empresa familiar

APRESENTAÇÃO

A maioria dos especialistas em empresa familiar assegura que um dos aspectos mais importantes para garantir a sobrevivência e a continuidade desse tipo de empresa consiste na separação entre os âmbitos familiar e empresarial, sobretudo nos processos de tomada de decisões.

Questões como distribuição de dividendos, quem deve ser o próximo diretor-geral, se deve haver conselheiros e diretores não-familiares na empresa, que tipo de negócios a empresa deve realizar, entre outras, não são questões e problemas para se discutir e resolver em uma mesma reunião.

O objetivo deste capítulo é fornecer ao aluno uma série de instrumentos eficazes para organizar os processos de tomada de decisões nas empresas familiares, visando melhorar a eficiência e o acerto das decisões adotadas, bem como minimizar a probabilidade de conflitos entre os múltiplos agentes envolvidos nessas empresas.

O capítulo estrutura-se em quatro seções. Na seção 4.1 é abordada uma questão de bastante interesse, não só para as empresas familiares, mas também para qualquer tipo de empresa, principalmente diante dos escândalos que ficaram conhecidos no mundo todo. Referimo-nos à boa governança da empresa, mais concretamente da empresa familiar.

A seção 4.2 destaca o âmbito da empresa e da propriedade e propõe vários foros de debate e de decisão. Quando se trata da propriedade, o único foro possível é constituído pela assembléia geral de acionistas. Entretanto, com relação ao âmbito familiar, pode-se propor três tipos de foros, segundo o grau de complexidade da família proprietária: 1. a reunião familiar; 2. a assembléia familiar; 3. o conselho familiar.

A seção 4.3 trata do conselho de administração como órgão de governança, por excelência, de qualquer empresa e, mais especificamente, da empresa familiar. Por fim, a seção 4.4 apresenta a direção executiva da empresa.

Capítulo 4

4.1. INTRODUÇÃO À GOVERNANÇA DA EMPRESA FAMILIAR

4.1.1. Introdução à boa governança da empresa

Na última década, o interesse pela governança, ou melhor, pela boa governança da empresa, alcançou seu auge. Esse interesse foi motivado pelos inúmeros escândalos que envolveram empresas americanas e européias (Enron, entre outras) com grande repercussão na mídia. No entanto, o tema da governança empresarial vai além da intenção de evitar um funcionamento incorreto e não abarca apenas as grandes empresas que têm cotação em bolsa. Pelo contrário, a necessidade de melhorar os sistemas e os mecanismos que permitem governar a empresa, na máxima extensão da palavra "governar", atinge todo tipo de empresa, grande ou pequena, que tenha cotação ou não, industrial ou de serviços e, evidentemente, familiar ou não-familiar.

Nesses últimos anos, pudemos comprovar o avanço ocorrido nesse campo, tanto do ponto de vista teórico como na prática, na Espanha e em outros países. O primeiro passo importante foi o famoso Relatório Cadbury (1992), resultado dos trabalhos de uma comissão criada pelo governo do Reino Unido, que visava à elaboração de um código de conduta ao qual as empresas britânicas, voluntariamente, pudessem recorrer. De acordo com esse relatório, considerava-se que a governança da empresa consistia "no sistema segundo o qual as empresas são dirigidas e controladas" (Cadbury, 1992).

Na Espanha, o governo deu passos semelhantes aos de outros países. Assim, há vários anos, foi criada uma comissão similar à britânica, então presidida pelo sevilhano Manuel Olivencia. Os resultados da Comissão Olivencia foram publicados, em 1998, em um relatório sob o título de "Código de Boa Governança". Quatro anos depois, diante da necessidade de avançar nesse campo, o governo decidiu criar uma segunda comissão, dessa vez presidida por Enrique Aldama, cujas conclusões foram publicadas no início de 2003.

As principais conclusões derivadas do trabalho dessa comissão giram em torno da necessidade de se melhorar a transparência e a difusão das informações, principalmente das empresas que têm cotação nos mercados de valores, e de se fomentar a auto-regulação dos seus órgãos de governança. Dessa forma, a Comissão Aldama defende a utilidade de as empresas publicarem um relatório anual de governança corporativa, que deve ser consultado por técnicos e auditores externos e assinado por todos os conselheiros da empresa. Esse relatório deve informar, entre outros aspectos, o seguinte:

- A estrutura da propriedade (distribuição do capital, porcentagem de capital votante, relações entre os acionistas, sejam eles familiares, profissionais, sejam contratados etc.).
- A estrutura do controle das sociedades que têm participação no capital e a estrutura da propriedade das filiais e o seu tipo de representação nos conselhos de administração.
- A estrutura de administração da empresa (composição do conselho e suas comissões, funções de cada conselheiro, relações entre os conselheiros e os acionistas, normas de funcionamento dos conselhos de administração, sistemas de remuneração dos conselheiros etc.).
- Normas de funcionamento da assembléia geral de acionistas, visto que esse é o espaço para a tomada de decisão e o controle básico da sociedade (normas sobre o desenvolvimento da assembléia, papel do presidente, sistema de perguntas e respostas, duração da assembléia, direitos de participar e intervir etc.).
- Operações vinculadas e intragrupos (relações e transações da sociedade com seus acionistas, administradores, diretores superiores, empresas filiais etc.).
- Sistemas de controle de risco estabelecido pela companhia (a utilidade de se publicar os principais riscos adquiridos e seus dispositivos de controle para atenuá-los ou reduzi-los).

4.1.2. A governança da empresa familiar

Como acabamos de expor, a preocupação pela boa governança não deve se limitar às empresas que têm cotação em bolsa. Elas talvez devam ser mais precavidas, o que não significa que o restante das empresas não deva ter cuidado com esse aspecto. As empresas familiares, por conta de suas particularidades e apesar da sua grande heterogeneidade, devem elaborar um sistema de governança adequado para suas características específicas que garanta a defesa de todos os agentes nelas envolvidos.

Mas o que podemos entender por governança de uma empresa familiar? Com relação às empresas familiares, Neubauer e Lank (1999, p. 92) afirmam que "a governança empresarial é um sistema de estruturas e processos para dirigir e controlar as empresas e responder por isso". Dessa definição, vale a pena destacar os três diferentes âmbitos relacionados com cada um dos verbos empregados:

a) **Dirigir** a empresa significa determinar a orientação estratégica para o longo prazo e participar das decisões relacionadas com a atribuição de recursos essenciais de longo alcance (financeiros, humanos, tecnológicos etc.).
b) **Controlar** refere-se à supervisão das funções de direção desempenhadas pelos membros que compõem a alta direção da empresa, no que diz respeito ao cumprimento dos objetivos estabelecidos e à aplicação dos recursos estratégicos da organização.
c) **Responder** significa prestar contas a todos os agentes legitimados, entre os quais destacam-se os acionistas (majoritários e minoritários), os membros da família (acionistas ou não) e, inclusive, os agentes externos, como outros acionistas institucionais, investidores externos etc.

As três funções são diferentes e não devem ser confundidas entre si, muito embora elas se complementem, proporcionando coerência à organização e solidificando sua estrutura de governança. O principal problema – mais grave, no caso das empresas familiares – consiste em delimitar quem deve fazer cada coisa e a quem corresponde cada uma das responsabilidades implicadas pela direção, pelo controle e pela necessidade de prestar contas.

4.1.3. Setores da governança da empresa familiar

Fazer as coisas não é o mesmo que assegurar que elas sejam feitas. No caso da governança empresarial, o importante é que as três funções descritas na seção anterior sejam executadas na empresa com plena transparência e dentro da normalidade. O problema reside no fato de esses aspectos não surgirem do nada, mas sim de um planejamento prévio e distribuição de responsabilidades.

Ainda quanto à governança da empresa, embora existam normas e recomendações gerais, não há regras universais, pois a estrutura de governança de cada empresa deve ser adaptada às suas características e peculiaridades (porte, estrutura de propriedade, relações entre os proprietários, papel dos externos na governança, grau de profissionalização da empresa, cultura organizacional e familiar etc.). Existem modelos de referência, mas cada empresa deve ter o seu.

Portanto, ao estruturar os diferentes órgãos de governança de uma empresa familiar, é recomendável fazer uma breve referência à fase de crescimento como organização. Na Figura 4.1 representamos o processo de crescimento da empresa e o desenvolvimento dos principais administradores que vão surgindo.

Quando as empresas nascem, o proprietário costuma ser o responsável máximo executivo do negócio. Nesse caso, todos os papéis concentram-se em um mesmo indivíduo, que atua como empresário e diretor-geral, dirigindo, controlando e prestando contas a si mesmo. Não existe uma estrutura de governança formal, e nem é necessário.

Em uma segunda fase, o crescimento da empresa passa a requerer uma divisão de papéis entre a figura do proprietário e do máximo executivo. Ainda que o poder se concentre em uma mesma pessoa (o acionista majoritário é o diretor-geral), já aparecem duas esferas distintas: a propriedade, na qual se podem agregar outros pequenos acionistas (familiares ou institucionais) e a direção (formada por diretores profissionais).

Finalmente, quando se trata de uma grande empresa, a propriedade é representada por um grande número de acionistas e, devido à grande quantidade de administradores, é inviável a possibilidade de que eles a administrem

Figura 4.1 Desenvolvimento da empresa e dos órgãos de governança

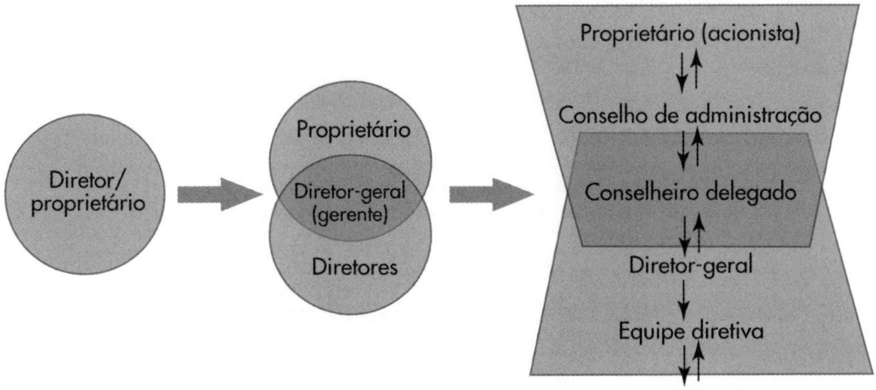

apenas em suas reuniões (assembléia geral de acionistas). Por isso, delegam uma comissão, integrada por acionistas e por outras pessoas alheias à empresa, para defender seus interesses na companhia, o conselho de administração. Nesse conselho, destacam-se duas figuras: o presidente e o conselheiro-delegado. O primeiro é encarregado de convocar, presidir e administrar as reuniões, enquanto o segundo se encarrega de manter uma supervisão contínua e rigorosa do funcionamento da empresa (ambos os cargos podem ser executados por uma mesma pessoa). Todo esse conjunto de pessoas forma a pirâmide da propriedade.

A partir daí surge a outra pirâmide da empresa: a pirâmide da gestão. Seu vértice é o diretor-geral, acompanhado por sua equipe diretiva (sendo todos da alta direção da empresa), dos quais dependem os diferentes níveis de direção da empresa (cargos intermediários, diretores funcionais etc.). Da mesma forma, é possível que o conselheiro-delegado da empresa seja o seu responsável máximo executivo. É o que se denomina dualidade do diretor-geral ou CEO. Essa dualidade apresenta vantagens e inconvenientes, como comentaremos mais adiante.

Levando em consideração a fase mais desenvolvida desse processo de evolução – própria da grande empresa – e o modelo dos três círculos da empresa familiar (Capítulo 3), é possível classificar os órgãos de governança da empresa familiar em três diferentes âmbitos (Figura 4.2):

1. A propriedade e a família.
2. O conselho de administração.
3. A direção.

Figura 4.2 Família e propriedade na empresa familiar

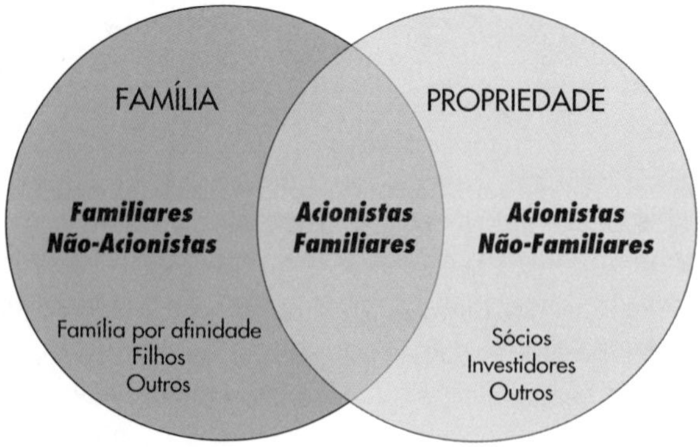

4.2. AS INSTITUIÇÕES FAMILIARES E A PROPRIEDADE

4.2.1. Diferenciação entre família e propriedade e complexidade da empresa familiar

No capítulo anterior já mencionamos a diferenciação que deve ser feita entre a família e a propriedade, mesmo quando se trata de empresas familiares. Assim, as empresas familiares caracterizam-se por apresentarem um espaço de interseção entre família e propriedade. No entanto, é possível e provável que haja outros espaços independentes (Figura 4.2), isto é, que haja familiares não-acionistas e acionistas não-familiares.

Por isso, nesta seção, vamos diferenciar os dois tipos de órgãos de governança. Com relação à propriedade, o único órgão de governança que se pode considerar é, sem dúvida, a assembléia geral de acionistas (sócios). Nesse sentido, não deve haver diferenças entre as assembléias gerais de empresas familiares e não-familiares. As principais diferenças derivam do porte da empresa e do número de acionistas/sócios; na verdade, de ter ou não cotação no mercado de ações, entre outras particularidades. Por isso, não vamos nos aprofundar na figura da assembléia geral de acionistas/sócios.

Por outro lado, com relação à família, vamos falar de instituições familiares, quanto às quais é necessário considerar o grau de complexidade da empresa familiar, que depende, essencialmente, de diversos aspectos que estão interligados, tais como o porte da empresa, o número de acionistas/sócios familiares, em qual geração ela se encontra etc.

É evidente que a organização da família não pode ser igual em uma empresa de irmãos de segunda geração e em uma empresa de confederação de primos de quarta geração. Na primeira, os modelos organizacionais podem ser menos formalizados e menos planejados. Entretanto, conforme a empresa familiar se torna mais complexa, faz-se cada vez mais necessário desenvolver mecanismos formais de coordenação, planejamento e organização das reuniões familiares.

Desse modo, vamos diferenciar três níveis de complexidade e, para cada um, atribuir um tipo diferente de instituição familiar, de acordo com a proposta de Neubauer e Lank (1999): 1. a reunião familiar; 2. a assembléia familiar; 3. o conselho familiar ou conselho de família (Figura 4.3).

Figura 4.3 Grau de complexidade da empresa familiar e instituições familiares

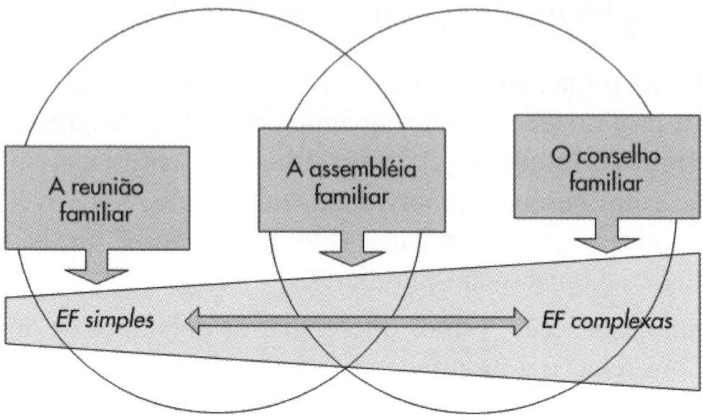

4.2.2. A reunião familiar

A reunião familiar é o modelo mais simples de organização da família empresária. É a mais freqüente nas empresas que se encontram em suas primeiras fases, como, por exemplo, empresas familiares de primeira geração, em que a família é composta por não mais que uma unidade familiar que compreende o(a) empresário(a), seu cônjuge e seus filhos.

A simplicidade desse modelo de família permite que as reuniões familiares sejam realizadas com elevada freqüência e praticamente sem nenhuma formalização. Podem ser feitas em casa, durante as refeições, ou em momentos semelhantes. Além disso, enquanto os filhos são crianças, esse tipo de reunião limita-se a conversas entre o empresário e seu cônjuge.

O conteúdo das reuniões desse tipo depende fundamentalmente da etapa da vida em que se encontram os membros da unidade familiar. Assim, inicialmente são tratados aspectos como a distribuição de tarefas domésticas, o pagamento de mesadas aos filhos, a sua educação, o planejamento do lazer etc. Nessa primeira fase, o empresário tenta transmitir os valores culturais que compõem sua atividade empresarial, quase sempre de maneira implícita.

Não obstante, conforme os filhos crescem, outros assuntos mais relacionados à empresa costumam ser incluídos nessas reuniões, como informações sobre os direitos e as obrigações dos proprietários e dos diretores, as expectativas do negócio e seus planos de desenvolvimento, além de um início de planejamento da formação (empresarial) dos filhos etc. Nessa fase, a transmissão da cultura da empresa aos filhos passa a ser explícita. Por exemplo, é comum que se fale nessas reuniões sobre a possibilidade de os filhos auxiliarem na empresa durante as férias em troca de algum tipo de recompensa.

Finalmente, quando os filhos atingem a idade de escolher o próprio futuro profissional, as reuniões familiares enfocam a discussão sobre as suas aspirações e as pretensões do empresário quanto ao futuro da empresa. Nessas ocasiões, são expostas, com maior ou menor objetividade, as intenções de ambas as partes e suas expectativas em relação ao futuro.

4.2.3. A assembléia familiar

A assembléia familiar consiste em uma reunião formal, da qual participam todos os membros da família proprietária. Trata-se de uma instituição própria das empresas familiares que superaram a fase em que a família se resumia a uma única unidade familiar, como é o caso de empresas de irmãos ou de confederações de primos que não tenham muitos membros. Para delimitar melhor a situação, podemos dizer que esse tipo de assembléia é apropriado para famílias que têm entre cinco e 40 membros.

A convocação das assembléias familiares costuma ser feita pelo membro da família que ocupa posição de controle ou liderança sobre as funções executivas ou de governança dentro da empresa (diretor-geral, conselheiro-delegado ou presidente), embora isso não seja condição obrigatória.

Uma questão delicada consiste na determinação de quem deve participar desse tipo de assembléia. Normalmente são estabelecidas algumas condições para que se possa dela participar. Por exemplo: é costumeiro estabelecer limites de idade, requisitos para o direito de votar etc. Mas talvez o aspecto mais delicado seja o dos familiares afins. Em muitas empresas familiares, existe uma norma não escrita que proíbe a participação dos cônjuges em qualquer âmbito da empresa familiar.

Não se pode afirmar que esse tipo de atitude seja benéfica ou não para a empresa. Por exemplo, Ward e Carlock (2003, p. 121-122) consideram que todos os membros da família, sem exceção, devem participar das assembléias familiares, pelas seguintes razões:

1. Os parentes afins que têm acesso direto aos assuntos da família fazem uma imagem mais realista da empresa familiar.

2. Participar dessas assembléias ajuda a colocar todos os membros em contato com as tradições e os processos familiares, além de contribuir para fortalecer o compromisso compartilhado.
3. A próxima geração e a família por afinidade podem dar contribuições valiosas, dado o caráter direto dos seus enfoques. É especialmente importante que os membros das gerações seguintes encontrem um foro em que possam expor suas visões sobre a empresa.

Normalmente esse tipo de reunião se faz uma ou duas vezes por ano. Sua prática ainda não está muito difundida, como nos Estados Unidos, onde é bastante tradicional. É importante que essas assembléias sejam bem organizadas e planejadas. Por essa razão, é fundamental elaborar e distribuir, com certa antecipação, uma pauta para cada encontro.

4.2.4. O conselho familiar

Quando a empresa familiar atinge certo porte, as assembléias familiares são insuficientes para se organizar as complicadas relações familiares e empresariais originadas em uma empresa familiar complexa. Considere, por exemplo, uma confederação de primos de uma empresa familiar de quinta geração, com mais de 50 ou 60 membros. Nessa situação, normalmente recomenda-se que seja constituído um conselho familiar – também recomendável para empresas de muito menor complexidade, inclusive para as empresas de irmãos.

O conselho familiar é uma estrutura fixa, diferentemente da assembléia familiar. Compõe-se de um grupo de familiares que se reúne com certa periodicidade para discutir as questões atuais da empresa e da família e para estabelecer as políticas e os mecanismos que permitam enfrentar possíveis problemas e desafios derivados da confluência entre os objetivos empresariais e os familiares. Nas palavras de Gallo e Amat (2003, p. 210-211), o conselho familiar permite:

- Articular princípios, valores, expectativas e interesses compartilhados que moldarão a missão da família, o protocolo familiar, o código de ética e o código de conduta.
- Administrar e planejar o futuro da família, efetivado a partir da visão do futuro da empresa e do plano estratégico familiar.
- Assegurar que a cultura e os valores da família sejam adotados na empresa e na gestão do patrimônio familiar.
- Desenvolver uma estrutura familiar que promova e facilite a comunicação entre seus membros e o reforço da união familiar.

- Defender os direitos dos familiares que não trabalham na empresa, mas que são ou podem vir a ser acionistas/sócios ou até mesmo que podem passar a trabalhar na empresa.

A finalidade do conselho familiar é chegar a um consenso sobre assuntos para os quais a opinião dos familiares é de vital importância para a empresa. Nesse sentido, é possível desenvolver um amplo conjunto de atividades para sustentar esse conselho, e que vão além da realização de meros encontros entre membros da família. Entre outras iniciativas, Ward (2003) sugere a publicação de um informativo para manter os membros da família atualizados, a criação de uma espécie de banco de investimentos, a coordenação de projetos coletivos (desde uma fazenda para a família até a compra de ingressos para eventos esportivos).

Com relação às novas gerações, o conselho familiar desempenha um papel fundamental na educação e no envolvimento desses membros com os valores que predominam na organização familiar. No entanto, esse papel de educador não deve ser dirigido somente aos membros das próximas gerações. Os parentes afins e os familiares não envolvidos com a empresa também devem ser informados, e até certo ponto, incluídos na empresa e, para essa função, o conselho familiar constitui um elemento-chave (Lansberg, 2003).

Benson, Crego e Drucker (2003) propõem sete campos de questões que devem ser abordadas no conselho familiar:

1. A missão da família: quais as aspirações da família com relação à empresa? Queremos manter a empresa sob a direção da família a longo prazo? Queremos que a empresa tenha cotação em bolsa de valores?...
2. Critérios de direção empresarial: quais princípios devem prevalecer na direção da empresa? Princípios estritamente econômicos ou princípios familiares? Quais devem ser priorizados?...
3. Entrada de familiares para a empresa: quais são os critérios de admissão? Deve ser permitida a entrada dos parentes mais próximos? Como e quem deve avaliar os aspirantes familiares? Como serão estabelecidos os diferentes papéis dos membros da família?
4. Propriedade de ações/cotas da empresa: quem as pode ter? Quem deve participar em possíveis ampliações de capital? Como será organizada a distribuição societária na próxima geração? Deve haver diferenças entre familiares acionistas/sócios envolvidos com a gestão e os não envolvidos?

5. Sucessão na direção: qual deve ser o critério adotado para selecionar o sucessor? Como e quando será iniciado o processo de sucessão? Quais são os planos de aposentadoria que o atual líder da empresa tem? Como podemos garantir a sua segurança financeira?
6. Relações entre familiares: que responsabilidades alguns membros da família têm sobre os demais? Como devem ser resolvidos os possíveis conflitos entre familiares? Como pode ser criada uma atmosfera de respeito mútuo?
7. Relações com terceiros: quais devem ser o papel e o peso das pessoas alheias à família nos órgãos de decisão da empresa? Como podemos manter e valorizar os bons funcionários e diretores? Que responsabilidade a empresa tem com seu meio?

4.2.5. Alguns dados sobre as instituições familiares

Segundo um estudo recente realizado pela Cátedra da Empresa Familiar de Gran Canária, com a colaboração da *PriceWaterhouseCoopers* (2002), a maioria das empresas familiares espanholas conta com algum mecanismo de encontro entre os membros da família. No entanto, predominam as reuniões informais em comparação aos conselhos familiares bem organizados e formais.

Como mostrado na Figura 4.4, mais de 60% das empresas analisadas afirmam fazer reuniões periódicas para tratar de temas relacionados com a empresa. Essa porcentagem não é muito elevada, sobretudo tendo em consideração que a maioria das mais de cem empresas estudadas é grande e com considerável tempo de estabelecimento.

No entanto, somente 30% das empresas declaram ter instrumentos formais para abordar as relações entre a família e a empresa e apenas 26% contam com um conselho familiar.

Finalmente, as empresas que contam com um conselho familiar declaram que a principal função desse foro é sugerir e discutir sobre quem deve fazer parte do conselho de administração da empresa.

Entre outras, destacam-se as seguintes funções: organizar atividades e confraternizações familiares, elaborar e discutir um rascunho de registro familiar e servir de vínculo entre a família e a empresa (Figura 4.5).

Figura 4.4 **Instituições familiares nas empresas familiares espanholas**

Fonte: Cátedra da Empresa Familiar de Gran Canaria e PriceWaterhouseCoopers (2002).

Figura 4.5 **Funções do conselho familiar nas empresas familiares espanholas**

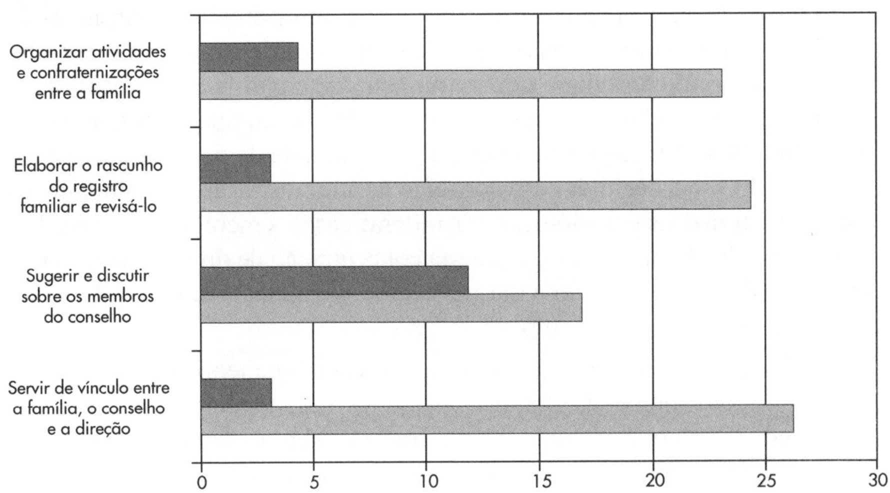

Fonte: Cabrera (2002). Cátedra da Empresa Familiar de Gran Canaria e PriceWaterhouseCoopers.

4.3. O CONSELHO DE ADMINISTRAÇÃO

4.3.1. As funções dos conselhos de administração

A pesquisa realizada sobre os conselhos de administração atribui a esse órgão três tipos de funções ou papéis na empresa (Goodstein et al., 1994): 1. função institucional; 2. função de governança; 3. função estratégica. A função institucional consiste em legitimar as atividades da empresa, enfocando a relação com o meio institucional (Harrison, Torres e Kukalis, 1998). Trata-se de um papel externo, destacado pelo enfoque da dependência de recursos.

A função de governança é uma função interna, mediante a qual o conselho de administração torna-se o mecanismo de controle para que o comportamento da alta direção esteja de acordo com os interesses dos *stakeholders* (Kosnik, 1987). Finalmente, a função estratégica consiste na tomada de decisões relacionadas com o rumo estratégico da organização, visando adaptar-se às profundas mudanças do meio empresarial. Essa última função nem sempre é efetivada, sendo mais observada em momentos nos quais os rendimentos obtidos não satisfazem a propriedade ou em momentos de grandes variações no meio (Judge e Zeitaml, 1992).

Nas últimas duas funções, está subjacente a existência de diferentes tipos de relações entre os conselhos de administração e as equipes diretivas. Essa relação manifesta-se em vários aspectos. Em primeiro lugar, no estabelecimento, por parte do conselho, de mecanismos de controle sobre a alta direção (o próprio conselho é um instrumento de controle estabelecido pela propriedade) e as relações de poder entre ambas as equipes (Pfeffer, 1972; Mizruchi, 1983). Em segundo lugar, na possibilidade de que a nomeação de um novo CEO seja decidida pelo conselho de administração e no alinhamento das características psicológicas e demográficas dos membros do conselho e do novo CEO. E, em terceiro lugar, na concentração de diversos cargos (do conselho e da direção) em uma mesma pessoa – principalmente no CEO, que pode fazer parte das duas equipes.

Como foi exposto na seção anterior, no campo da teoria da administração foram feitas inúmeras pesquisas sobre os mecanismos de controle que a propriedade estabelece sobre a alta direção. Alguns desses mecanismos são representados por aspectos como os sistemas de compensação por meio de incentivos (Eisenhardt, 1989; Walsh e Seward, 1990), a utilização no mercado da função de dirigente (Filkenstein e Hambrick, 1996), seja interno (Fama, 1980) externo (Hannan e Freeman, 1977), ou ainda os processos de destituição e nomeação de CEO.

Esse último aspecto passa a ter uma importância especial, se for ligado ao segundo ponto: a possibilidade de que o novo CEO da empresa seja eleito pelo conselho de administração e não pelo ex-CEO (Zajac e Westphal, 1996). Essa possibilidade depende de diversos fatores. O primeiro deles é a proporção de conselheiros nomeados durante a permanência do CEO (Canella e Lubatkin, 1993; Ocasio, 1994). Assim, quanto mais tempo o CEO ficar em seu cargo, mais poder terá para nomear seu sucessor. Um segundo fator consiste na quantidade de membros do conselho, visto que se supõe que os conselhos pequenos são mais homogêneos e unidos (Ocasio, 1994), apesar de esse fato não ter sido claramente comprovado (Furtado e Karan, 1990). Em terceiro e último lugar, a composição do conselho (proporção de conselheiros independentes ou externos) parece influenciar na capacidade de selecionar o novo CEO (Boeker, 1992).

Quando o CEO é escolhido pelo conselho de administração, é lógico pensar que será selecionado um CEO cujas características correspondam às do conselho, caso se deseje efetivar a terceira função do conselho, descrita anteriormente (Canella e Monroe, 1997): a função estratégica. Se o papel do CEO e o de sua equipe é desenvolver e implantar as grandes linhas estratégicas elaboradas anteriormente, sem muitos detalhes, pelo conselho de administração, suas características devem estar de acordo com as dos membros do conselho.

Em trabalho recente, Westphal e Fredrickson (2001) observam que a relação entre as características demográficas da alta direção e o comportamento estratégico da empresa desaparece quando são consideradas as características demográficas dos membros do conselho de administração. Segundo esses autores, o conselho concebe as mudanças na estratégia corporativa da empresa e seleciona os diretores gerais cuja experiência prévia seja equivalente ao tipo de estratégia que devem implantar. Esses resultados sugerem a necessidade de estender o modelo *upper echelon* aos membros do conselho de administração (Westphal e Fredrickson, 2001, p.1130), de maneira que as características demográficas dos conselhos influem sobre as decisões estratégicas da empresa – por meio da seleção de um CEO com determinadas características demográficas.

4.3.2. Funções dos conselhos de administração das empresas familiares

A importância e as funções dos conselhos de administração podem variar consideravelmente de uma empresa para outra. Para algumas empresas, o conselho de administração constitui o núcleo da tomada de decisões estratégicas, enquanto, para outras, o conselho não passa de uma figura decorativa, sem responsabilidades e tarefas definidas, e cuja finalidade essencial é manter alguns membros da família ocupados ou justificar a remuneração de alguns deles.

Em uma interessante pesquisa sobre órgãos de governança nas empresas familiares européias, Neubauer e Lank (1999) identificaram quatro modelos de conselhos de administração (ver Tabela 4.1). Vejamos rapidamente cada um deles.

Em termos gerais, os conselhos de administração se incumbem de uma série de funções essenciais, tanto nas empresas familiares como nas não-familiares. De acordo com o professor Gallo (1995), entre essas funções destacam-se as seguintes:

- estabelecimento da orientação estratégica e dos objetivos para o longo prazo;
- seleção da equipe diretiva e, especificamente, do diretor-geral;
- vigilância sobre o estabelecimento de processos de gestão adequados e sua aplicação;

Tabela 4.1 Modelos de conselhos de administração de empresas familiares

Papel do conselho de administração	Características
O conselho exerce influência pequena ou nula.	Fornece informações gerais. Mantém lealdade com a empresa. Funciona como um comitê assessor. Não é designado para nenhuma tarefa importante.
O conselho protege os membros da família e os acionistas.	Defende os interesses dos acionistas/sócios. Defende os interesses da família e arbitra nas discussões. Estabelece a missão e a cultura da empresa e as coloca em prática.
O conselho traça a estratégia e controla a seleção da administração.	Seleciona e supervisiona a administração. Planeja a sucessão. Avalia os resultados da empresa. Assessora diante das oportunidades e toma decisões de investimento.
O conselho tem papel executivo, dirige a empresa.	Dirige a empresa em benefício dos acionistas/sócios. Lidera e conduz a empresa.

Fonte: Neubauer e Lank, 1999, p. 140-142.

- apoio para a entrada de recursos financeiros em quantidade suficiente e em condições adequadas;
- análise e a interpretação da influência do meio econômico, jurídico, tecnológico etc.;
- comunicação com os proprietários da empresa e demais agentes envolvidos por meio de informações pertinentes e atualizadas;
- vigilância sobre o comportamento da responsabilidade social da empresa, bem como a proteção e o cuidado da sua imagem.

Além dessas, no caso específico das empresas familiares, são também funções do conselho de administração (Gallo, 1995):

- planejamento e garantia do processo de sucessão da administração da empresa;
- intervenção na determinação das estratégias da empresa e controle da sua compatibilidade com os interesses da família;
- garantia da disponibilidade de recursos financeiros suficientes;
- comunicação com os proprietários e familiares direta ou indiretamente relacionados com a empresa.

Segundo pesquisa recente (Cabrera, 2002), a maioria das empresas familiares espanholas tem um conselho de administração ao invés da segunda alternativa, que é a existência de um administrador único. Além disso, cabe ressaltar que, conforme avançamos nas gerações dessas empresas, aumenta a proporção de empresas que possuem um conselho de administração (Figura 4.6).

Figura 4.6 Porcentagem de empresas familiares com conselho de administração

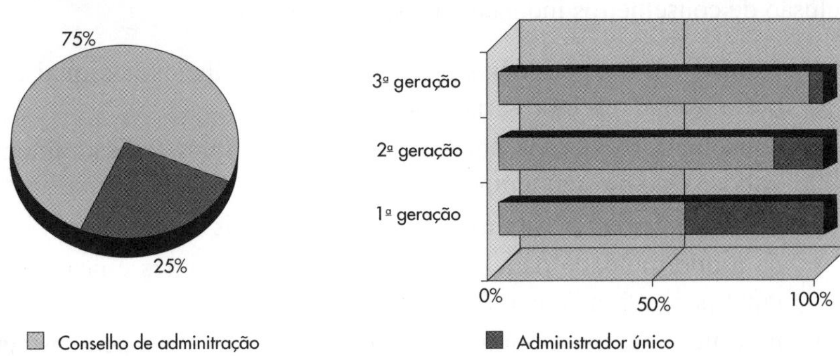

Fonte: Cabrera (2002). Cátedra da Empresa Familiar de Gran Canaria e PriceWaterhouseCoopers.

4.3.3. Características e funcionamento dos conselhos de administração das empresas familiares

Com relação ao funcionamento dos conselhos de administração das empresas familiares, é preciso considerar dois aspectos básicos:

a) o tamanho e a composição do conselho de administração;
b) as normas de funcionamento e o conteúdo do conselho de administração.

4.3.3.1. O tamanho e a composição do conselho de administração

Os conselhos de administração servem para analisar situações e tomar decisões. Por isso, o grau de eficiência desse processo e a qualidade das decisões adotadas dependem de diversos fatores, como o tamanho e a composição do conselho.

Com relação ao tamanho, os conselhos de administração devem manter um equilíbrio adequado, tendo em consideração os princípios básicos. Quanto maior o número de conselheiros, maior a riqueza de opiniões e, por conseqüência, melhor será a qualidade das decisões. Dessa forma, o número de membros dos conselhos de administração da maioria das empresas familiares européias varia de 4 a 10 conselheiros (Figura 4.7).

Por outro lado, a composição do conselho também influencia na tomada de decisões. Nesse sentido, é especialmente importante a participação de conselheiros não-familiares ou não-proprietários e de conselheiros não envolvidos na direção. Entre os motivos pelos quais se costuma recomendar a inclusão de conselheiros independentes, destacam-se:

- contato com experiências e conhecimentos alheios aos quais, de outra forma, o acesso seria difícil;
- conselheiros externos podem contribuir com um assessoramento valioso e ao mesmo tempo confidencial;
- permite integrar a empresa a redes empresariais de interesse;
- dá a oportunidade para propor questões importantes e profundas, tanto para a família como para a direção;
- permite o acesso a opiniões objetivas e honestas de pessoas sem interesses pela empresa.

Figura 4.7 **Número de conselhos em empresas familiares**

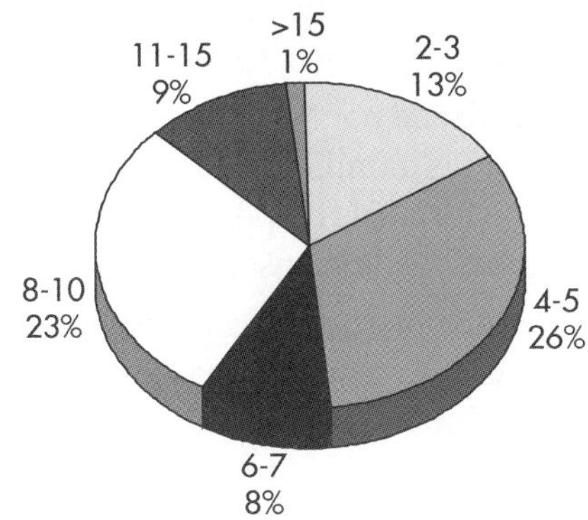

Fonte: Cátedra da Empresa Familiar de Gran Canaria e PriceWaterhouseCoopers (2002).

A Tabela 4.2 representa a composição média de uma amostra de empresas familiares espanholas, em conjunto e segmentadas, de acordo com o nível de geração em que estão.

Tabela 4.2 **Exemplo da composição do conselho de administração das empresas familiares espanholas**

Número de conselheiros	Porcentagem de conselheiros internos	Porcentagem de conselheiros familiares	Porcentagem de conselheiros internos familiares	Porcentagem de conselheiros externos familiares
TOTAL	52,0%	77,1%	80,1%	65,8%
Empresas de 1ª geração	58,1%	66,9%	80,8%	50,5%
Empresas de 2ª geração	46,7%	77,5%	75,3%	66,5%
Empresas de 3ª geração	52,9%	83,1%	82,7%	73,5%

Fonte: Cabrera (2002). Cátedra da Empresa Familiar de Gran Canaria e PriceWaterhouseCoopers.

4.3.3.2. Normas de funcionamento e conteúdo do conselho de administração

Com relação às normas de funcionamento, o aspecto fundamental corresponde à periodicidade das reuniões. Como foi comentado em seções anteriores, o conselho de administração é o vínculo entre a propriedade e a direção da empresa. Conseqüentemente, esse conselho deve realizar mais reuniões do que a assembléia geral de acionistas/sócios, que geralmente se realiza uma ou duas vezes por ano, porém menos do que a equipe de direção (que costuma fazer reuniões semanais, mais ou menos, segundo a empresa).

Conforme pesquisa realizada por Neubauer e Lank (1999), os conselhos de administração das empresas familiares européias realizam de três a 12 reuniões por ano, isto é, a maioria das empresas realiza reuniões de conselho de administração com periodicidade mensal a quadrimestral (Figura 4.8).

Na Figura 4.9, ainda quanto ao funcionamento dos conselhos, podem ser observados outros aspectos, baseados na pesquisa desenvolvida pela professora Cabrera (2002) sobre uma grande amostra de empresas familiares espanholas.

Finalmente, com relação aos temas abordados nas reuniões de conselhos de administração nas empresas familiares, o trabalho da professora Cabrera (2002) demonstra que os dez aspectos normalmente tratados com maior freqüência são os seguintes (em ordem de maior a menor freqüência): 1. análise da evolução do volume de negócios; 2. estratégias e objetivos da empresa; 3. qualidade dos produtos e serviços; 4. posição competitiva da empresa; 5. capacidades e recursos da empresa; 6. evolução do setor; 7. patrimônio e tributação da empresa; 8. recursos humanos; 9. estrutura organizacional; 10. clima de trabalho.

Figura 4.8 Freqüência de reuniões do conselho de administração

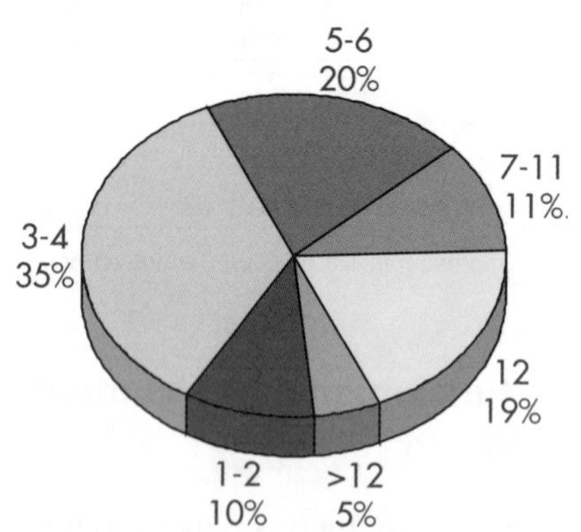

Fonte: Cátedra da Empresa Familiar de Gran Canaria e PriceWaterhouseCoopers (2002).

Figura 4.9 **Funcionamento dos conselhos de administração de empresas familiares**

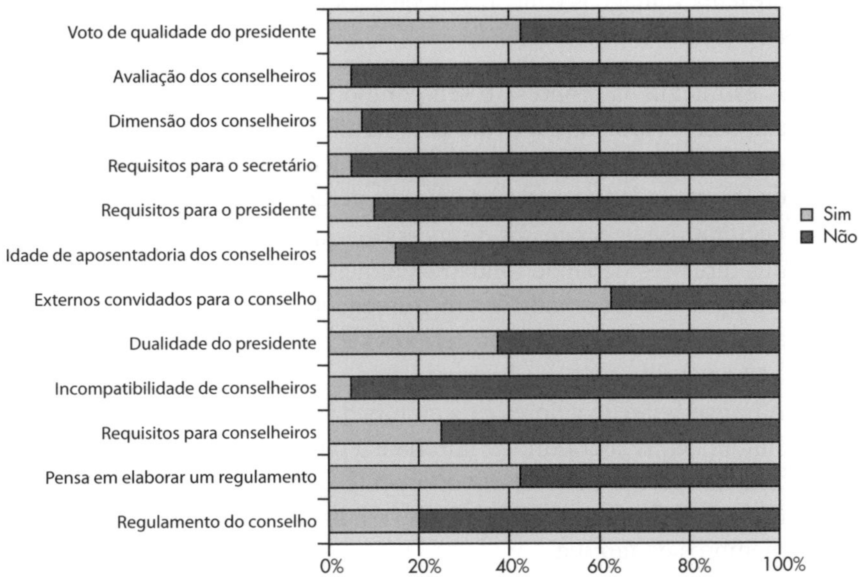

Fonte: Cabrera (2002). Cátedra da Empresa Familiar de Gran Canaria e PriceWaterhouseCoopers.

4.4. A EQUIPE DIRETIVA

Por último, a administração da empresa familiar refere-se às pessoas que desempenham um papel nitidamente executivo na empresa. Como qualquer outra, as empresas familiares contam com uma equipe diretiva ou alta direção, à frente da qual está o responsável máximo pela empresa, normalmente sob o título de diretor-geral.

Praticamente não dedicaremos espaço para a análise do papel da direção da empresa familiar por duas razões. Em primeiro lugar, porque o papel da administração da empresa familiar não deve ser considerado diferente do de uma empresa não-familiar. Dos três âmbitos que estudamos neste capítulo, a equipe diretiva é precisamente o único que não se diferencia em nada em relação às empresas não-familiares. Em segundo lugar, porque os principais aspectos relacionados às características da equipe diretiva já foram abordados no capítulo anterior, quando tratou-se da questão da profissionalização da empresa familiar (seção 3.3).

Nesta seção, pretendemos apenas recordar um ponto: o de o diretor-geral ou os membros da equipe diretiva pertencerem ou não à família. O fato de o diretor-geral e os principais diretores da empresa serem membros da família apresenta vantagens e inconvenientes. Dentre as principais vantagens, podemos destacar:

1. A estratégia da empresa e seu comportamento para o longo prazo são controlados diretamente pela família proprietária. Reduzem-se ao máximo os problemas de administração, derivados da assimetria de informações e interesses entre os acionistas e a alta direção.
2. Facilitam-se os processos de sucessão ordenada, uma vez que a saída dos diretores depende fundamentalmente de decisões internas e, se a família estiver dotada dos instrumentos adequados (os quais serão analisados em capítulos posteriores), é mais fácil prever e conduzir a sucessão.
3. A transmissão de valores e da cultura da empresa são fortalecidos. A sintonia entre a cultura da família e a cultura da empresa – imprescindível para o bom desenvolvimento das empresas familiares – é mais fácil de se conseguir quando os diretores são, em sua maioria, membros da família.

Entretanto, em oposição a essas vantagens, a concentração de familiares na alta direção da empresa também apresenta alguns inconvenientes:

1. Pode constituir uma barreira para a profissionalização da empresa ao se incorporarem a ela membros da família sem preparação suficiente e sem que tenham demonstrado as capacidades e habilidades necessárias para desempenhar um cargo de natureza executiva.
2. A motivação dos diretores não-familiares pode diminuir se eles perceberem instabilidade sobre suas possibilidades de carreira, verificarem que pessoas de menos mérito exercem cargos superiores na hierarquia da empresa pelo simples fato de pertencerem à família proprietária ou, o que é pior, se perceberem que essas pessoas recebem uma remuneração maior do que a corresponderia aos seus cargos.
3. Em certas ocasiões, uma elevada concentração de membros da família na alta direção pode ser uma fonte de conflitos, derivada da confusão dos âmbitos família, propriedade e gestão da empresa.

Figura 4.10 **Porcentagem de diretores gerais pertencentes à família proprietária**

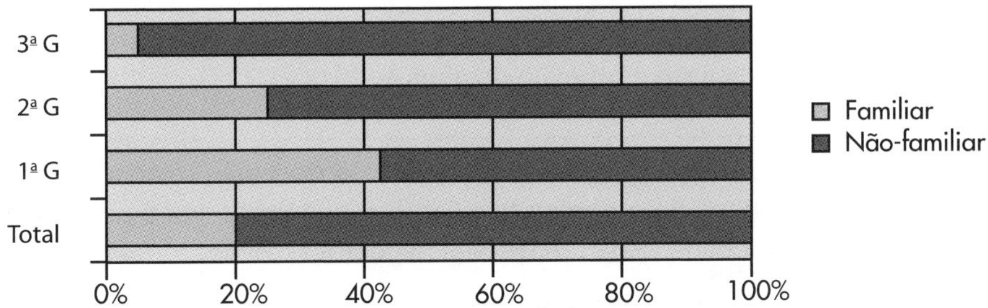

Fonte: Cabrera (2002). Cátedra da Empresa Familiar de Gran Canaria e PriceWaterhouseCoopers.

Apesar desses inconvenientes, os dados resultantes da pesquisa parecem demonstrar que a maioria das empresas familiares espanholas prefere que o diretor-geral pertença à família proprietária da organização. Assim, a pesquisa desenvolvida pela professora Cabrera (2002) demonstra que, de cada quatro empresas familiares espanholas, em três o diretor-geral é um membro da família (Figura 4.10).

No entanto, é curioso verificar que, à medida que as empresa familiares passam de geração para geração, essa porcentagem diminui. Desse modo, enquanto o diretor-geral da empresa é um familiar em cerca de 90% das empresas de primeira geração, essa proporção diminui para cerca de 60%, nas empresas de terceira geração.

ATIVIDADES

A seguir, são propostas atividades voltadas para o desenvolvimento das habilidades de compreensão e reflexão do aluno.

1. Na seqüência, encontra-se um conjunto de decisões relacionadas a diferentes âmbitos da empresa familiar. Em que órgão você acredita que deve ser discutido cada um desses aspectos?

- Requisitos para que o filho de um acionista/sócio familiar possa se integrar à empresa.
- Investimento em um programa de inovação e desenvolvimento tecnológico com um desembolso muito elevado.
- Orientação dos estudos do filho de um familiar que é sócio ou acionista.
- Distribuição de dividendos *versus* reinvestimento dos benefícios do exercício.
- Contratação de um novo diretor de alto nível.
- Elaboração de um registro familiar.
- Normas de avaliação interna das ações da empresa.
- Manutenção do sentido de unidade da família.
- Política de remuneração dos diretores (familiares e não-familiares).
- Seleção do sucessor para o cargo de presidente e/ou diretor-geral.

2. Considere uma empresa que ainda esteja em sua primeira geração e seja administrada por um único administrador (o fundador), mas à qual membros da segunda geração estão a ponto de se integrar como funcionários ou diretores. Você acredita que seria vantajoso criar um conselho de administração? Em caso afirmativo, que composição recomendaria?

Normalmente, enquanto são lideradas por um fundador forte, com uma direção unipessoal e um estilo de direção muito centralizado nessa pessoa, as empresas não consideram necessário gerar novas estruturas, como um conselho de administração. Como teremos a oportunidade de analisar no Capítulo 6, essa situação é própria de empresas de um único negócio, voltadas para o crescimento (busca de um porte mínimo eficiente que garanta sua sobrevivência) e cujo empresário desenvolve um comportamento de "empreendedor".

No entanto, conforme a empresa e/ou a família aumenta, elas tendem a incrementar os níveis de complexidade, principalmente quanto a aspectos sociais. O indivíduo forma o grupo, a equipe, a família. Por sua causa, a empresa começa a exigir uma mudança de um estilo empreendedor para outro, mais estruturado, organizado, "profissionalizado". É nesse momento que a empresa deve demarcar os limites do empresário individual. Ela é um sistema complexo, que não pode depender de uma única pessoa, mas cuja governança deve ficar nas mãos de uma equipe mais ampla. O conselho de administração é um bom órgão para dirigir esse tipo de empresa.

Com relação à sua composição, geralmente é interessante que o conselho integre diferentes visões da empresa e que seja abundante em perspectivas e enfoques. Por isso, não só a família deve estar representada como também costuma ser positivo integrar pessoas alheias a ela, como alguns diretores não-familiares ou simplesmente conselheiros absolutamente independentes. Quanto aos membros da família, o conselho deveria integrar os filhos do fundador, com o objetivo de agregar seus próprios pontos de vista e, o que é mais importante, envolvendo e comprometendo os descendentes nos problemas e na cultura particular da empresa.

3. Você considera apropriado os parentes por afinidade participarem do conselho familiar de uma empresa familiar?

Sobre esse tema não existem normas universais. Depende muito da natureza da família e da sua cultura. Normalmente, os cônjuges participam de algumas das atividades dos conselhos familiares, mas não de outras. Dessa forma, não costumam participar das reuniões mais formais, em que são discutidos aspectos relacionados estritamente à empresa, como, por exemplo, os critérios para que os filhos possam trabalhar nela, o processo de seleção do sucessor etc. No entanto, geralmente participam de outras atividades de natureza mais lúdica, embora nem por isso menos importantes.

Em conselhos familiares de empresas americanas é muito comum a organização de jogos e atividades para os membros mais novos da família, bem como para os casais (excursões, espetáculos, jantares, bailes etc.). Essas atividades servem para integrar e unir a família, para dar um sentido de unidade e identidade, transmitir valores culturais etc. É recomendável que os "afins" participem desse tipo de atividades.

4. Exercício de discussão em grupo: forme vários grupos de cinco ou seis membros. Cada grupo deve discutir sobre as vantagens e inconvenientes de cada uma das situações a seguir:

1. O diretor-geral da empresa é um membro da família e presidente do conselho de administração.
2. O diretor-geral executivo não é membro da família nem pertence ao conselho de administração.
3. O presidente da empresa é diretor-geral executivo, além de presidente do conselho familiar.

Uma vez discutidas essas situações, um representante de cada grupo deve expor as vantagens e os inconvenientes identificados, permitindo que os outros grupos dêem sugestões e façam críticas. No final, o professor deve fazer uma conclusão geral.

5. Procure alguma empresa familiar a que você possa ter acesso e identifique os seus órgãos de governança de maior ou menor formalização. Ao mesmo tempo, identifique os membros que participam de cada um desses órgãos e as relações globais existentes entre todos.

LEITURAS E QUESTÕES PARA DISCUSSÃO

LEITURA:

"Calzados Andares, S.L. 'La familia Andrades': caso sobre órgãos de governança da empresa familiar", Cátedra da Empresa Familiar da Universidade de Sevilha, EEF-US-02 (ver Leitura 1 do Capítulo 3).

Sinopse: na sala de estar da casa do fundador, hoje aposentado, no dia do seu aniversário, a família Andrades se reúne. Depois do almoço, ao calor da lareira, começam a surgir assuntos relacionados à empresa. Nem todos os envolvidos com o tema participam da conversa, não se discute de forma organizada e todos falam muito alto. Emergem diferenças entre os irmãos, assuntos conflitantes e críticas que estavam ocultas. Enquanto isso, os Andrades menores brincam no jardim e os adolescentes falam de amores e futuro.

Questões para discussão

1. Se você fosse consultor, que órgãos de governança aconselharia essa família criar para melhorar o funcionamento da empresa a curto, médio e longo prazo?
2. Faça uma lista dos problemas expostos durante as conversas realizadas na casa do Sr. Manuel Andrades. Em seguida, indique em qual dos foros, recomendados por você na resposta anterior, cada um desses problemas deveria ser abordado.

A seguir, encontram-se recomendações de leituras que têm relação com os diversos aspectos abordados no capítulo. Todas foram publicadas na revista espanhola *Actualidad de la Empresa Familiar.*

Depois de ler os artigos sugeridos, os alunos devem fazer um resumo crítico. Para essa atividade, podem ser formados grupos de três ou quatro pessoas que discutirão se concordam ou não com as opiniões expressas pelos diferentes autores dos artigos, que são especialistas no assunto. A elaboração desse resumo ajudará os alunos a desenvolver a capacidade de análise crítica da realidade e das opiniões de outras pessoas. A seguir são fornecidas algumas idéias para o desenvolvimento dessas análises críticas:

1. Você concorda com todas as afirmações que são feitas no artigo?
2. Você discorda de algo exposto no artigo?

3. Você acredita que o autor esqueceu alguma questão importante? Qual?
4. Se tivesse de responder ao autor, quais idéias você lhe exporia? Dê duas ou três idéias.
5. Identifique afirmações que considera discutíveis e justifique sua resposta.

Depois que cada grupo entregar seu resumo crítico, o professor pode promover um debate entre as equipes, visando desenvolver a habilidade de discussão e reflexão em grupo.

REFERÊNCIAS

AMAT, J. *La continuidad de la empresa familiar*. Barcelona: Gestión, 2000.

GALLO, M. A. *Empresa familiar:* textos y casos. Barcelona: Praxis, 1995.

GERSICK, K. E.; DAVIS, J. A.; McCOLLOM HAMPTON, M. e LANSBERG, I. *Empresas familiares:* generación a generación. México: McGraw-Hill, 1997. Série Management.

LEACH, P. More than family: non-family executives in the family business. *Family Business Review*, 2002, 15(2), p. 159-160.

NEUBAUER, F. e LANK, A. G. *La empresa familiar:* cómo dirigirla para que perdure. Bilbao: Deusto, 1999.

TRIGO, J. e AMAT, J. M. *Problemática de la empresa familiar.* Madri: Fundación para el Análisis y los Estudios Sociales, 2001.

VALERO, A. e LUCAS TOMAS, J. L. *Política de empresa, el gobierno de la empresa de negócios*. Pamplona: Ediciones Universidad de Navarra, 1999.

WARD, J. L. Creating effective boards for private enterprises: meeting the challenges of continuity and competition. In: Gallo, M. A. *Empresa familiar:* textos y casos. Barcelona: Praxis, 1995.

WARD, J. L. *Cómo crear um consejo de administración em empresas familiares:* respuesta a los retos de continuidad y competencia. Bilbao: Deusto, colección del Instituto de la Empresa Familiar, 2004.

O protocolo familiar

APRESENTAÇÃO

Inúmeros pesquisadores do campo da empresa familiar consideram que, se uma entidade como essa quiser sobreviver e passar com sucesso para a geração seguinte, terá de organizar e regularizar as relações família-empresa, separando ambos os âmbitos de atuação para que um não interfira no outro de maneira negativa. A conquista desse objetivo pressupõe a negociação, a elaboração e a assinatura de um instrumento de governança dessa empresa familiar, denominado "**protocolo familiar**".

Somamos a esse propósito o de garantir que a empresa familiar tenha continuidade, objetivo almejado não só pela comunidade científica, como também por grande parte dos empresários familiares e instituições políticas e sociais em geral. Desse modo, dentro das possibilidades e limites de nossa atividade docente, pretendemos contribuir para a divulgação do ensino e da prática do protocolo familiar – tão importante para alcançar um dos objetivos com os quais nos comprometemos para formar os alunos dessa área. São eles os possíveis futuros sucessores e responsáveis, entre outras coisas, pelo desempenho efetivo desse instrumento de governança.

Com o objetivo de alcançar nossa meta, neste capítulo, trataremos do estudo do protocolo familiar, analisando aspectos como conceito, finalidade, conteúdo e elaboração.

Capítulo 5

5.1 INTRODUÇÃO

O procedimento para resolver os conflitos específicos que normalmente a empresa familiar apresenta, decorrentes, fundamentalmente, das relações entre a família, a propriedade e a empresa, pressupõe a implantação e a adaptação de certos instrumentos e órgãos de governança da família empresária e da empresa familiar. Entre esses instrumentos destacamos:

a) Em primeiro lugar, *o protocolo familiar*, como um acordo-padrão que visa regularizar as relações entre família e empresa e ajudar a dirigir e executar com sucesso o processo sucessório da empresa.
b) Em segundo lugar, *os instrumentos de elaboração do protocolo familiar* – regime matrimonial, testamento e estatutos sociais – necessários para cumprir uma parte dos compromissos contidos em tal acordo-padrão nos campos matrimonial, sucessório e societário.
c) Em terceiro lugar, *as instituições típicas de governança da família empresária*: a assembléia familiar e o conselho familiar.
d) Em quarto lugar, *as instituições de governança da empresa familiar*: a assembléia geral e o conselho de administração.

Se o empresário quiser dar continuidade à empresa familiar, deverá planejar e organizar adequadamente alguns aspectos, como suas relações econômicas e as dos seus herdeiros com seus respectivos cônjuges, sua sucessão, as relações entre os sócios da empresa e, em geral, as relações família-empresa, bem como os órgãos que devem servir para dirigir e orientar tais relações. Pode conseguir tudo isso por meio dos instrumentos e órgãos de governança mencionados, entre os quais, ao longo deste capítulo, enfocaremos a elaboração do primeiro: o protocolo familiar, instrumento, na verdade, exclusivo desse tipo de empresa e cuja aplicação e ampliação garantem a sua continuidade.

5.2. CONCEITO DE PROTOCOLO FAMILIAR

As rivalidades e tensões estruturais que acontecem em grande parte das empresas familiares estão muito relacionadas à ausência de um protocolo familiar. Esse instrumento foi objeto de amplo estudo no campo da empresa familiar, no qual se encontram três das principais definições que tentaram delimitar essa realidade:

- "Status familiar, regras do jogo" (Amat, 2000).
- "Regulamento que ajusta as relações profissionais e econômicas entre a família e a empresa, tendo como objetivo principal assegurar a sua continuidade, sem prejudicar a convivência familiar" (Herreros et al., 2001).
- "Acordo-padrão, registrado e firmado entre os familiares sócios (atuais ou possíveis futuros) de uma empresa, que regulariza a sua organização e gestão, assim como as relações econômicas e profissionais entre a família, a propriedade e a empresa, com a finalidade de lhes dar continuidade de maneira eficaz e bem-sucedida, através das gerações familiares seguintes" (Sánchez-Crespo e Sánchez, 2002).

Considerando as definições anteriores, podemos dizer que protocolo familiar não passa de um documento básico, pelo qual a empresa se define e que, além de conter o regulamento pelo qual são ajustadas as relações pessoais, profissionais e econômicas entre família e empresa – e entre elas e a gestão –, tem como principais objetivos, como veremos na próxima seção, preservar a continuidade da empresa familiar e ajudar em seu desenvolvimento, preservando-a.

5.3. FINALIDADE DO PROTOCOLO FAMILIAR

Como já vimos em unidades anteriores, ocorre nas empresas familiares a conjunção de três sistemas de pessoas: os proprietários, os diretores e autoridades e os membros da família. Essa conjunção de sistemas origina múltiplas e complexas relações entre as pessoas, cujos interesses podem facilmente entrar em conflito. Nesse sentido, o protocolo familiar visa à continuidade bem-sucedida da empresa familiar e, por isso, tem a intenção de impedir que ela caia nas grandes armadilhas – comentadas no Capítulo 2 – e assim consiga manter, com o decorrer do tempo, as forças básicas da união e dedicação e evitar que se transformem nas fraquezas de desunião e recusa em se esforçarem. Ou, como assinalamos anteriormente, o protocolo familiar tem como objetivo fundamental garantir a continuidade da empresa nas mãos da família proprietária.

Além de considerar esse propósito geral, o protocolo familiar apresenta também as seguintes funções básicas:

a) Com relação aos problemas previsíveis: apontá-los e antecipar-se a eles, estabelecendo *a priori* a solução a ser aplicada, quando surgirem.
b) Com relação aos problemas imprevistos: estabelecer os procedimentos a serem seguidos para alcançar uma solução negociada.
c) Com relação à continuidade da empresa nas mãos da família proprietária: conseguir que essa continuidade seja obtida com o menor custo pessoal e fiscal possível, principalmente para a unidade empresarial.
d) Com relação aos membros dos três sistemas (os proprietários, os diretores-autoridades e os membros da família): assegurar que estejam bem informados, especialmente a família, sobre a empresa e a que saibam o tipo e o nível de relações que devem ser mantidas entre eles.

Finalmente, especificaremos por que, dentro da lista de fins e propósitos do protocolo familiar, Fernández Gimeno (1999) afirma que seria conveniente acrescentar no direito espanhol a instituição dos protocolos familiares para organizar a sucessão da empresa, "não só por meio de um ato unilateral como um testamento, como também por meio de um ato conjunto familiar, de verdadeiros regulamentos internos de funcionamento e de códigos de sucessão da empresa familiar". Certamente, o Código Civil, ao impedir os acordos de sucessão, constitui um obstáculo para o desenvolvimento dos protocolos, embora não seja um impedimento total, pois essa dificuldade foi esquivada pelo direito catalão por meio das heranças ou pelo recente direito aragonês, que permite não só os acordos como também que a herança legítima seja concedida a apenas um dos descendentes, mesmo quando haja vários.

5.4. O CONTEÚDO DO PROTOCOLO FAMILIAR

5.4.1. Aspectos de interesse

O conteúdo do protocolo familiar é coerente com o alcance de um conjunto de metas para a família e a empresa, bem como com o estabelecimento das regras de atuação a serem seguidas nas relações entre esses coletivos de pessoas. Não devemos esquecer que "a essência do protocolo familiar é um acordo verdadeiro sobre essas metas e regras, somado ao compromisso de se empenhar para o seu cumprimento" (Gallo, 1995). Por tudo isso, quanto a esse conteúdo, convém ter em mente as seguintes considerações prévias:

1. *O protocolo familiar não tem um conteúdo válido para qualquer empresa familiar, mas deve ser adaptado a cada uma delas:* sua maior ou menor extensão, a lista de tópicos a serem considerados e a forma determinada de expor e resolver as questões que surjam dependerão de diversos fatores, como: a geração em que a empresa estiver, a situação da própria família, a atitude dos integrantes da família perante a empresa, os objetivos que se pretendem atingir com esse acordo etc. Não obstante, entre os pontos mais comuns que costumam ser incluídos em um protocolo familiar, ressaltamos:

- O âmbito do protocolo: empresas, bens e pessoas envolvidas.
- Os órgãos de governança da empresa: determinação dos órgãos de governança a serem instaurados ou atualizados e o regime de funcionamento dessas organizações (conselho de administração, comissão executiva, conselheiros delegados, diretor-geral etc.).
- Os órgãos de governança da família: determinação da estrutura, composição, organização e funcionamento do conselho familiar.
- Os critérios a serem seguidos para evitar a confusão entre os patrimônios da família e da empresa, tanto do ponto de vista interno como externo.
- A situação dos membros da família na empresa: designação do sucessor, se trabalham ou trabalharão na empresa, procedimento e condições de acesso, cargos que possam ocupar, critérios para determinar a remuneração etc.
- A situação acionária: distribuição do capital e sua incidência na governança da empresa. Estabelecimento de quóruns suficientes para a aprovação de determinados acordos de especial importância estratégica ou econômica.
- A transmissão de ações ou participações no capital social: estabelecimento das regras a serem seguidas para transferir as ações ou participações, tanto *inter vivos* como *mortis causa*, e tanto de forma voluntária como forçada, para manter a empresa no âmbito familiar, assim como para avaliá-las em caso de transmissão.
- As prevenções a serem adotadas pelos sócios e, em dado momento, por seus descendentes, do ponto de vista econômico matrimonial e

testamentário, a fim de manter a empresa dentro do âmbito familiar e evitar a presença de sócios não desejados.

- As normas de revisão do protocolo para mantê-lo em vigor etc.

2. *O protocolo familiar, segundo sua força vinculante, pode ser de força moral, força legal entre as partes e força legal perante terceiros*: não obstante, o protocolo deve abordar, obviamente de acordo com o porte e as necessidades da empresa familiar, todas ou algumas das políticas a seguir, as quais, em sua maioria, tendem à conquista dos aspectos tratados no ponto anterior.

a) Políticas de decisão e governança:
   - conselho familiar;
   - conselho adinistrativo;
   - conselho assessor;
   - estatutos corporativos.

b) Políticas de rendimentos e desinvestimentos:
   - dividendos mínimos;
   - acordo de acionistas/sócios;
   - informação e controle.

c) Políticas de empresa:
   - aposentadorias;
   - emprego de familiares;
   - diversificação e riscos;
   - deontologia.

d) Políticas sociais e familiares:
   - formação dos jovens;
   - solidariedade familiar.;
   - obra social e representação;
   - tradições familiares.

3. Finalmente, assinalamos que, do mesmo modo, de acordo com o porte e os valores familiares, bem como o volume da empresa e da estrutura de poder, *o protocolo familiar pode precisar de uma estrutura jurídica e tributária* na qual, entre outras questões, sejam estabelecidas: as previsões matrimoniais sucessórias, os acordos estabelecidos pelo núcleo da sociedade civil, uma adaptação dos códigos conforme a sociedade corporativa da empresa familiar, o estabelecimento de normas conforme o regulamento do

conselho de administração e a aplicação das previsões do protocolo familiar com relação à direção das operações. Todas elas com tendência a enfrentar as atuações internacionais e a alcançar as garantias e vantagens fiscais pertinentes, entre outros fatores.

5.4.2. Tipologia dos acordos

Como foi visto na seção anterior, de acordo com a força vinculante, os acordos que o protocolo familiar normalmente inclui dividem-se em três categorias:

a) Acordos com força moral, comumente denominados "acordos de cavalheiros". São acordos dos quais não se originam direitos e obrigações dos signatários do protocolo familiar, de modo que seu descumprimento, caso ocorra, só poderá ser objeto de reprovação pelo restante dos membros da família empresária. Esses acordos incluem, normalmente, normas de conduta que a família considera de necessária observância por parte de todos os membros, em qualquer ocupação diária que tenham, bem como normas relacionadas à ética, à filosofia e aos valores que devem ser inculcados aos membros das gerações seguintes.
b) Acordos com força contratual simples. Tratam-se de acordos dos quais originam-se direitos e obrigações apenas dos signatários, mas não perante terceiros. Legitima qualquer um dos signatários a recorrer ao auxílio da Justiça para, em caso de falta de cumprimento, exigir o seu cumprimento forçado, a indenização correspondente ou as conseqüências estabelecidas para tal descumprimento. Costumam incluir normas que regularizam determinadas atuações que os signatários do protocolo familiar devem seguir em suas relações com os demais signatários, com a família e com a empresa. São exemplos dessas normas: o acordo de não realizar atividades que sejam similares às da empresa; a inclusão, sob determinadas condições, dos membros da família em cargos da empresa; os princípios gerais da política de remuneração desses indivíduos; a incorporação ou não de assessores externos nos órgãos de governança da empresa. Além disso, esses acordos podem abranger os valores familiares que contribuíram para o desenvolvimento e para o sucesso da empresa familiar (acordos relacionados ao âmbito do negócio ao qual a empresa se dedica, a profissionalização ou não da gestão, a necessidade

de transparência de informações, as condições para a promoção de novos negócios etc.).

c) Acordos com força ou eficácia perante terceiros, os quais incluem contratos que, além de vincularem todos os signatários do protocolo familiar, podem ter valor perante terceiros, alheios ao protocolo, para o qual devem ser objeto de elaboração de outros instrumentos complementares (regimes matrimoniais e estatutos sociais) que posteriormente devem ser registrados no cartório correspondente. Nesses acordos, além de vincular os signatários do protocolo familiar, pode-se exigir seu efeito sobre terceiros ante os tribunais competentes. Caracterizam-se por regularizar fundamentalmente os aspectos corporativos da empresa, tais como o direito de usufruto e a penhora de ações ou participações sociais; o processo de transferência de ações ou participações sociais; o procedimento das maiorias para aprovar os acordos da assembléia geral e do conselho de administração etc.

5.5. A REALIZAÇÃO DO PROTOCOLO FAMILIAR

5.5.1. O desenvolvimento do protocolo familiar: documentos necessários

Para que o protocolo familiar, na qualidade de acordo-padrão, coloque em prática toda sua eficácia, é necessário que ele seja elaborado a partir de outros documentos, os quais regularizarão aspectos parciais do acordo e cujo conjunto, em união com os órgãos de governança que serão estudados mais adiante, constituirá a base que dará força e consistência à empresa familiar.

Tais documentos para a elaboração do protocolo são:

a) regime matrimonial do empresário e dos seus filhos;
b) testamento do empresário e dos seus filhos;
c) doação, como instrumento complementar;
d) estatutos sociais (com efeito *erga omnes*);
e) acordos não-estatutários (com efeito interpartes).

Todo esse conjunto de instrumentos, somado ao protocolo familiar, facilitará não só a organização e gestão da empresa familiar como também a sua continuidade, visto que, por meio deles, resolvem-se muitos dos problemas que podem surgir nas relações entre família, propriedade e empresa.

a) Regimes matrimoniais

A experiência demonstra que, algumas vezes, a empresa familiar se vê afundada em uma crise econômica ou até mesmo tendo de fazer uma distribuição não desejada do capital social, como conseqüência do divórcio de algum dos sócios. A razão fundamental dessa situação normalmente provém do fato de o empresário e de seus herdeiros não terem prestado atenção suficiente às conseqüências de naturezas patrimonial e econômica derivadas do casamento.

Segundo o artigo 1325 do Código Civil espanhol, "em regimes matrimoniais (convenções pelas quais os cônjuges estabelecem o regime de bens do seu matrimônio), os nubentes podem estipular, modificar ou substituir o regime de bens do seu matrimônio ou quaisquer outras disposições por razão do mesmo".

Quanto ao momento da concessão, existe a possibilidade de convencionar regimes matrimoniais antes e depois do casamento.

Os requisitos exigidos pela Lei para que os regimes de bens sejam plenamente válidos são os seguintes:

1. Competência legal dos nubentes.
2. Devem ser declarados em escritura pública, sendo totalmente nulos os regimes que assim não procederem.
3. Para que os regimes surtam efeitos perante terceiros, devem ser registrados no Registro Civil.

O conteúdo dos regimes matrimoniais pode ser muito amplo, visto que a única restrição é que suas cláusulas não se oponham às leis, aos bons costumes ou que não se restrinjam à igualdade dos direitos dos cônjuges (artigo 1328 do Código Civil espanhol).

Algumas das razões pelas quais se recomenda que o empresário e seus sucessores estabeleçam um regime matrimonial são:

- Em primeiro lugar, por assim ficarem separadas as relações pessoais dos problemas econômicos do casal derivados do matrimônio, uma vez que esses serão tratados e resolvidos nos regimes matrimoniais estabelecidos.
- Em segundo lugar, porque o estabelecimento de regimes de bens obriga a decidir, de forma refletida, o regime de bens que se deseja que vigore durante o casamento, em vez de deixar que seja a lei civil correspondente que, na ausência de determinação de regime e com caráter complementar, determine o regime de bens aplicável ao ma-

trimônio (comunhão parcial de bens determinada por lei, separação total de bens ou outro diferente, por meio de escritura pública).

– Em terceiro lugar, porque em regimes de bens pode-se regularizar a situação patrimonial da família em caso de conflito matrimonial, tomando as providências necessárias com relação à manutenção e à continuidade da empresa dentro do âmbito familiar. Evita-se, assim, a presença de pessoas alheias à família no grupo de acionistas da empresa, como seria o caso de ex-membros da família por afinidade (genros e noras), no caso de rompimento no casamento de algum filho.

b) O testamento

O testamento, como instrumento jurídico por intermédio do qual o testador, ou outra pessoa a seu rogo, ordena de forma imperativa o destino que deve ser dado a seus bens depois da sua morte, configura-se como instrumento idôneo para determinar o marco jurídico no qual a continuidade da geração da empresa familiar deve se fundamentar.

Para efeitos práticos, convém ter em mente que:

1. O testamento é um documento jurídico formal, visto que o testador deve utilizar necessariamente algum dos tipos de testamentos previstos no Código Civil. A sanção legal por esse descumprimento é sua nulidade.
2. O testamento é um documento jurídico muito pessoal, pois sua constituição não pode ser confiada a uma terceira pessoa.
3. O testamento é um documento jurídico essencialmente revogável. A conseqüência disso é a possibilidade que o testador tem de alterá-lo quantas vezes considerar oportuno, simplesmente tendo de fazer um novo testamento, conforme a lei.

Independentemente de quaisquer outras cláusulas que o testador considerar necessário incluir em seu testamento, relacionadas ao destino do seu patrimônio depois da sua morte (cláusulas de natureza patrimonial), bem como a outras questões, como a nomeação de um tutor ou o reconhecimento de um filho (cláusulas não patrimoniais), o empresário deve ter em mente, no momento de testar, que ele pode fazer uso de outras possibilidades como: beneficiar algum dos herdeiros, deixar um legado, estabelecer uma substituição fideicomissária (de pai para filho, de filho para neto, de neto para bisneto etc.) ou o usufruto total da sua herança para o cônjuge.

Entre as razões pelas quais é recomendável que o empresário faça um testamento, destacam-se:

1. Assegura o cumprimento da vontade do empresário testador, permitindo-lhe garantir o destino da empresa, da maneira que considerar adequada;
2. Como conseqüência do item anterior, evita o risco de resultados não desejados, que podem se originar em caso de sucessão intestada (por exemplo, uma distribuição não desejada pelo testador).

c) A doação como instrumento complementar

A doação é um ato de liberdade por meio do qual uma pessoa dispõe gratuitamente de uma coisa em favor de outra, que a aceita.

Independentemente das disposições legais e testamentárias, vistas nas seções anteriores, é possível também, por via de doação, adotar certas previsões tendentes a facilitar a sucessão na empresa familiar e sua continuidade nas mãos da família. Entre elas citamos: a doação da nua-propriedade ou do usufruto das ações ou participações da empresa; a doação com ressalva da faculdade de dispor de alguns dos bens doados; e a doação condicional, sujeita a uma condição que, se cumprida, implicará a revogação da doação a instâncias do doador, ou seja, se a condição for cumprida, os bens doados voltarão ao doador e a doação ficará nula.

As razões pelas quais, em dado momento, pode ser apropriado o empresário realizar a doação da empresa em favor de seus herdeiros são as seguintes:

1. Adiantar em vida do empresário a sucessão na empresa familiar, podendo ele mesmo conduzir o processo sucessório e realizá-lo quando considerar mais oportuno.
2. Aproveitar a aposentadoria, a partir dos 65 anos, para realizar a sucessão, deduzindo 95% na base do Imposto sobre Doações.

d) Os estatutos sociais (com efeito *erga omnes*)

Uma vez examinados os regimes de bens e o testamento como instrumentos de elaboração do protocolo familiar, bem como a doação como instrumento complementar, procede-se à análise dos estatutos sociais da empresa, cujo conteúdo será tratado na parte dos acordos incluídos no protocolo familiar.

e) Os acordos não estatutários (com efeito interpartes)

Além das cláusulas contidas nos estatutos sociais, com efeito *erga omnes* (sobre todos) como conseqüência do seu registro, podem ser estabelecidas entre os sócios outras cláusulas ou acordos à margem dos estatutos sociais. Tais acordos não são inscritos no contrato social ou comercial, ou por não serem legalmente registráveis ou porque, mesmo que o sejam, os interessados não desejam divulgá-los e, portanto, não os inscrevem. Em todo caso, e diante da ausência de divulgação por meio do registro, nenhum dos acordos citados tem efeito sobre terceiros. Além disso, por serem acordos reservados entre os sócios, visto que não são incluídos nem no contrato de constituição nem nos estatutos, não são oponíveis pela sociedade, sem detrimento do qual são perfeitamente válidos e têm plenos efeitos sobre os sócios signatários.

A título de exemplo, podemos citar os seguintes acordos não-estatutários:

- A criação de uma comunhão de bens ou posse sobre um pacote de ações ou participações da empresa familiar.
- O estabelecimento de acordos de acionistas ou de sindicatos entre alguns sócios.

5.5.2. Questões a serem consideradas na elaboração do protocolo

Embora o desenvolvimento desse conteúdo dependa muito da empresa familiar em questão, bem como das peculiaridades da família proprietária, indicamos a seguir o que se pode levar em consideração ao executar sua preparação:

a) *Os valores a serem transmitidos*: ou seja, as razões profundas pelas quais é alcançado o compromisso de ter e cumprir um protocolo familiar. Essas razões têm relação direta com os valores compartilhados entre a empresa e a família, isto é, com a cultura comum da empresa familiar. E são nesses valores que residem, de maneira plena, o motivo de querer ser uma empresa familiar, a finalidade que a empresa tem para a família no decorrer do tempo, as virtudes a serem vivenciadas e transmitidas às gerações seguintes, os esforços e sacrifícios que se dispõe a fazer para conservar a unidade e se dedicar para alcançar uma meta comum.

b) *O tipo de empresa familiar que se quer ser*: significa uma tomada de posição explícita sobre os aspectos mais básicos das relações entre a empresa e a família. Dois desses aspectos são: determinar nitidamente se a empresa favorecerá ou restringirá a entrada dos membros da família para trabalharem na empresa e indicar claramente a intenção que se tem sobre a posse do capital de uma empresa e sua transferência.

c) *O que se pode esperar da empresa familiar*: esse ponto está orientado para que os proprietários e membros da família conheçam o mais importante da administração estratégica, ou seja, quais intenções de desenvolvimento e evolução empresariais têm a sua empresa familiar. Essa orientação tem duas partes. Na primeira, aparece uma explicitação da estratégia da empresa em questões como: produtos, clientes, posição no mercado, internacionalização, crescimento, tecnologias, investimentos, financiamento etc. A segunda parte envolve a explicação da organização da empresa familiar quanto à sua estrutura de responsabilidades, os diferentes tipos de sociedades legais, as funções especializadas, as qualidades que mais se esperam dos diretores etc. As questões específicas dessa parte são as referentes às políticas de financiamento, dividendos, informação dos proprietários e auxílio aos membros da família em distintas necessidades (assessoramento fiscal, ajuda econômica, carreira profissional etc.).

d) *Quando deixar de ser empresa familiar:* costuma ser uma disposição que os membros da família têm a não aceitar que faça parte do seu protocolo familiar, pois afirmam que a intenção pessoal opõe-se precisamente a isso, ou seja, a família visa à continuidade da empresa e, por esse motivo, elabora o protocolo. No entanto, é preciso ter em mente que, para deixar de ser empresa familiar, de maneira organizada e sem causar prejuízos adicionais aos interessados, também é preciso tomar decisões e realizar determinadas ações, que sempre é proveitoso conhecer, em prol de melhores relações. Nessa disposição, são indicadas, junto com os motivos de abandono (perda progressiva de competitividade, dificuldades significativas para investir no crescimento necessário, perda de interesse da maioria dos proprietários, separações imprevistas etc.), as principais linhas de ação a serem seguidas para passar de relações familiarmente protocolares a outras que serão próprias de uma empresa não-familiar, de forma organizada, sem conflitos ou crises que coloquem em risco a organização.

e) *O trabalho:* abrange a explicitação das regras sobre como entrar na empresa familiar, trabalhar nela e dela sair. Dentre elas, as mais importantes são:
   - Os procedimentos a serem seguidos para avaliar as qualidades das pessoas da família que trabalham ou querem trabalhar na empresa familiar, além do seu desempenho.
   - Os níveis de dedicação e exclusividade que serão necessários em cada caso.

- A forma como são decididas as seleções e promoções de membros da família e como estes se preparam para a carreira profissional.
- As idades com as quais se deve iniciar o processo sucessório, as idades de aposentadoria para executivos e membros dos órgãos de governança.

f) *A propriedade:* nessa disposição, são indicados dois tipos de pontos; uns são apenas recomendações sobre modos de atuar, pois os direitos da propriedade são os legalmente estabelecidos em cada caso; outros são regras que comprometem obrigatoriamente.

g) *Os órgãos de governança:* na empresa familiar observam-se dois tipos de órgãos de governança: os que dirigem a empresa e os que conduzem as relações entre ela e a família. Com relação aos primeiros, é oportuno estabelecer no protocolo as regras que determinam:
- a freqüência com que será realizada a assembléia geral de acionistas/sócios e o tipo de informação que será transmitida, partindo do pressuposto de que se deseja que os membros da família conheçam bem a empresa familiar e tenham afeto por ela, sendo assim mais natural para eles estarem unidos e comprometidos com seu desenvolvimento;
- a composição do conselho de administração, suas regras de funcionamento e suas relações com outros membros da família;
- a criação de comissões do conselho de administração e da comissão de direção e o estabelecimento das suas regras de funcionamento.

5.5.3. Considerações finais

Ao constituir um protocolo familiar, nunca se deve esquecer que o "processo" – o conjunto de reuniões e de propostas de trabalho por meios das quais vão sendo traçadas as metas e as regras do jogo, as quais são discutidas e resultam em acordos – importa mais que o "produto" – um documento que, se não passou por um bom processo, não será mais que uma "série de artigos", sobre o qual não se terá a firme convicção de que será implantado.

Para que o processo seja bem-sucedido, recomenda-se que:

- O melhor momento para propor a elaboração do protocolo familiar seja quando não houver problemas familiares e a situação da empresa não for conflitante. Se não houver essas condições, a melhor decisão possível será adiar a sua elaboração até que a situação esteja mais propícia para tal. De acordo com o que já foi comentado, não é recomendável produzi-lo em épocas em que haja disputas pelo poder. Os conflitos não desaparecem com o protocolo, visto que seu objetivo não é resolvê-los, e sim ajudar para que não surjam.

- Prepará-lo e aplicá-lo a tempo, isto é, em períodos em que não se prevêem problemas graves e quando haja figuras de autoridade na ativa, ajudando a fechar os acordos.
- Aproveitar as épocas de união que normalmente resultam da superação de difíceis problemáticas no mercado ou de traumas organizacionais.
- Por último, quanto à sua dimensão temporal, o protocolo familiar deve estar sujeito à revisão periódica (anual ou bienal) a fim de:
  - reformar os aspectos que não tenham funcionado bem;
  - aprofundar-se nos aspectos que tenham dado bom resultado.
- Adequá-lo às mudanças que tenham ocorrido, tanto no seio da família como no da empresa, visando manter o protocolo familiar sempre atualizado e em vigor.
- Além de ser recomendável encontrar um momento idôneo para seu desenvolvimento e sua implantação na empresa, convém que o protocolo familiar seja aceito voluntariamente por todos os interessados, visto que a probabilidade de ser fonte de problemas no futuro é maior se for imposto a qualquer um dos membros da família do que se o seu conteúdo for aceito por persuasão. Se não for possível essa unanimidade, deve-se conseguir o maior consenso possível para que o protocolo seja firmado. Em todo caso, não se deve esquecer a necessidade de, pelo menos, ser aceito pelos membros da família que possuam a maioria do capital social. Caso contrário, ele teria pouco ou nenhum valor, uma vez que os signatários não deteriam o controle sobre a empresa.
- Em função da recomendação anterior, faz-se necessário também empregar métodos de participação nos quais, por meio de sucessivos passos de preparação e discussão de acordos, seja dada a oportunidade para os proprietários significativos da família manifestarem opinião e para que ela seja levada em consideração.
- Em certo sentido, o protocolo familiar pode ser considerado uma extensão dos estatutos e, na verdade, recomenda-se recorrer ao procedimento legal para que seus pontos mais importantes fiquem neles reunidos. No entanto, não devemos esquecer que o importante não é tanto regulamentar o protocolo familiar de forma legal em todos os

detalhes, como conseguir que seja um acordo que todos desejem acatar porque favorece a união e a harmonia geral e possibilita o compartilhamento da propriedade de uma empresa bem-sucedida que, unida à família, é uma escola de valores para as próximas gerações.

Se a preparação, a negociação e a assinatura de um protocolo familiar forem realizadas de acordo com as recomendações anteriores, será possível obter uma série de vantagens para a família e a empresa familiar, a seguir sintetizadas:

1. Delimitar os âmbitos de atuação da família e da empresa, evitando interferências entre eles.
2. Despersonalizar ou objetivar determinadas decisões que, normalmente, são suscetíveis de provocar tensões internas entre os membros da família (por exemplo: a obrigação imposta a todos os membros da família de disporem um regime matrimonial, estabelecendo como regime a total separação de bens).
3. Apontar os problemas passíveis de surgirem em torno da família e da empresa, bem como a solução para eles.
4. Estabelecer os procedimentos necessários para resolver no seio da família os eventuais problemas que surjam e que não tenham sido previstos, garantindo que não atinjam a empresa.

ATIVIDADES

A seguir, é proposta uma série de atividades voltadas para o desenvolvimento das habilidades de compreensão e reflexão do aluno.

1. Como você considera que o protocolo familiar influencia na gestão da empresa familiar? Por quê?

Em geral, consideramos que o protocolo influencia de forma favorável, haja vista todas as vantagens que proporciona. Entretanto, temos de reconhecer que, por um lado, sua função é facilitada ao deixá-lo todo estipulado e, por outro, de certa forma, também condiciona a sua prática, ao estipulá-lo previamente. Acreditamos que, nesse último caso, pode favorecer o surgimento de uma postura cômoda por parte do sucessor, destruindo, por exemplo, sua criatividade e iniciativa. "Para que vou me preocupar se tudo já foi estabelecido?" Nesse sentido, temos de pensar que o protocolo tem de ser revisado periodicamente, visto que é preciso nos adequar constantemente às necessidades da empresa, que mudam com o decorrer do tempo.

2. O planejamento e a implantação de um protocolo familiar são aplicáveis a qualquer tipo de empresa familiar? Justifique sua resposta.

Sim. A única coisa necessária é a disposição dos membros da empresa de estabelecer, em primeiro lugar, seu conteúdo, que deve sempre ter a preocupação de satisfazer às necessidades da empresa familiar, permitindo, assim, garantir a sua continuidade e, em segundo lugar, um compromisso por parte desses membros para se submeterem e cumprirem o que previamente acordaram por meio desse instrumento de governança.

3. No processo de transmissão da propriedade e do controle de uma empresa familiar, que papel o protocolo familiar exerce? Por quê?

Um papel fundamental, pois será o documento legal, o instrumento pelo qual tudo será regularizado: do sucessor até as funções que ele desempenhará e pelo restante das pessoas vinculadas à empresa, ou seja, tudo o que envolve o protocolo.

4. Qual é o melhor momento para estabelecer um protocolo familiar?

Da mesma forma que o planejamento da sucessão: quanto antes, melhor, uma vez que com ele garantimos maiores possibilidades de sucesso.

5. O protocolo familiar opõe-se à cultura da própria empresa familiar? Reflita e analise o porquê.

Não. Na verdade, nem é bom que se oponha, pois se contraporia aos valores, princípios e às regras de comportamento concebidas no seio da família proprietária e, de maneira geral, a todas as pessoas vinculadas à empresa. Isso dificultaria o estabelecimento necessário do consenso para que o protocolo familiar fosse instituído na geração seguinte. Como constituir uma unanimidade, um acordo sobre algo que se opõe aos "preceitos", "princípios" e valores de uma pessoa? E, mais ainda, nesse caso, de um grupo inteiro? E, sem esse consenso, como é possível garantir que sejam implantadas as medidas nele instituídas? E definitivamente, como assegurar sua finalidade, seu propósito?

6. Depois de tudo o que foi visto na unidade e considerando a situação atual da empresa familiar, você considera realmente necessário o estabelecimento desse instrumento? Naturalmente, levando em consideração tudo o que isso implica: muita dedicação, recursos, tempo, discussões para se chegar a um consenso etc. Ou, ao contrário, você considera que é melhor dedicar-se imediatamente à aquisição de uma nova tecnologia de ponta e à realização de uma reestruturação organizacional capaz de enfrentar a internacionalização, e colocar à frente da empresa um profissional qualificado?

Como dissemos algumas vezes ao longo da unidade, dos exemplos, dos casos, das leituras etc., com base em sua finalidade e vantagens, consideramos imprescindível a figura do protocolo familiar, sobretudo para enfrentar o contexto atual. A partir dele, muitos dos aspectos que atingem a empresa familiar no dia-a-dia podem ser resolvidos da melhor forma: por consenso e compromisso de todos os envolvidos. Assim, serão resolvidos muitos dos problemas que atingem a empresa familiar; evitando-se cair em muitas das grandes armadilhas que as "assolam" e será garantida, enfim, sua continuidade nas mãos da família proprietária, de geração para geração. Além disso, com base nos resultados obtidos pelos pesquisadores sobre a importante função desse instrumento nas empresas que, com o decorrer do tempo, demonstraram ser eficazes e eficientes, consideramos que sua elaboração e implantação nunca podem ser consideradas uma perda de tempo.

LEITURAS E QUESTÕES PARA DISCUSSÃO

LEITURA 1:

"Walter Fair...", caso extraído do livro *Respuestas a la empresa familiar*, de Buchholz, B. et al. Bilbao: Deusto, 2000, p. 417-420.

Sinopse: a partir da figura de Walter Fair, sua família e o pequeno negócio de conservas que ele conseguiu fundar na Costa Oeste, os autores declaram que a importância crítica para assegurar a continuidade de uma empresa familiar reside não só no fato de planejar a tempo o protocolo familiar como também no fato de, talvez ainda mais importante, planejá-lo bem.

Questões para discussão

1. Conforme indicado na leitura, há uma questão que preocupa os irmãos Fair. Como você resolveria essa questão? Proponha possíveis opções.

A resolução desse mal-estar é muito fácil. Seria simplesmente o planejamento e a implantação de um protocolo familiar na companhia.

2. Suponha que você consiga, inicialmente, atrair a atenção e despertar o interesse dos irmãos Fair, por meio da sugestão proposta na questão anterior. Com a alegação da defesa dessa possível opção, que problemas, fonte de conflito atual no seio familiar poderiam ter sido evitados com o planejamento e a implantação prévia dessa proposta? Que vantagens proporcionará, conseqüentemente, a realização disso, agora? E que repercussão terá no futuro se não for implantado? Dê assessoria sobre o assunto.

Com o planejamento e a implantação prévios, poderiam ter sido evitadas muitas das causas que desencadearam essa situação conflitante e de grande tensão que a família proprietária passa e que, além de repercutir no seu futuro não muito próximo, chegará a atingir a empresa que administram na mesma medida, minando, entre outros aspectos, as forças com as quais contaram, a cultura empresarial que foram formando e – por que não? – a própria continuidade na geração seguinte. Desse modo, entre esses fatores negativos que poderiam ter sido evitados, destacamos: a entrada de parte dos membros da segunda geração (os primos), sem seguir nenhum tipo de critério objetivo nem contar com as necessidades reais da empresa familiar – entram na organização pelo sobrenome, não pelos próprios méritos; sua colocação em um nível dentro da hierarquia por meio de critérios não recomendáveis:

não estão de acordo com seu desempenho e seus conhecimentos, mas com a sua posição na família (na equipe diretiva); a distribuição do capital não para assegurar o controle nas mãos dos que realmente podem garantir a continuidade da empresa, devido às suas qualidades profissionais e experiência, mas sim para atender a instintos paternalistas.

Entre as principais vantagens que trariam a implantação de um protocolo familiar, em primeiro lugar, está a garantia da continuidade da empresa sob o comando da família, ao deixar tudo muito bem interligado. Em segundo lugar, a partir da conquista dessa vantagem, ressaltamos:

- a delimitação dos âmbitos de atuação da família e da empresa, evitando interferências entre eles;
- a despersonalização ou objetivação de determinadas decisões, que normalmente são suscetíveis de provocar tensões internas entre os membros da família (por exemplo: a obrigação imposta a todos os familiares de outorgarem um regime matrimonial que estabeleça como norma a separação total de bens);
- a indicação dos problemas que previsivelmente podem surgir em torno da família e da empresa, assim como a solução para eles;
- o estabelecimento de procedimentos necessários para resolver eventuais problemas que surjam no seio da família, e que não tenham sido previstos, garantindo que não atinjam a empresa (Sánchez-Crespo e Sánchez, 2002, p. 28-29).

3. Já quase convencidos, os irmãos Fair perguntam se você pode estabelecer, com relação ao instrumento que lhes propõe, um conteúdo-padrão, aplicável em qualquer momento. Ou, como questiona Walter Jr., um instrumento que pudesse ser aplicado geração após geração.

Nesse sentido, teríamos de lhes esclarecer que não podemos traçar um conteúdo-padrão do protocolo familiar, atemporal e aplicável, e ainda mais, de geração para geração, pois ele deve se adaptar e atender às necessidades reais da empresa familiar e, inclusive, da própria família e do seu meio a cada momento. O que poderíamos fazer seria fornecer as principais indicações e adaptar o conteúdo de tempos em tempos.

4. Parabéns! Não sabemos como, mas você os convenceu. Chegou a hora de agir. Elabore um pequeno protocolo familiar para essa empresa. Indique, entre outros aspectos, quais documentos ele conteria, quais questões você consideraria ao elaborá-lo, qual seria sua finalidade... Ânimo! Você pode fazê-lo.

Para elaborar esse conteúdo, você deveria simplesmente seguir as orientações compiladas nos tópicos dessa unidade e aplicá-las especificamente à empresa em questão. Isso é bem fácil de fazer, pois se trata de uma série de sugestões que nós lhe oferecemos. É como se nós estivéssemos explicando a você passo a passo.

Sendo assim, vamos apenas facilitar e esclarecer as recomendações seguintes, que já foram apresentadas na unidade:

- A necessidade de estabelecer critérios objetivos ao proceder a inclusão dos membros da família no seio da empresa familiar: uma formação mínima, uma experiência prévia, bem como uma qualificação para cada cargo.
- O estabelecimento de uma série de normas sobre aspectos fundamentais, como os sistemas de avaliação; a promoção e formação a serem seguidas dentro da empresa familiar; a definição das carreiras profissionais; a escolha de uma pessoa para cada cargo dentro da hierarquia.
- A definição de uma política adequada que vise assegurar e transmitir a propriedade da empresa familiar. Aspectos como as possíveis restrições à transmissão das ações, o desejo de concentrar ou não a propriedade nas mãos de familiares, os direitos que contenham os possíveis acordos entre acionistas/sócios etc. devem ser analisados e regularizados nessa política e no protocolo familiar nos pontos em que são tratados.
- A garantia do maior consenso possível dentro da família e dos membros que assinarão o protocolo.

5. Parabéns novamente por seu trabalho, mas, pelo que os irmãos Fair demonstraram, parece que essa questão não ficou muito clara. Eles deveriam contar com a ajuda de profissionais externos ao núcleo familiar para a preparação e acompanhamento da medida que você lhes propõe?

Sem dúvida que sim. Contar com um profissional externo proporcionará, além de um consenso mais amplo, maiores "forças", apoio com o qual contar na hora de implantá-lo na empresa familiar, novas visões e contribuições, fruto do conhecimento em temas precisos, específicos de certas áreas (legal, fiscal, contábil), além de propiciar certa perfeição, profissionalismo e garantia de omissão de erros graves na elaboração do documento.

LEITURA 2:

"O Sonho de Jack", extraído do livro *Guía para la supervivencia de la empresa familiar*, de Le Van, G. Bilbao: Deusto, 1999, p. 158-172.

Sinopse: no decorrer do livro, podemos observar, mais uma vez, que o procedimento para solucionar os conflitos específicos que normalmente a empresa familiar apresenta supõe a implantação e a adaptação de certos instrumentos e órgãos de governança, tanto da família empresária como da empresa familiar, assumindo especial importância um deles: o protocolo familiar. Desse modo, a partir da formulação de 39 perguntas-chave, seu autor, Le Van G. (1999), menciona os aspectos básicos que esse instrumento envolve: elaboração, conteúdo, realização, importância...

Questões para discussão

1. Qual você acredita ser a origem das aflições de Jack? Considera que, para superá-las, seja necessário o estabelecimento de um protocolo familiar na empresa? Por quê?

A origem da sua angústia é o medo de que, quando morrer ou não puder mais, a empresa familiar não perdure, não seja transmitida para a geração seguinte.

Sim, consideramos necessária a implantação de um protocolo familiar na empresa, visto que, entre outras coisas, ele garantirá, ou pelo menos facilitará, a transferência da propriedade e do controle da empresa familiar para a geração seguinte.

2. Quais aspectos da preparação desse instrumento ficam evidentes no texto? Em que esses aspectos contribuem, afinal, para o propósito do protocolo?

Fica muito evidente no texto que a elaboração e a implantação de um protocolo familiar não são uma questão que se resolva imediatamente, mas, pelo contrário, é um processo custoso, longo, complicado e maçante, para o qual são seguidas determinadas regras de comportamento, uma estratégia, e no qual, além de se exigirem o compromisso e o esforço de todos, é preciso que exista uma comunicação eficiente por parte de todos os envolvidos. A reunião do maior número de aprovações sobre a elaboração desse instrumento resultará, em certo momento, na obtenção de maiores possibilidades de sucesso.

3. Quais funções básicas e finalidade primordial Jack e sua família visam alcançar com o estabelecimento do protocolo familiar em sua empresa?

Como já mostramos na teoria e agora vemos refletido no texto, o protocolo familiar tem como finalidade única garantir a continuidade da empresa nas mãos da família proprietária.

Além de considerar esse propósito geral, o protocolo familiar tem presentes também as seguintes funções básicas:

a) Com relação aos problemas previsíveis: apontá-los e antecipar-se a eles, estabelecendo *a priori* a solução a ser aplicada quando surjam.
b) Com relação aos problemas imprevistos: estabelecer os procedimentos a serem seguidos para alcançar uma solução negociada.
c) Com relação à continuidade da empresa nas mãos da família proprietária: conseguir que essa continuidade seja obtida com o menor custo pessoal e fiscal possível, principalmente para a unidade empresarial.
d) Com relação aos membros dos três sistemas (os proprietários, os diretores-autoridades e os membros da família): garantir que especialmente a família estejam bem informados sobre a empresa e que saibam o tipo e o nível de relações que devem ser mantidas entre eles.

4. Com relação ao planejamento e à elaboração do seu conteúdo, que regras básicas foram seguidas no processo?

Pode-se dizer que, nesse caso, ficam evidentes todas as regras, ou pelo menos as mais importantes, para se produzir um protocolo familiar eficaz, de modo que:

a) Os membros da empresa familiar sejam informados com antecipação sobre o conceito e a necessidade de estabelecer um protocolo familiar.
b) É estabelecida uma ordem de prioridade dos assuntos mais importantes, mais urgentes e que podem condicionar as fases seguintes.
c) Coloca-se tudo em discussão para se chegar a um consenso.
d) É fornecido todo tipo de informação necessária e começam a se concretizar todos os pontos importantes para que esse processo seja executado completa e eficazmente: aspectos básicos relacionados ao negócio, aspectos relacionados à propriedade, aspectos formais etc.

5. Para completar a resposta à questão anterior, quais aspectos do conteúdo do protocolo familiar você destacaria?

Os principais aspectos do conteúdo do protocolo familiar são reunidos e revelados ao longo da formulação das 39 questões-chave. Desse modo, podemos citar, de forma geral, tal como vimos na unidade:

a) os valores a serem transmitidos;
b) o tipo de empresa familiar que se quer ser;
c) o que se pode esperar da empresa familiar;
d) o trabalho dentro da empresa familiar;
f) a propriedade da empresa;
g) os órgãos de governança.

6. Por meio de que tipo de acordos você regularizaria todos os pontos do protocolo familiar estabelecidos por Jack e seus colaboradores no texto? Por quê?

Consideramos que o melhor para assegurar o propósito objetivado por todos os interessados dessa empresa familiar, com a instituição do protocolo familiar, é fazer com que os acordos tenham um caráter legal. Por esse motivo, apostamos no estabelecimento de acordos com força ou eficácia sobre terceiros, procurando obter o cumprimento de todas as formalidades e requisitos específicos (inscrição no cartório correspondente, formulação de regimes de bens, testamento etc.).

LEITURA 3:

"A reunião", em *El protocolo familiar,* Cátedra da Empresa Familiar da Universidade de Sevilha, EEF-US-03.

Querida esposa, filhos, filhas e netos. Minha querida família. Chamei todos vocês aqui hoje, na presença dos meus advogados e colaboradores externos de confiança, porque não quero que, quando eu morrer, a empresa que tanto trabalho me custou para levantar acabe, que o seu patrimônio, por discórdias entre vocês, vá parar nas mãos de advogados e bancos, que meu legado seja consumido pelo fogo ou, o que é pior, fique no esquecimento. Igualmente, quero que tudo tenha o menor custo pessoal e fiscal possível, preservando, antes de tudo, a união tanto de nossa família como da empresa.

Portanto, decidi que já é a hora de estabelecer as regras do jogo. Vejo como os anos passam e como meus dias à frente da La Flor del Campo S.A. vão acabando. Recebi assessoria sobre o assunto e, depois de muito meditar sobre a questão, com a ajuda de amigos e advogados, decidi que o melhor é que, quando esse momento chegar, vocês possam contar com um regulamento elaborado para esse fim. Mais precisamente, estou falando de um acordo-padrão. Nesse documento, ficará claro quais serão o planejamento e a regularização das relações entre vocês: minha família, e o resultado de meus anos de trabalho árduo: a empresa, bem como entre seus sócios e os órgãos que devem servir para dirigir e orientar essas relações. Além disso, para que eu não tenha surpresas de última hora, também decidi incluir nesse acordo tudo o que for referente ao planejamento do meu substituto à frente de minha empresa. Sob esse aspecto, explico a vocês que, nesse acordo-padrão, são considerados os mínimos detalhes dessa transferência tanto de propriedade como de poder. Vendo, por um lado, a cara de espanto e de aborrecimento de alguns e percebendo o grande interesse e apoio de outros, informo-lhes também que esse documento já foi elaborado. Devo agradecer, nesse sentido, o apoio incondicional do meu grande amigo Ramiro. Como vocês sabem perfeitamente, ele é o acionista principal e responsável máximo da La Semilla Dorada S.A. e foi quem me passou o que tem sido implantado, há três gerações, na grande empresa da qual, ainda hoje, todos fazem parte.

Sempre dei o mesmo a todos vocês ou, pelo menos, tentei. Mas me parece que isso não foi suficiente para alguns, que constantemente criticam minhas decisões e posturas à frente da empresa, conspiram pelas minhas costas e, muito sutilmente, vão preparando com a família e o restante dos membros da empresa o meu afastamento imediato e a imediata entrada de vocês à frente da empresa. Meus filhos e minhas filhas, logo vocês verão que esse trabalho não é fácil. Foram anos de trabalho árduo, esforço e muitos sacrifícios. Espero, quando chegar o momento que estabeleci no acordo-padrão que hoje lhes apresento, que vocês, e não outra pessoa, passem a assumir essas responsabilidades e compreendam o que estou lhes dizendo. Espero que o tempo me dê razão e que coloque cada um de vocês no devido lugar. Já estou velho, cansado, quase sem forças, e não pretendo desperdiçar as poucas que tenho em algo que considero tão improdutivo, que é atender aos caprichos e birras de crianças mimadas de muitos de vocês por não "ter um brinquedo novo". Nesse caso, "o brinquedo", a empresa de nossa família, é muito valioso.

Chega de segredos, intrigas, conspirações. Concentrem forças para seguirem as regras que reúno no regulamento que agora lhes apresento, para que, no futuro, e seguindo essas linhas de ação, vocês possam preparar e, conseqüentemente, assumir esse importante papel à frente tanto da nossa empresa como da nossa família, hoje aqui completamente reunida. Com a elaboração desse instrumento, em nenhum momento pretendi prejudicá-los. Pelo contrário, tanto por meio desta reunião como pela entrega de uma cópia do acordo a todos, para que analisem, estudem e comentem seu conteúdo, procuro fazer com que vocês, destinatários principais, sejam bem-informados, sobretudo do tipo e nível de relações que devem ser mantidas entre todos, para que possam agir prontamente, quando chegar o momento. Nesse sentido, quero que considerem minha perseverança de que qualquer tipo de obstáculo seja superado e resolvido por meio do consenso, sempre que esteja em suas mãos. Além disso, levem em conta uma série de problemas previsíveis que, deduzo, possam afetar o funcionamento da empresa e inclusive a sua gestão à frente dela, somados às possíveis respectivas soluções. Lembrem-se de que "a união faz a força". Além dos outros valores e normas éticas, como lealdade, respeito, vontade, cumprimento do prometido, compromisso ou perseverança e esforço pessoal como únicas maneiras de se alcançarem as metas profissionais e empresarias, é nessa união que se fundamentam os pilares básicos e a força que vincula os acordos que, entre todos nós, ficam refletidos no novo regulamento que, em um futuro imediato, regerão suas regras de comportamento e os propósitos da nossa empresa familiar, geração após geração. Por nossa empresa estar constituída por uma grande família, sem dúvida esses acordos são "de cavalheiros". Para mim, já é suficiente a palavra de vocês, concretizada por uma assinatura, aceitando as novas regras do jogo. Não preciso elaborar mais "papelada" ou desenvolver qualquer outro tipo de instrumento legal, tal como me aconselham os advogados da empresa, para garantir seu desempenho. Fico tranqüilo só em pensar que a força que vincula esse acordo terá efeitos sobre cada um de nós, os signatários, e, na mesma medida, sobre terceiros.

Tendo chegado a este ponto da reunião, peço-lhes encarecidamente que permaneçam calados, principalmente os membros da família que, com suas contínuas interrupções, reclamações e reivindicações quanto ao futuro, ou melhor, por sua posição na La Flor del Campo S.A., obstruem continuamente tanto o andamento como o propósito desta reunião, estimulando se possível ainda mais a luta pelo poder e a divisão que ultimamente reina na família e no seio da empresa.

Feito esse breve e inevitável parêntese, voltando ao motivo da nossa presença aqui, continuarei meu discurso, avisando que tudo está estipulado perfeitamente e com clareza no acordo-padrão, cuja cópia, entregue no início da reunião, muitos de vocês já se encarregaram de analisar minuciosamente, como pude observar. Não quero que surjam surpresas de última hora. Simplesmente antecipo que vocês podem ficar tranqüilos, mais precisamente os familiares que tiveram "a delicadeza" de permanecer atentos e em silêncio, demonstrando um mínimo interesse no que estou tentando transmitir e que não puderam portanto, ver o conteúdo do instrumento de governança sobre o qual faz uma hora que estou tentando falar. Com a implantação desse acordo, a continuidade da La Flor del Campo S.A. fica completamente garantida. Não em vão: primeiro, o instrumento de governança será revisado todos os anos, a partir do momento da sua aceitação e assinatura. Segundo, tudo que envolva a empresa será decidido por consenso. Terceiro, os dividendos serão distribuídos de acordo com as contribuições de cada indivíduo, familiar ou não, desde que tenha cumprido a sua parte com relação aos pagamentos e compromissos derivados do funcionamento normal da empresa, e sempre que o lucro final, depois de descontar esses dividendos, não comprometa o seu bom andamento.

Senhores, volto a insistir: por favor, permaneçam calados e me permitam continuar o discurso. Como eu estava dizendo: quarto, os membros da família que desejem fazer parte da equipe diretiva terão de se submeter a um intenso processo de preparação prévia, o qual será acompanhado o tempo todo por um tutor, escolhido livremente por mim entre os membros da equipe da alta direção que tenham mais anos de casa e reconhecimento profissional. Quinto, nunca serão dados poderes e nem será permitido desempenhar funções na empresa familiar a nenhum membro que não tenha atitudes, conhecimentos, formação e experiência profissional que o posto a ser exercido requer. Sexto, todos os integrantes do quadro de funcionários da La Flor del Campo S.A. continuarão sendo remunerados de acordo com seus rendimentos. Sétimo...

Senhores, sinto muito, mas a situação insuportável em que esta reunião chegou me obriga, irremediável e infelizmente, a sair da pauta e passar para o último ponto: a assinatura do instrumento que lhes proponho. Peço aos que ainda estão presentes e que queiram proceder à assinatura, que o façam depois de mim.

Após várias horas do que poderíamos chamar de uma luta implacável, tenho a satisfação de concluir a reunião, mas não sem antes fazer constar nesta ata:

Em primeiro lugar, meu mais sincero agradecimento à minha esposa e a meus filhos mais novos pela confiança e apoio demonstrados com a sua aprovação do novo instrumento de governança que a partir de agora entrego em suas mãos para gerações futuras. Um instrumento que, volto a insistir, fará a La Flor del Campo S.A. perdurar por muitas gerações. E, em segundo lugar, também quero fazer constar nesta ata o meu grande descontentamento pelos episódios ocorridos durante esta assinatura, mais precisamente, o abandono da reunião por parte dos meus dois filhos mais velhos, junto com um grupo considerável desta família. Primogênitos, nos quais sempre acreditei ver como meus futuros sucessores e a quem, por isso, em certa ocasião, gratifiquei no momento oportuno, concendendo-lhes a maior parte do capital da empresa.

Boa noite, senhores. Muito obrigado pela presença.

Questões para discussão

1. O que Ricardo, o fundador da La Flor del Campo S.A., vai fazer para assegurar que suas expectativas com relação à empresa sejam atendidas? Justifique sua resposta, localizando no texto o trecho que se refere a essa linha de ação.

O fundador vai implantar um novo órgão de governança na empresa familiar: um protocolo familiar. Isso fica evidente no trecho em que se reproduz o seguinte:

"Decidi que já é a hora de estabelecer as regras do jogo. Vejo como os anos passam e como meus dias à frente da La Flor del Campo S.A. vão acabando. Não quero que, quando morrer, minha empresa passe para as mãos de banqueiros... Recebi assessoria sobre o assunto e, depois de muito meditar sobre a questão, com a ajuda de amigos e advogados, decidi que o melhor é que, quando esse momento chegar, vocês possam contar com um regulamento elaborado para esse fim. Mais precisamente, estou falando de um acordo-padrão. Nesse documento, ficará claro o planejamento e a regularização das relações entre vocês, minha família, e o resultado de meus anos de trabalho árduo, a empresa, bem como entre seus sócios e os órgãos que devem servir para dirigir e orientar essas relações. Além disso, para que eu não tenha surpresas de última hora, também decidi incluir nesse acordo tudo o que for referente ao planejamento do meu substituto à frente de minha empresa. Sob esse aspecto, explico a vocês que, nesse acordo-padrão, são considerados os mínimos detalhes dessa transferência, tanto de propriedade como de poder. Vendo, por um lado, a cara de espanto e de aborrecimento de alguns e percebendo, o grande interesse e apoio de outros, informo-lhes também que esse documento já foi elaborado. Devo agradecer, nesse sentido, o apoio incondicional do meu grande amigo Ramiro. Como vocês sabem, ele é o acionista principal e responsável máximo da La Semilla Dorada S.A. e foi quem me passou o que tem sido implantado, há três gerações, na grande empresa da qual, ainda hoje, todos fazem parte."

2. Que objetivo(s) ou finalidade(s) esse fundador tem ao implantar na empresa a medida comentada na pergunta anterior? Justifique sua resposta.

A finalidade principal de Ricardo, o fundador da La Flor del Campo S.A., ao instituir nessa empresa um protocolo familiar não é outra senão garantir sua continuidade. Tudo isso por meio do menor custo pessoal e fiscal possíveis e preservando, acima de tudo, a unidade empresarial. Com a implantação desse instrumento de governança, Ricardo pretende conseguir, por sua vez, resolver os conflitos específicos, derivados das relações entre a família, a propriedade e a empresa pela regularização tanto dessas relações familiares como das relações entre a família e os diretores alheios ao núcleo familiar. Para isso provavelmente apontará, prevendo-os, possíveis problemas para o correto funcionamento e sobrevivência da companhia e, assim, estabelecerá *a priori*, além de uma solução para eles, os procedimentos necessários para resolver, com o consenso geral, qualquer outro tipo de problema imprevisto. Finalmente, outro dos possíveis objetivos que o fundador da La Flor del Campo S.A. procura atingir, principalmente com relação a sua esposa, filhos e netos, não só com essa reunião, como também entregando a cada um deles uma cópia do protocolo familiar para que analisem, estudem e comentem seu conteúdo, é que eles estejam bem-informados e conheçam o tipo e o nível de relações que devem ser mantidas entre todos, quando chegar o fatídico momento de deixar sua empresa a cargo de seu sucessor. Tudo isso fica implícito no decorrer do discurso feito por Ricardo à família:

"Chamei todos vocês aqui hoje porque não quero que, quando eu morrer, a empresa que tanto trabalho me custou para levantar se acabe, que o seu patrimônio, por discórdias entre vocês, vá parar nas mãos de advogados e bancos, que meu legado seja consumido pelo fogo ou, o que é pior, fique no esquecimento. Igualmente, quero que tudo tenha o menor custo pessoal e fiscal possíveis, preservando, antes de tudo, a união tanto de nossa família como da empresa... Sempre dei o mesmo a todos vocês ou, pelo menos, tentei. Mas me parece que isso não foi suficiente para alguns, que constantemente criticam minhas decisões e posturas à frente da empresa, conspiram contra mim e, muito sutilmente, vão preparando com a família e o restante dos membros da empresa meu afastamento imediato e a imediata entrada de vocês à frente da empresa. Meus filhos e minhas filhas, logo vocês verão que esse trabalho não é fácil. Foram anos de trabalho árduo, esforço e muitos sacrifícios. Espero que, quando chegar o momento que estabeleci no acordo-padrão que hoje lhes apresento, vocês, e não outra pessoa, passem a assumir essas responsabilidades e compreendam o que eu digo. Espero que o tempo me dê razão e que coloque cada um de vocês no devido lugar. Já estou velho, cansado, quase sem forças, e não pretendo desperdiçar as poucas que tenho em algo que considero tão improdutivo, que é atender aos caprichos e birras

de crianças mimadas de muitos de vocês por não "ter um brinquedo novo". Nesse caso, "o brinquedo", a empresa de nossa família, é muito valioso.

Chega de segredos, intrigas e conspirações. Concentrem forças para seguirem as regras que reúno no regulamento que agora lhes apresento para que, no futuro, e seguindo essas linhas de ação, vocês possam preparar e, conseqüentemente, assumir esse importante papel à frente tanto da nossa empresa como da nossa família, hoje aqui completamente reunida. Com a elaboração deste instrumento, em nenhum momento pretendi prejudicá-los. Ao contrário, tanto com esta reunião como com a entrega de uma cópia do acordo a todos para que analisem, estudem e comentem seu conteúdo, procuro fazer com que vocês, destinatários principais, sejam bem-informados, sobretudo do tipo e do nível de relações que devem ser mantidas entre todos, para que possam agir prontamente, quando chegar o momento. Nesse sentido, quero que vocês considerem minha perseverança para que qualquer tipo de obstáculo seja superado e resolvido por meio do consenso, sempre que esteja em suas mãos. Além disso, levem em conta uma série de problemas previsíveis que, deduzo, podem afetar o funcionamento da companhia e inclusive a gestão de vocês à frente da empresa, somados às possíveis respectivas soluções. Lembrem-se de que "a união faz a força".

3. Em que tipo(s) de pacto(s) se fundamentará(ão) a força vinculadora das ações realizadas pelos membros dessa empresa familiar quanto ao conteúdo do regulamento estabelecido pelo patriarca?

Considerando sua força vinculadora, os acordos que normalmente o protocolo familiar contém são divididos em três categorias: acordos com força moral, acordos com força contratual simples e acordos com força ou eficácia perante terceiros. De todos, o primeiro (acordo com força moral ou "acordo de cavalheiros") é o que fica implícito dentro do protocolo familiar que Ricardo implantará em sua empresa (*"Porque nossa empresa é constituída por uma grande família, sem dúvida, esses acordos são 'de cavalheiros."*). Um acordo que – como insistiremos na próxima pergunta – não origina direitos e obrigações entre os signatários do protocolo familiar e normalmente inclui normas de conduta que a família acredita ser de necessária observância por parte de todos os membros, em qualquer ocupação diária, bem como outras normas relacionadas a ética, filosofia e valores que devem ser inculcadas aos membros das gerações seguintes (*"Além dos outros valores e normas éticas como lealdade, respeito, vontade, cumprimento, compromisso ou perseverança e esforço pessoal como únicas maneiras de se alcançarem as metas profissionais e empresarias, é nessa união que se fundamentam os pilares básicos e a força que vincula os acordos que, entre todos nós, ficam refletidos no novo regulamento que, em um futuro imediato, regerão suas regras de comportamento e os propósitos de nossa empresa familiar, geração após geração"*). A afirmação *"para mim já é suficiente a palavra de vocês, concretizada por uma assinatura, aceitando as novas regras do jogo. Não preciso elaborar mais "papelada" ou desenvolver qualquer outro tipo de instrumento legal, tal como me aconselham os advogados da empresa, para garantir seu desempenho"* exclui o acordo com força ou eficácia perante terceiros, que requer instrumentos complementares: regimes matrimoniais e estatutos sociais, bem como seu registro no cartório correspondente.

4. No desenvolvimento da sua nova missão à frente da entidade, o fundador parte de uma série de erros conceituais. Identifique-os e explique a incorreção de cada um.

Ao implantar o protocolo familiar em sua empresa, Ricardo parte de dois erros conceituais.

O primeiro é quanto ao próprio conteúdo desse instrumento de governança. O protocolo familiar não tem um conteúdo-padrão para qualquer empresa familiar, mas deve ser adaptado às circunstâncias, peculiaridades e problemáticas gerais, próprias de cada empresa. Nesse caso em questão vemos como ele implanta o que em momento oportuno foi projetado e hoje vem sendo aplicado por Ramírez, geração após geração, em sua empresa familiar: La Semilla de Oro. Deve-se ter em mente, baseando-se no que já foi comentado, que o documento ajusta-se a essa empresa familiar e que não nos é dito nada no texto sobre ter sido feito algum específico para a empresa de Ricardo. Por isso, é necessário todo um processo de planejamento, análise e, nesse caso, ajuste ou adaptação do protocolo às novas circunstâncias, e não implantá-lo na empresa pelo simples fato de que na outra corra tudo bem. O que origina o sucesso de alguns pode levar outros ao fracasso.

O segundo erro está na força vinculadora que Ricardo considera ter o acordo no qual se apóiam as ações colocadas em prática no seio da empresa familiar, com relação ao conteúdo do protocolo familiar: o acordo de cavalheiros ou pacto com força moral – que não tem nenhuma força vinculadora nem entre as partes que o estabelecem nem perante terceiros. Ao contrário do que pensa e demonstra Ricardo, os acordos não originam direitos nem obrigações entre os signatários desse protocolo, sendo que seu descumprimento – caso aconteça – só será objeto de reprovação por parte do restante dos membros da família. Além disso, quanto à escolha desse acordo, ressaltamos que escolher outro tipo de acordo que no futuro cubra essa força vinculadora simplesmente funciona como uma medida de prevenção contra futuros inconvenientes; e mais ainda, seu objetivo final é preservar a continuidade da empresa. No entanto, não é por isso – como o caso sugere – que acabamos com a unidade da empresa familiar. Tal união também não é favorecida pela implantação, como diz Ricardo, do acordo de cavalheiros só porque necessariamente todos fazem parte de uma grande família.

5. Que aspectos próprios do conteúdo de um acordo-padrão, como o apresentado no caso, ficam evidentes no acordo planejado e elaborado para ser implantado na Flor del Campo S.A.?

- As normas de revisão para que o protocolo esteja sempre em vigor. *"Os acordos firmados serão revisados anualmente".*
- Políticas de decisão e governança. *"Tudo que envolva a empresa será decidido por consenso".*
- Políticas de rendimentos. *"Os dividendos serão distribuídos de acordo com as contribuições de cada indivíduo, familiar ou não, desde que tenha cumprido a sua parte com os pagamentos e compromissos derivados do funcionamento normal da empresa e sempre que o lucro final, depois de descontar esses dividendos, não comprometa o seu bom andamento."*
- Políticas de empresa e políticas social e familiar. *"Os membros da família que desejarem fazer parte da equipe diretiva terão de se submeter a um intenso processo de preparação prévia. Um processo que será acompanhado o tempo todo por um tutor, escolhido livremente por mim entre os membros da equipe da alta direção que tenham mais anos de casa e reconhecimento profissional. Nunca serão dados poderes nem será permitido desempenhar funções na empresa familiar a nenhum membro que não tenha atitudes, conhecimentos,formação ou experiência profissional que o posto a ser exercido requer. Todos os integrantes do quadro de funcionários sempre serão remunerados de acordo com seu rendimento."*

6. Você acredita que terá sucesso a implantação da nova medida estabelecida pelo fundador da La Flor del Campo S.A.? Justifique sua resposta.

Em linhas gerais, duvidamos do sucesso da implantação desse instrumento de governança na Flor del Campo S.A., ou melhor, não acreditamos na continuidade da empresa familiar basicamente porque Ricardo, talvez por ser bastante influenciado pela "sobreposição empresa-família", não estabeleceu nem seguiu as regras "mais adequadas" para se realizar um planejamento e posterior implantação do instrumento de governança que garante tal continuidade: o protocolo familiar. Sustentamos nossa posição pelas seguintes razões:

1. Ele faz a reunião num momento não apropriado para se chegar a um acordo ou consenso, necessário para a constituição de um protocolo familiar. Na verdade, um momento de forte tensão na família, com graves discussões entre ela, tal como podemos notar pelas claras referências que ele faz durante seu discurso e no próprio decorrer da reunião. 2. O protocolo não é firmado com unanimidade e consenso geral para sua assinatura, mas uma imposição por parte do pai, com o apoio de um grupo da família (sua mulher e seus filhos mais novos). 3. Esses membros não têm a maioria do capital da empresa, que está em poder dos seus irmãos mais velhos. Assim, por mais "significativa" que seja a figura do pai como fundador da empresa, pode-se dizer que, quando chegar o momento, por não possuir a maioria absoluta, ele será menosprezado pelos majoritários. O mesmo ocorre com suas ações, nesse caso, com o protocolo familiar que pretende implantar no momento da sua sucessão. 4. Esse fundador não estabeleceu nenhum tipo de garantia formal para assegurar o compromisso dos poucos signatários com o cumprimento do documento. Um acordo de cavalheiros exime de qualquer direito ou obrigação, entre partes e perante terceiros. Caso ocorra descumprimento, apenas pode ocasionar uma reprovação por parte da família. Mas, frente à situação em que se encontra, acreditamos, na verdade, que a posição da família, diante do descumprimento do estipulado no protocolo familiar pelos únicos signatários, será totalmente oposta.

Em suma, considerando o que foi estabelecido na unidade, concluímos que esse protocolo não tem muitas possibilidades de cumprir sua missão: garantir a continuidade da empresa. Acreditamos que ele perdure no máximo por uma geração, enquanto durarem as discussões, pois o documento é estabelecido em um momento que não julgamos propício, principalmente por considerar que o protocolo deve advir de um consenso entre os membros da família e que ele não é considerado justo porque os familiares estão num momento de discórdia entre eles. Além disso, por estar fundamentado em uma falta de unanimidade e, o que é pior, apoiado por membros que não têm a maioria do capital social – que está nas mãos dos filhos mais velhos, os quais saíram da sala sem assinar –, esse protocolo tem pouco ou nenhum valor, visto que os signatários não detêm o controle da empresa. A isso se soma também a debilidade dos acordos nos quais se sustenta o acordo alcançado pelos signatários do protocolo familiar (acordo de cavalheiros), sem responsabilidade entre as partes nem perante terceiros. Sendo assim, esses membros sempre podem mudar “de posição”, “de lado”.

REFERÊNCIAS

AMAT, J. *La continuidad de la empresa familiar*. Barcelona: Gestión, 2000.

BUCHHOLZ, B. et al. *Respuestas a la empresa familiar.* Bilbao: Deusto, 2000.

FERNÁNDEZ GIMENO. *Problemas de la transmisión de la Empresa Familiar*. Universidade de Valência, Tirant lo Blanch, 1999.

GALLO, M. A. *Empresa familiar:* textos y casos. Barcelona: Praxis, 1995.

HERREROS, J.; CALAF, X. e ROVIRA, A. Manual de la empresa familiar. *Cinco Días*, Madri, 2001.

LE VAN, G. *Guía para la supervivencia de la empresa familiar*. Bilbao: Deusto, 1999.

SÁNCHEZ-CRESPO CASANOVA, A. J. e CALERO ARTERO, J. K. *La empresa familiar: guía práctica de organización y funcionamiento*. Granada: Comares, 2001.

REFERÊNCIAS

Crescimento e evolução da empresa familiar

APRESENTAÇÃO

A empresa familiar, como qualquer outra empresa, é um sistema dinâmico, no qual seus integrantes vivenciam mudanças de três diferentes níveis temporais: 1. mudanças na estrutura, ou seja, nas características mais estáveis do sistema; 2. mudanças evolutivas, ou seja, em características variáveis a longo prazo, mas estáveis a curto prazo; 3. mudanças de funcionamento, ou seja, nas dimensões que são constantemente alteradas. No caso das empresas familiares, essa vertente dinâmica é especialmente importante. Na verdade, as principais especificidades desse tipo de empresa e – o que é crucial – seus principais problemas provêm do modo como os processos de mudanças acontecem.

Nos capítulos anteriores, a mudança foi abordada de maneira implícita: subentendida nos raciocínios, oculta nos argumentos, nas entrelinhas. O objetivo deste capítulo não é outro senão estudar, direta e exclusivamente, a evolução da empresa familiar. Essa análise pretende fazer o aluno entender que a empresa familiar é, em si mesma, algo em contínua evolução e que a compreensão dos ritmos de mudança, dos seus tempos e das suas especificidades, constitui uma capacidade fundamental para assegurar sua continuidade.

O capítulo faz uma revisão das principais contribuições teóricas ao estudo das mudanças nas empresas familiares. Assim, depois da usual seção de introdução, é analisada uma série de modelos clássicos, todos muito simples, cujo único propósito é mostrar os precursores dos modelos mais recentes e desenvolvidos: o de McGivern, o de Hershon e o de Ward.

Em seguida, o capítulo dedica-se a expor, com mais profundidade, dois modelos complexos e muito mais interessantes. O primeiro deles é o proposto por Gersick et al. (1997), que supõe uma modificação do modelo clássico dos três círculos, no qual é incluída a perspectiva dinâmica. O segundo, e mais recente, é o sugerido por Gallo e Amat (2003): modelo de natureza incerta, no qual coexistem dimensões familiares e empresariais.

Capítulo 6

6.1. A EMPRESA FAMILIAR E O TEMPO: INTRODUÇÃO

Qualquer análise da empresa familiar não pode deixar de considerar a influência que o fator temporal exerce sobre ela. Como qualquer sistema, deve-se analisá-la em sua dimensão dinâmica, em oposição à perspectiva estática predominante nos capítulos anteriores. Além disso, a influência do tempo na empresa familiar é mais complexa que em outros tipos de empresas, pois – como veremos mais adiante – podem ocorrer processos de evolução não compassados entre umas e outras esferas do sistema que configura a empresa familiar.

Neste capítulo, abordaremos a análise dinâmica da empresa familiar e, para ser mais exato, no estudo da sua evolução, em oposição a outros aspectos da análise dos sistemas dinâmicos, como a estrutura e o funcionamento. A evolução de um sistema diz respeito às mudanças que ocorrem nas características alteráveis, mas que são pouco variáveis.

Em vista disso, iniciaremos relembrando que as empresas familiares são, primeiramente, empresas. Nesse sentido, pode-se encontrar na literatura uma ampla variedade de modelos evolutivos das empresas que se baseiam em modelos de ciclo de vida. A característica comum desses modelos é que todos elucidam que as empresas passam por uma série de etapas, mais ou menos fixas, que percorrem desde sua criação até um estágio em que podem ser consideradas grandes empresas, consolidadas no mercado. Na segunda seção deste capítulo, sintetizam-se os principais modelos dessa corrente.

Em seguida, passaremos para as especificidades da evolução da empresa familiar, sobre as quais vários autores também sugeriram inúmeros modelos de ciclo de vida. Não obstante, podemos diferenciá-los entre *modelos iniciais*, baseados nos modelos clássicos por etapas de crescimento empresarial, e modelos baseados em um conjunto mais complexo de dimensões particulares das empresas familiares, aos quais denominamos *modelos*

Figura 6.1 Modelos de ciclo de vida da empresa familiar

- **Modelos de ciclo de vida da empresa familiar**
  - **Modelos iniciais**
    - *Modelo de McGivern*
    - *Modelo de Hershon*
    - *Modelo de Ward*
  - **Modelos desenvolvidos**
    - *Modelo de Gersick et al.*
    - *Modelo de Gallo e Amat*

desenvolvidos (Figura 6.1). Dessa segunda categoria, selecionamos duas propostas: a de Gersick et al. (1997), de ampla difusão e influência, e a de Gallo e Amat (2003), bastante atuais.

6.2. MODELOS POR ETAPAS DO CRESCIMENTO EMPRESARIAL

Como foi dito, antes de passar para os modelos sobre as empresas familiares especificamente desenvolvidos, exporemos alguns modelos sobre o crescimento da empresa, visto que os primeiros não passam de extensões dos segundos, nos quais é considerada a idiossincrasia particular do tipo de empresa que estamos analisando.

Ao longo das décadas de 1960 e 1970, vários autores propuseram modelos em que o crescimento da empresa era considerado um processo seqüencial, composto por diversas fases, no qual as empresas, principalmente de pequeno e médio porte, vão evoluindo em uma série de fases ou etapas mais ou menos fixas. Desse modo, são muitos os trabalhos que se baseiam nessa premissa, diferenciando-se uns dos outros pelo número e características das etapas consideradas.

É o caso do estudo de McGuire (1963) que, com base em um trabalho anterior de Rostow (1960) – citado por Churchill e Lewis (1983) –, propõe um modelo de cinco etapas:

1. Empresa tradicional de pequeno porte.
2. O planejamento do crescimento.
3. O progresso ou saída da situação anterior.
4. A direção rumo à profissionalização.
5. A produção direcionada para o mercado de massa.

Um ano depois, Christensen e Scott (1964) estabelecem um modelo composto por apenas três fases:

1. A gestão de uma única unidade, sem a existência de uma significativa especialização organizacional.
2. A gestão de uma única unidade, com especialização por áreas (marketing, produção, finanças etc.).
3. A gestão de múltiplas unidades, com separação de divisões.

Por sua vez, Steinmetz (1969) identifica quatro etapas, voltadas para a explicação do processo de crescimento da empresa, necessário para garantir sua sobrevivência. Segundo o autor, as quatro fases são as seguintes:

1. Supervisão direta: o proprietário deve se transformar em diretor, aprendendo a delegar.
2. Supervisão monitorada: o proprietário deve enfrentar o crescimento, aprendendo a organizar.
3. O controle indireto: o proprietário deve delegar a seus diretores mais importantes e assumir as possíveis diminuições dos índices de lucratividade.
4. A organização divisional: a empresa conta com uma estrutura que a define como uma organização completa.

Entretanto, o modelo por etapas de maior influência na literatura sobre o crescimento das empresas familiares é o publicado em 1983 por Churchill e Lewis. Esses autores propõem um modelo composto por cinco fases diferentes (Figura 6.2). Para identificá-las, eles se utilizam da própria experiência, dos trabalhos já realizados e de um trabalho de investigação empírico.

Cada etapa distingue-se por um nível diferente quanto às seguintes dimensões: o porte, a diversidade e a complexidade da organização. Do mesmo modo, cada etapa é definida por um conjunto de fatores organizacionais como: 1. Os estilos de direção; 2. A estrutura organizacional; 3. Os sistemas formais; 4. Os principais objetivos estratégicos; 5. O envolvimento do proprietário com o negócio. Vejamos uma síntese das características de cada uma das etapas:

1ª Etapa: Existência

Nessa etapa, o principal problema do negócio consiste em conquistar clientes. Nesses momentos iniciais, a organização é muito simples: o proprietário geralmente executa a maioria das tarefas e supervisiona diretamente os

Figura 6.2 Etapas do crescimento da empresa (Churchill e Lewis, 1983)

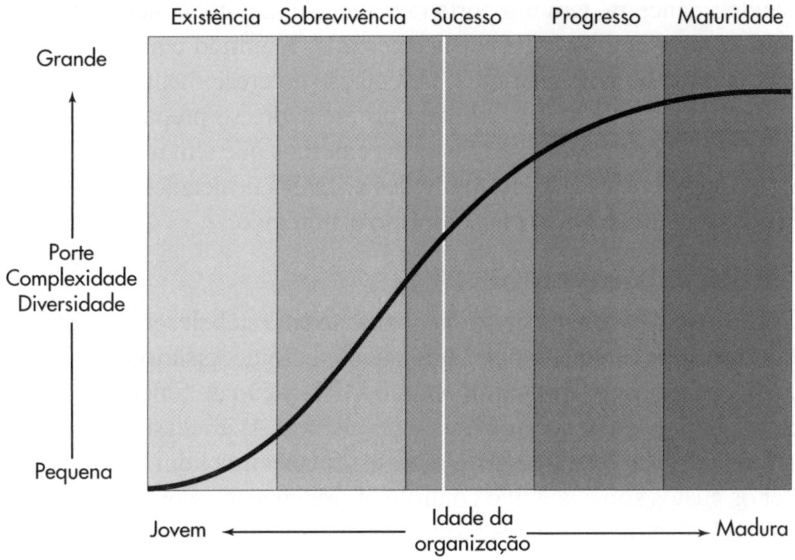

Fonte: Churchill e Lewis, 1983.

funcionários. Praticamente não existem sistemas formais nem planejamento. O objetivo estratégico é sobreviver. Uma grande porcentagem de empresas não supera essa fase inicial por conta da incapacidade de atrair clientes para viabilizar o projeto.

2ª Etapa: Sobrevivência

Uma vez demonstrado que o projeto vale a pena, o principal problema passa a ser conseguir que as receitas excedam as despesas de forma duradoura. A organização da empresa continua sendo muito simples, com o mínimo de sistemas formais. O planejamento limita-se à elaboração de um estado de previsão da tesouraria. A sobrevivência ainda é o principal objetivo e o proprietário mantém um nível bastante elevado de envolvimento pessoal com a empresa. Nessa fase, a empresa deve crescer para passar para a próxima etapa.

3ª Etapa: Sucesso

Nessa terceira etapa, a empresa já adquiriu importância suficiente para se sustentar no longo prazo e, por isso, o proprietário deve decidir se deseja investir no seu futuro crescimento ou manter o nível atual, obtendo a estabilidade da receita da empresa a longo prazo.

Essas duas opções pressupõem duas possíveis condutas nessa terceira fase: 1. Orientação à estabilidade, própria de uma empresa que usufrui de boa saúde financeira, tem um porte razoável e é lucrativa. Nessa alternativa, o proprietário procura se manter no mercado, reagindo contra as possíveis mudanças do meio empresarial. 2. Orientação ao crescimento: momento em que a empresa, tendo se consolidado no mercado, se prepara para crescer. Além de serem contratados profissionais externos que têm uma visão da empresa no longo prazo, são desenvolvidos sistemas projetados para as futuras necessidades e um extenso planejamento estratégico.

4ª Etapa: Progresso

O principal problema nessa fase consiste em estabelecer os mecanismos para crescer rapidamente e obter o financiamento necessário para esse crescimento. Nessa fase, é muito importante a delegação de funções e responsabilidades, bem como o controle dos rendimentos. Além disso, o crescimento requer uma grande quantidade de recursos financeiros líquidos, obrigando a manter os custos sob exaustivo controle. A organização é bastante descentralizada (inclusive dividida). Os sistemas são cada vez mais precisos e ocorre razoável separação entre proprietário e empresa.

5ª Etapa: Maturidade de recursos

Os principais desafios nessa última etapa são a consolidação e o controle financeiro da empresa, além da preservação da sua vantagem competitiva no longo prazo. Nesse momento, a gestão está muito descentralizada e existe uma nítida separação entre a empresa e a propriedade. Quando a empresa atinge uma sólida posição no mercado, é fundamental que mantenha o espírito empreendedor, pois, caso contrário, pode ter de passar para uma sexta etapa, que pressupõe sua decadência paulatina, derivada da falta de inovação e da total recusa à tomada de decisões que impliquem algum risco.

Segundo Churchill e Lewis (1993), o sucesso ou o fracasso do desenvolvimento do processo de crescimento da empresa depende de oito fatores, sendo quatro relacionados à empresa e quatro ao proprietário. Os fatores relacionados à empresa são:

- Recursos financeiros e capacidade de endividamento da empresa.
- Recursos humanos, relacionados à quantidade e qualidade do pessoal, principalmente dos níveis de diretoria.
- Recursos de sistemas, relacionados ao grau de sofisticação dos sistemas de informação, planejamento e controle.

- Recursos do negócio, nos quais são incluídas as relações com os clientes e fornecedores, a tecnologia, a reputação etc.

Somados a esses estão os fatores mais relacionados ao proprietário da empresa:

- Objetivos pessoais e empresariais do proprietário.
- Habilidades do proprietário em executar as funções fundamentais como o marketing, a inovação, a produção ou a distribuição.
- Capacidade e predisposição do proprietário para delegar responsabilidades e administrar as atividades dos demais.
- Habilidades estratégicas do proprietário – que vão além das operações de curto prazo – voltadas para o aproveitamento das forças da empresa, considerando as próprias fraquezas.

Mueller (1972) propõe a existência de uma evolução do porte da empresa em forma de S e, assim, sugere que as empresas passam, em sua fase inicial, por um período de formação, seguido por um período de intenso crescimento derivado da existência de uma clara vantagem competitiva da nova empresa. No entanto, esse crescimento é deteriorado com o tempo, como conseqüência das atividades das empresas concorrentes.

6.3. MODELOS INICIAIS DO CICLO DE VIDA DA EMPRESA FAMILIAR

Na introdução do capítulo fizemos uma classificação de alguns dos modelos existentes sobre o ciclo de vida das empresas familiares. Nesta seção, porém, o objetivo é expor alguns dos primeiros modelos propostos. Na verdade, a maioria dos modelos foi amplamente superada por outros, mais recentes. No entanto, consideramos importante ter ao menos uma noção desses modelos, uma vez que eles constituem a base sobre a qual os mais recentes e muito mais completos se apóiam. São três as propostas das quais vamos tratar (citar na Figura 6.1).

6.3.1. O modelo de McGivern

O modelo de McGivern (1989) é um dos primeiros modelos evolutivos da empresa familiar e no qual o elemento fundamental é a adaptação de determinadas funções de direção e o ciclo vital da organização. Assim, como se

Figura 6.3 **Modelo de ciclo de vida da empresa familiar de McGivern (1989)**

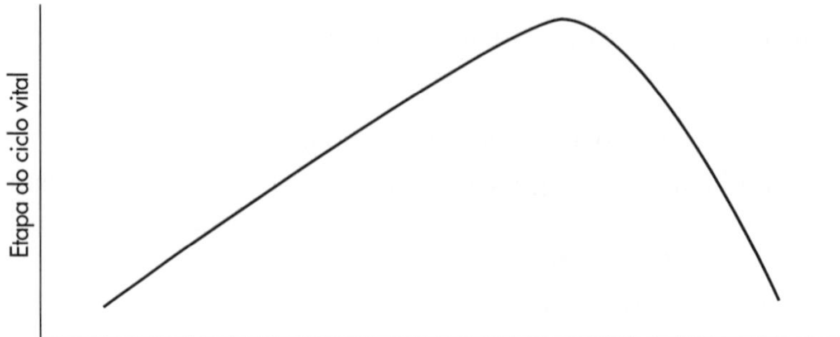

Iniciação	Desenvolvimento	Crescimento	Maturidade	Decadência
Criador	Planejador	Empreendedor	Administrador	Sucessor
Inventor	Organizador	Executor		Reorganizador

Fonte: McGivern (1989).

observa na Figura 6.3, McGivern diferencia cinco fases da evolução da empresa (iniciação, desenvolvimento, crescimento, maturidade e decadência) e, para cada uma delas, recomenda que o responsável máximo seja dotado de diversas capacidades.

Esse modelo procura orientar a seleção do novo sucessor na empresa familiar. Assim, em função do estágio do ciclo de vida em que a empresa se encontra, o sucessor deve desenvolver umas e outras funções e, conseqüentemente, alguns possíveis sucessores serão mais adequados que outros, segundo suas habilidades pessoais.

6.3.2. O modelo de Hershon

Outro modelo precursor é o proposto por Hershon (citado por Neubauer e Lank, 1999, p. 68-89). Esse modelo é representado em um gráfico de duas dimensões. No eixo horizontal situa-se a sucessão na diretoria, enquanto no eixo vertical encontra-se o grau de desenvolvimento da organização. Assim, a Figura 6.4 ilustra o desenvolvimento de uma empresa ao longo de três gerações sucessivas.

O modelo de Gershon considera também que, como no modelo anterior, existem modelos de gestão melhores e piores, segundo a etapa que a empresa familiar atravessa. Trata-se, nesse caso, de um modelo baseado no enfoque contingente, no qual se recomenda o desenvolvimento de um processo de adaptação entre o tipo de organização e o grau de geração da empresa.

Figura 6.4 **Modelo de desenvolvimento adequado de uma empresa familiar segundo Hershon (citado por Neubauer e Lank, 1999)**

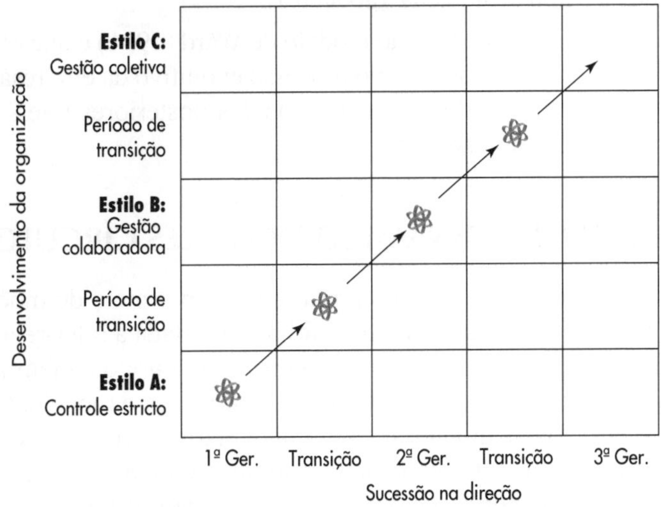

Fonte: Neubauer e Lank, 1999, p. 68.

6.3.3. O modelo de Ward

Finalmente, o professor John Ward (1991), um dos principais gurus do mundo da empresa familiar, afirma a existência de diferentes forças que atuam sobre a evolução da empresa familiar ao longo do tempo. Entre essas forças destacam-se:

- A natureza do negócio (setor de atividade, estrutura competitiva, idade da empresa etc.).
- A natureza da organização (porte, complexidade, modelo organizacional etc.).
- A motivação do proprietário diretor.
- As expectativas econômicas e os objetivos da família.

Com base nesses aspectos, Ward (1991) propõe um modelo de ciclo de vida da empresa familiar de três etapas:

I: etapa inicial.

II: etapa intermediária.

III: etapa avançada.

Cada uma dessas três etapas apresenta diferentes características e necessidades. Nesse sentido, sobressaem-se diferenças existentes nas preocupações da diretoria, bem como da propriedade. Uma síntese das características de cada uma delas é apresentada na Tabela 6.1.

O principal ponto positivo do modelo de Ward (1991) é que ele proporciona uma visão pluridimensional do processo evolutivo da empresa familiar. Essa característica serviu de base para modelos posteriores (Gersick et al., 1997), como veremos em seguida.

6.4. O MODELO DINÂMICO DOS TRÊS CÍRCULOS

No Capítulo 3 sistematizamos a empresa familiar por meio do modelo clássico dos três círculos, por meio do qual foi representada a inter-relação entre três diferentes espaços desses tipos de empresas: o âmbito da família, o âmbito da empresa e o âmbito da propriedade. A partir desse modelo, Gersick et al. (1997) se utilizam da dimensão temporal para transformar a visão estática que tinham em um modelo de natureza claramente dinâmica. Sendo assim, o modelo de ciclo de vida de Gersick et al. (1997) também pode ser descrito como o modelo dos três círculos.

Tabela 6.1 Características da evolução da empresa familiar (Ward, 1991)

Preocupações dos proprietários	Preocupações da diretoria
Etapa I: Fundador	***Etapa I: Espírito empreendedor***
Transição da liderança	Sobrevivência
Sucessão	Crescimento
Garantia ao cônjuge	
Planejamento patrimonial	
Etapa II: Associação de irmãos	***Etapa II: Profissionalização***
Manter a harmonia e o espírito de equipe	Adoção de sistemas profissionais de gestão
Preservar a propriedade familiar	Estratégias de revitalização
Sucessão	
Etapa III: Consórcio de primos	***Etapa III: Sociedade de participação***
Distribuição do capital social	Atribuição de recursos
Liqüidez das ações/cotas	Supervisão da carteira de investimentos
Tradição e cultura familiares	Cultura da empresa
Participação e funções da família	Sucessão e liderança
Visão e missão da família	Rendimento dos investimentos
Vínculo da família com a empresa	Estratégias para o futuro
	Relações com os acionistas

Fonte: Ward, 1991.

Figura 6.5 **Modelo tridimensional da evolução da empresa familiar (Gersick et al., 1997)**

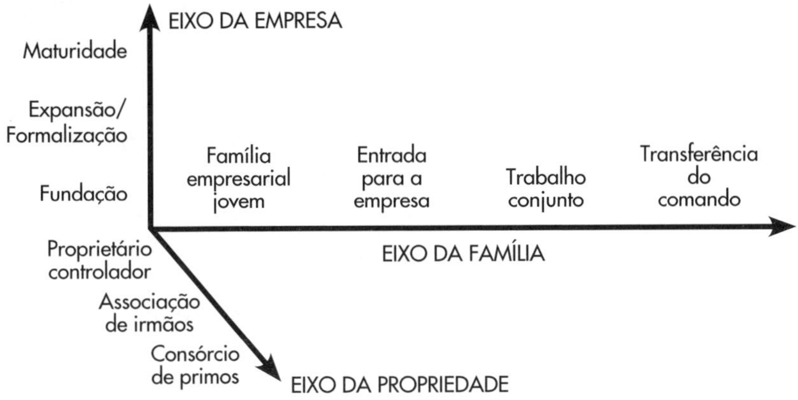

Fonte: Gersick et al., 1997.

Na Figura 6.5 esquematizamos esse modelo. Como pode ser observado, trata-se de um modelo tridimensional, no qual cada um dos três eixos procura fazer um apanhado da evolução dos três círculos, mencionado anteriormente. Cada um deles passa por uma série de etapas diferentes. Desse modo, o eixo da propriedade divide-se em três fases: 1. Proprietário controlador; 2. Associação de irmãos; 3. Consórcio de primos. O eixo da família, por sua vez, é composto por quatro etapas: 1. A família empresária jovem; 2. A entrada para a empresa; 3. O trabalho conjunto; 4. A transferência do poder. Por último, o eixo correspondente à empresa é dividido em três fases: 1. O momento da fundação; 2. O processo de expansão e formalização; 3. A maturidade. Vejamos todas essas fases com maior profundidade.

6.4.1. A evolução da propriedade

6.4.1.1. Etapa do proprietário controlador

A característica dessa fase é que o dono da empresa controla praticamente a totalidade do negócio. Na maioria das vezes trata-se de empresas que podem ser classificadas como empreendedoras, que nem sempre precisam ser de pequeno porte e nas quais podem trabalhar outros familiares do proprietário, com parentesco por afinidade. Seu conselho de administração – quando existe – não passa de uma formalidade, na verdade, sem poder nem significado.

Um dos seus principais desafios consiste em tornar a empresa capaz de crescer sem a necessidade de incluir novos proprietários ou sócios capitalistas. A capitalização constitui uma preocupação comum desse tipo de empresa que, desse modo, deve manter um equilíbrio entre o amplo poder que o proprietário principal exerce e a necessidade de que outros familiares e administradores participem do funcionamento da empresa. Depender excessivamente das habilidades do dono pode ser perigoso a longo prazo. Finalmente, um terceiro desafio dessas empresas baseia-se em planejar qual será a estrutura de propriedade da próxima geração.

6.4.1.2. Etapa da associação de irmãos

Essa etapa ocorre em empresas que já passaram por pelo menos uma substituição de geração, estando geralmente na segunda geração. O controle da propriedade recai sobre dois ou mais irmãos, embora possam existir outros acionistas/sócios, familiares ou não. O principal problema desse tipo de empresa está relacionado ao estabelecimento de um processo adequado, que permita compartilhar o controle entre os irmãos sem causar situações de conflito. É fundamental definir e delimitar corretamente qual o papel que os proprietários não-funcionários devem exercer na empresa.

Geralmente, nessa fase costuma ocorrer uma discussão sobre a vantagem do reinvestimento dos lucros em oposição à distribuição dos dividendos. Enquanto os proprietários envolvidos com a gestão da empresa costumam entender as vantagens do autofinanciamento por meio da dotação destinada a reservas, os que não participam ativamente na empresa podem se interessar mais pela liquidez do lucro e, por isso, defendem maiores proporções de distribuição de dividendos por ano. Finalmente, as empresas nessa fase têm de equilibrar as pressões procedentes dos diversos ramos da família (parentes afins, filhos dos irmãos proprietários), embora ainda sejam incipientes.

6.4.1.3. Etapa do consórcio de primos

São empresas que já se encontram em um estado bastante desenvolvido, na terceira geração ou, inclusive, além dela. O grupo de acionistas familiar é bastante fragmentado e os vínculos entre esses familiares são cada vez mais indiretos. O tempo de existência da empresa é, portanto, bastante elevado e isso geralmente pressupõe que foi desenvolvida uma cultura sólida ao longo dos anos.

Entre os principais desafios dessas empresas podemos destacar a necessidade de que sejam estruturados mecanismos suficientemente sofisticados para enfrentar um sistema social bastante complexo (relações entre família, empresa, acionistas/sócios, diretores etc.). Em segundo lugar, é necessário que a empresa conte com um sistema que permita que as operações de compra e venda de ações sejam executadas com normalidade pelos acionistas familiares e, para que isso seja possível, é preciso aplicar mecanismos consensuais de avaliação das ações da empresa familiar.

6.4.2. A evolução da família

6.4.2.1. Etapa da família jovem de negócios

Nessa primeira etapa, a unidade familiar compõe-se geralmente por um casal jovem (de aproximadamente 40 anos, cada um) e seus filhos (normalmente menores). É muito difícil a possibilidade de conciliar esse tipo de estrutura com o avanço do negócio, sobretudo por conta das dificuldades que existem em compatibilizar as tarefas profissionais e as domésticas.

Nessa fase, são tomadas decisões de grande importância para os membros da família, como, por exemplo, em relação à formação profissional dos dois cônjuges. Da mesma forma, deve-se estabelecer quais serão as relações da unidade familiar com a "família estendida", principalmente no que tange ao longo prazo, e quais princípios básicos orientarão a educação, a formação e a cultura dos filhos.

6.4.2.2. Etapa da entrada para o negócio

Nessa etapa os pais já têm um pouco mais de idade (entre 35 e 55 anos) e os filhos são adolescentes ou jovens adultos (normalmente até 20 anos). O principal problema reside na própria questão da transição dos filhos à maturidade, pois, nesse período, os filhos têm tendência a se auto-afirmar, causando conflitos com seus pais, que nem sempre compreendem suas atitudes.

Da mesma forma, nessa fase, o casal adulto também costuma passar por um processo de transformação, ou seja, a unidade familiar, como um todo, transforma-se. Uma das decisões mais importantes desse período relaciona-se à orientação profissional dos filhos: se a segunda geração será integrada ou não à empresa, o que e onde os filhos devem estudar etc.

6.4.2.3. Etapa da família que trabalha de forma conjunta

Nesse caso, trata-se de empresas cujas duas gerações (pais e filhos) trabalham em conjunto, embora desempenhando diferentes papéis. Agora, a geração dos pais encontra-se em sua etapa de maturidade (entre 50 e 65 anos) e os filhos em seus primeiros anos de carreira profissional (entre 20 e 35 anos). Entre os desafios mais importantes dessa fase destaca-se a capacidade de pais e filhos trabalharem em conjunto.

Questões como a comunicação, o respeito mútuo e a diferenciação de papéis nem sempre são simples quando existe a interposição de vínculos familiares. Em vista disso, a família deve determinar procedimentos de resolução de conflitos. Finalmente, ambas as gerações devem planejar o modo como deve ser realizado o processo de transmissão da empresa a futuras gerações, estabelecendo, assim, sistemas consensuais entre todos.

6.4.2.4. Etapa da transferência do comando

Atinge-se essa etapa quando a primeira geração consente, por vontade própria ou levada pelas circunstâncias, a ceder o comando à segunda geração. Nessa fase, a idade da primeira geração normalmente é superior a 65 anos, estando os filhos em uma idade plenamente madura (entre 35 e 50 anos).

Desvincular a primeira geração da posição de liderança é um verdadeiro *handicap* para o sucessor e, por conseguinte, para a própria empresa. Os sistemas de relações mudam (com trabalhadores, diretores, restante dos proprietários etc.), podendo acarretar um processo de reorientação estratégica da empresa ou de desmembramento da sua cultura tradicional.

Ao dar esse passo, deve-se considerar a necessidade de encontrar um novo papel para a primeira geração, de acordo com suas vontades e habilidades. Sendo assim, esses membros podem ocupar cargos honorários, não executivos, desempenhar um papel simbólico na cultura da empresa, transformar-se em um modelo de referência, servir de conselheiro do novo líder etc.

6.4.3. A evolução da empresa

6.4.3.1. Etapa da fundação

Nessa fase inicial, a empresa é, na verdade, um negócio, o resultado do trabalho de empreendimento de um empresário inovador e proativo. Como foi esclarecido no segundo tópico desta unidade, esse tipo de empresa normalmente está voltada para o crescimento e, assim, visa consolidar sua posição e livrar-se da fragilidade dos primeiros anos. Sua estrutura costuma ser bastante informal e geralmente caracteriza-se por ser de um único produto e mercado. São dois os desafios fundamentais desses primeiros anos de vida da empresa:

a sobrevivência e a formalização racional do projeto do fundador, que inicialmente costuma ser mal estruturado.

6.4.3.2. Etapa da expansão e da formalização

Essa fase corresponde ao final da etapa de crescimento e ao início da etapa de maturidade do ciclo de vida da empresa. Aquela empresa empreendedora, informal, orientada para o crescimento e para o mercado, geralmente tende, aos poucos, a racionalizar seu modelo, estruturar seus processos e criar rotinas de trabalho. Enquanto na fase anterior a empresa estava voltada para os índices de eficiência, nesta fase começa a ser conferida uma real importância a outras questões, como o desenvolvimento de processos de diversificação e expansão de mercados.

Entre os desafios mais importantes desse período podemos salientar dois. O primeiro e mais importante é a profissionalização, sobre a qual já se falou em vários capítulos anteriores e pressupõe o estabelecimento de estruturas de gestão e de sistemas, além de procedimentos formalizados. O segundo refere-se à necessidade de propor, também de modo formal, quais serão os fundamentos estratégicos que orientarão o futuro da empresa.

6.4.3.3. Etapa da maturidade

Nessa última fase tem-se uma empresa que é uma organização complexa e estável, apresentando uma base sólida de mercado e na qual os índices de crescimento normalmente são reduzidos – se não forem ligeiramente decrescentes. Estamos diante de empresas formalizadas, estruturadas, divisadas e, muitas vezes, bastante burocratizadas. O principal desafio que enfrentam consiste na necessidade de revitalizarem-se por meio de processos de renovações estratégicas, capazes de relançá-las no mercado e potencializar novas áreas de crescimento. Aspectos como o compromisso da diretoria e dos proprietários e a necessidade de reinvestimento são fundamentais nesse período.

6.4.4. A sincronização dos três processos evolutivos

Cada um dos três ciclos expostos apresenta, por si só, características e desafios que são marcantes e diferenciados (Tabela 6.1). No entanto, é realmente importante que todos sejam considerados simultaneamente. Muitos consultores declaram que as possibilidades de desaparecimento de uma empresa familiar multiplicam-se quando ela tem de enfrentar, em curto espaço de tempo, os três tipos de renovações analisados: a transferência da propriedade de uma geração para outra, a mudança da liderança na família e a sua renovação estratégica.

Essa é a principal razão que justifica a necessidade de antecipar todos esses processos de mudanças por meio de um adequado processo de planejamento. Nesse sentido, Carlock e Ward (2003) defendem as vantagens de se estabelecer um processo completo de planejamento estratégico nas empresas familiares que permita criar um consenso sobre as metas empresariais e familiares entre os principais interessados (Carlock e Ward, 2003, p. 34). Esse processo de planejamento permitirá que sejam tomadas medidas adequadas para evitar a simultaneidade previsível de todos esses processos.

6.5. O DESENVOLVIMENTO DA EMPRESA FAMILIAR: DO NEGÓCIO FAMILIAR À GRANDE EMPRESA FAMILIAR

O último modelo que vamos descrever foi proposto recentemente por dois dos principais autores espanhóis que estudam as empresas familiares, os professores Miguel Ángel Gallo e Joan Amat (2003). Esse modelo é apresentado sob a clássica combinação de duas dimensões de forma matricial, que são as seguintes (Figura 6.6):

No eixo horizontal é representado o tipo de empresa familiar, com base na classificação de empresas familiares proposta por Gallo (1995), e que diferencia três tipos de empresas: de trabalho familiar, de administração familiar e de governança familiar (Capítulo 1, Seção 1.3). Os autores relacionam cada um desses três tipos com três modelos de estrutura da empresa: estrutura funcional, estrutura divisional e *holding*, respectivamente. Além disso, o modelo liga cada um desses três níveis a três fases de desenvolvimento do negócio: o negócio único, a existência de vários negócios relacionados e, por último, a carteira diversificada de negócios.

No eixo vertical são diferenciados três níveis de evolução da família: a nuclear básica, a nuclear ampliada e a composta por várias gerações. Ao mesmo tempo, esses três modelos de família relacionam-se, em três níveis, com as fases de evolução da propriedade familiar, de acordo com a geração: a propriedade única, a equipe de irmãos e o consórcio de primos.

Figura 6.6 Estrutura do modelo evolutivo da empresa familiar (Gallo e Amat, 2003)

Tipo de família	Tipo de propriedade	Tipo de empresa segundo sua orientação estratégica: Negócio único	Vários negócios relacionados	Carteira diversificada de negócios
Família composta por várias gerações	Consórcio de primos			
Família nuclear ampliada	Equipe de irmãos			
Família nuclear	Propriedade única			
Tipo de estrutura organizacional		Estrutura funcional	Estrutura divisional	Estrutura *holding*
Tipo de empresa familiar		Empresa de trabalho familiar	Empresa de administração familiar	Empresa de governança familiar

Fonte: Gallo e Amat, 2003, p. 95.

Como em outros modelos matriciais, no modelo de Gallo e Amat (2003) fica implícita a idéia da possibilidade de existir uma determinada relação entre o tipo de empresa familiar e o tipo de família que proporciona melhores resultados no processo de evolução no decorrer do tempo. Esses autores explicitam três trajetórias possíveis:

- modelo de evolução lenta;
- modelo de evolução rápida;
- modelo de evolução equilibrada.

6.5.1. O modelo de evolução lenta

Trata-se do modelo tradicional de evolução das empresas familiares (ver Figura 6.7). É assim denominado pois a empresa praticamente não sofre modificações conforme é passada de geração a geração. Os filhos recebem o negócio dos seus predecessores e, depois de várias décadas, com limitadas alterações, continua sendo o mesmo negócio, que será transferido para as mãos dos seus descendentes. É fácil encontrar exemplos de empresas que seguiram essa trajetória de maneira bem-sucedida.

Figura 6.7 **Modelo de evolução lenta (Gallo e Amat, 2003)**

Tipo de família	**Tipo de propriedade**	**Tipo de empresa segundo sua orientação estratégica**		
		Negócio único	**Vários negócios relacionados**	**Carteira diversificada de negócios**
Família composta por várias gerações	Consórcio de primos			
Família nuclear ampliada	Equipe de irmãos			
Família nuclear	Propriedade única			
Tipo de estrutura organizacional		Estrutura funcional	Estrutura divisional	Estrutura *holding*
Tipo de empresa familiar		Empresa de trabalho familiar	Empresa de administração familiar	Empresa de governança familiar

Fonte: Gallo e Amat, 2003, p. 110.

No entanto, as mudanças ocorridas no ambiente competitivo, a globalização das atividades empresariais, o acelerado processo de inovação tecnológica, as modificações demográficas e de consumo, entre outras questões, impossibilitam cada vez mais o sucesso futuro desse tipo de trajetória.

6.5.2. O modelo de evolução rápida

Trata-se do modelo em que a empresa sofre enorme desenvolvimento sob a primeira geração – fase do fundador. As características socioeconômicas do momento e o grau de desenvolvimento tecnológico global tornam cada vez mais factível a possibilidade de que, em poucas décadas, empresas recém-criadas possam se transformar em grandes multinacionais, muito diversificadas setorial e geograficamente (ver Figura 6.8).

Nesse tipo de desenvolvimento surgem inúmeros problemas. Por exemplo: é necessário manter um equilíbrio – normalmente muito difícil de se conseguir – entre o esforço e a dedicação do empresário e do seu cônjuge em relação à empresa. Do mesmo modo, quando a empresa se encontra em um nível muito elevado de desenvolvimento, o desafio da sucessão é muito mais intrincado, visto que o grau de exigência do sucessor aumenta consideravelmente.

Figura 6.8 Modelo de evolução rápida (Gallo e Amat, 2003)

Tipo de família	Tipo de propriedade	Tipo de empresa segundo sua orientação estratégica		
		Negócio único	Vários negócios relacionados	Carteira diversificada de negócios
Família composta por várias gerações	Consórcio de primos			
Família nuclear ampliada	Equipe de irmãos			
Família nuclear	Propriedade única			
Tipo de estrutura organizacional		Estrutura funcional	Estrutura divisional	Estrutura *holding*
Tipo de empresa familiar		Empresa de trabalho familiar	Empresa de administração familiar	Empresa de governança familiar

Fonte: Gallo e Amat, 2003, p. 111.

Nesse processo, as estruturas devem ser necessariamente mais formais, incluindo administradores externos à família, no conselho ou na diretoria da empresa. Finalmente, a complexidade da empresa requer um tratamento específico aos novos problemas, como, por exemplo, a proteção do patrimônio familiar, a otimização do tratamento fiscal dela e da família, a gestão dos direitos ao voto etc.

6.5.3. O modelo de evolução equilibrada

Em oposição aos dois modelos de crescimento mencionado anteriormente, Gallo e Amat (2003) defendem a necessidade de se compassar o ritmo de crescimento da empresa, desde a de trabalho familiar, de estrutura funcional e dedicada a um negócio único, até a de governança familiar, estruturada por meio de um *holding* familiar diversificado em diferentes negócios. Igualmente afirmam que também deve ser moderado o crescimento da família e da propriedade, desde a família nuclear, proprietária única da empresa, até a de várias gerações, a partir do consórcio de primos.

Como se observa na Figura 6.9, existe mais de uma trajetória moderada na evolução das empresas familiares; porém, a que constitui o verdadeiro alicerce da evolução da empresa familiar é a que configura a diagonal da matriz.

Figura 6.9 Modelo de evolução moderada (Gallo e Amat, 2003)

Tipo de família	**Tipo de propriedade**	**Tipo de empresa segundo sua orientação estratégica**		
		Negócio único	**Vários negócios relacionados**	**Carteira diversificada de negócios**
Família composta por várias gerações	Consórcio de primos			
Família nuclear ampliada	Equipe de irmãos			
Família nuclear	Propriedade única			
Tipo de estrutura organizacional		Estrutura funcional	Estrutura divisional	Estrutura *holding*
Tipo de empresa familiar		Empresa de trabalho familiar	Empresa de administração familiar	Empresa de governança familiar

Fonte: Gallo e Amat, 2003, p. 124.

Essa evolução moderada nem sempre é simples. O equilíbrio deriva da sintonia entre os processos de mudança procedentes da empresa e os da família. Muitas vezes, no entanto, empresas capazes de crescerem e de se desenvolverem como organizações possuem famílias incapazes de evoluir no mesmo ritmo e, ao contrário, famílias que crescem e se organizam adequadamente não conseguem proporcionar um desenvolvimento similar no âmbito empresarial. Nas duas situações, a sobrevivência da empresa familiar corre um grande risco.

Conclui-se, de acordo com Gallo e Amat (2003, p. 125), que a evolução ideal da empresa familiar é a que a torna uma empresa na qual convivam múltiplas gerações, sendo capaz de atuar com sucesso em vários setores e mercados geográficos, mantendo-se unidos os membros que integram a família de maneira serena e embasado numa adequada preparação.

ATIVIDADES

A seguir propomos uma série de atividades voltadas para o desenvolvimento das habilidades de compreensão e reflexão do aluno.

1. Em que medida você pensa que uma mudança na direção da empresa, ou seja, um processo de transição de geração, contribui para revitalizar a própria empresa familiar? Acredita que exista certa relação entre sucessão e renovação estratégica?

Cada vez que ocorre uma mudança ou uma sucessão na direção, a empresa é submetida a um profundo processo de modificação do plano estratégico. Esse fenômeno não é exclusivo das empresas familiares. Existem inúmeras pesquisas que revelam a existência de uma clara relação entre os processos de mudança na direção – principalmente quando a mudança atinge o presidente, o conselheiro delegado e/ou diretor geral (o CEO, na literatura inglesa) – e os processos de mudança estratégica.

Deve-se considerar que as empresas são dirigidas por pessoas. Cada indivíduo traz uma história, uma educação, uma formação e uma experiência únicas, que influem em sua forma de ver os meios externo e interno. Os indivíduos são o ativo intangível mais específico de qualquer empresa. São eles os encarregados de determinar as diretrizes de futuro para a empresa e cujo modo de compreender a realidade afetará seus planos de desenvolvimento no longo prazo. Por tudo isso, a substituição do responsável máximo da empresa normalmente pressupõe uma mudança mais ou menos radical na sua trajetória.

2. A idade dos membros da família proprietária de um negócio familiar influi nas motivações e percepções sobre o futuro da empresa?

Na verdade, a idade dos indivíduos é mais que o número de anos de vida. Ela está relacionada ao conjunto de experiências vividas – em quantidade e qualidade –, atua sobre as percepções do meio e influencia inúmeras peculiaridades do estágio vital da pessoa (nível de entusiasmo, tipo de responsabilidades com terceiros, filhos, cônjuges, amizades etc.). Um empresário, fundador e empreendedor de uma empresa com menos de 40 anos de idade, não tem nada a ver com um empresário de mais de 60 anos, que é avô, sofre de uma ou outra doença e tem uma renda garantida para a vida toda. Para o primeiro, a empresa é um projeto para o futuro, enquanto, para o segundo, ela é o legado que deixará para seus descendentes, a obra da sua vida.

3. O que você acredita que acontece com uma empresa que é obrigada a realizar mudanças substanciais em seus três âmbitos definidores: empresa, família e propriedade? Pensa que é preciso tentar fazer com que essas mudanças não sejam concomitantes? Justifique sua resposta.

Essa situação apresenta grande risco. Cada uma das três mudanças sugeridas constitui, por si só, um enorme desafio para a empresa. A sucessão da propriedade, ou seja, a transferência de ações de uma geração para a seguinte, é um processo repleto de conflitos potenciais. A substituição da diretoria – envolvendo ou não membros da família – é, provavelmente, um dos processos evolutivos de maior repercussão no futuro da transformação estratégica da empresa. Finalmente, a organização das mudanças na própria família – da primeira geração para a segunda, desta para a terceira e assim sucessivamente – constitui um terceiro desafio de grande importância. Todos esses desafios requerem atenção suficiente e que se calcule bem os passos a serem dados e os tempos das ações. Quando os três têm de ser enfrentados simultaneamente, a continuidade da empresa corre um sério risco.

4. Em que medida você avalia que os processos de planejamento da empresa familiar favorecem a sua continuidade?

O planejamento da empresa familiar é um elemento-chave para assegurar a permanência da empresa nas mãos da família por um longo prazo. Em vista disso, foram desenvolvidas diversas técnicas e ferramentas de grande utilidade para esse fim (ver a recente obra de Carlock e Ward sobre esse assunto).

O planejamento é importante por dois aspectos básicos. O primeiro, pelo fato de se antecipar aos problemas e se valer da margem de tempo suficiente para tratá-los com as garantias necessárias. Às vezes, as questões precisam de algum tempo para serem assumidas por todas as partes envolvidas, a fim de promover uma reflexão e uma discussão que possibilite uma solução consensual etc. E, em segundo lugar, o planejamento permite abordar problemas sem que tenha ocorrido um caso concreto, com nomes e sobrenomes. Não é a mesma coisa falar sobre quais requisitos o filho de um familiar deve ter para se integrar à empresa quando nenhum deles tem idade suficiente, que quando já estão procurando decidir seu futuro profissional.

5. Exercício na Internet visite o site de alguma empresa familiar que esteja atuando há muitos anos no mercado. Analise seus processos de transição de geração e a conseqüente influência sobre as estratégias dessa empresa.

LEITURAS E QUESTÕES PARA DISCUSSÃO

LEITURA 1:

"Grupo Tomasso, S.P.A.", caso extraído do livro *Los secretos de las empresas familiares centenarias:* claves del éxito de las empresas familiares multigeneracionales, M. A. Gallo e J. M. Amat. Bilbao: Deusto, Colección del Instituto de la empresa familiar, 2003, p. 106-108.

Sinopse: o caso mostra a história de uma empresa italiana na qual convivem, em vários estágios do seu ciclo vital, três gerações diferentes. Os cônjuges estão envolvidos com a empresa por trabalharem nela. Existem órgãos de governança bem-estabelecidos e um protocolo familiar, no entanto, há tensões entre os diferentes membros da família, visto que essa estrutura formal não é aplicada no funcionamento real da empresa.

Questões para discussão

1. Na parte final do caso observa-se que alguns membros da família fazem uma série de perguntas sobre a sua situação na empresa e sobre o futuro que terão se tudo continuar da mesma forma. Por que surge esse tipo de dúvida? O que é possível fazer para minimizar esses questionamentos?

A maior parte dos problemas dessa empresa reside na falta de sintonia entre uma estrutura formal e a empresa real. As gerações mais antigas desenvolveram órgãos de governança que não funcionam na prática. Além disso, apesar de terem dado alguns passos – mais simbólicos do que reais –, os progenitores não deixam a empresa e não atingem a fase de transferência do comando. Eles também estabelecem condições para que os filhos e netos sejam promovidos na empresa, mas esses requisitos são imprecisos e desprovidos de critérios empresariais, como o quesito "trabalhar muitas horas".

Com relação ao que seria recomendável nessa situação, podemos dizer que é preciso acreditar nos instrumentos que a própria empresa familiar foi desenvolvendo. Não basta ter um conselho familiar ou um conselho de administração, mas sim acreditar na sua utilidade e conceder a eles a liderança que lhes corresponde. Não basta ter um protocolo em uma gaveta do escritório: deve-se aplicá-lo à cultura da empresa e à da família.

2. Daniela, no último parágrafo do texto, expõe sua vontade de trabalhar na empresa, mas diz ter limitações quanto ao horário de trabalho. Por ela ter obrigações familiares um horário flexível poderia ser estabelecido, mas isso não seria uma atitude discriminatória com relação às outras mães que trabalham na empresa? Qual papel é mais importante: o de mãe, o de esposa ou o de mulher que deseja trabalhar e alcançar sua realização pessoal?

O problema de Daniela não é um caso raro, ele atinge milhões de mulheres trabalhadoras do mundo todo e, certamente, muitas que trabalham na empresa Tomasso S.P.A. Cada vez mais as empresas estão percebendo que o modelo de empresa, de competência e de organização vigente nas economias modernas foi idealizado por homens. Esse modelo tem desfavorecido a enorme quantidade de mulheres que estão entrando para o mundo empresarial – não só como funcionárias, mas também como diretoras ou empresárias –, pois elas não deixam suas responsabilidades domésticas de lado. Essa situação tem provocado uma necessidade crescente de se modificarem os modelos de organização, de forma a conciliar a vida profissional com a familiar.

Se a empresa Tomasso S.P.A. quiser resolver o problema de Daniela sem cometer discriminação e ao mesmo tempo atender às necessidades atuais da sociedade, a empresa deveria pensar em novas formas de organização que facilitem essa conciliação. São muitas as empresas que já estão adotando medidas desse tipo. É o caso da Vodafone, que estabeleceu um horário matutino contínuo para as mães que trabalham na empresa, deixando livres as tardes para que elas possam cumprir suas responsabilidades familiares. Esse tipo de medida não tem como pressupor uma perda de competitividade nem a redução da produtividade dessas mulheres, pois não se trata de trabalhar menos, e sim em condições diferentes. Pelo contrário, a motivação que essas atitudes causariam poderia aumentar o rendimento da empresa.

LEITURA 2:

"Novelty Imports, Inc.", caso extraído do livro *Empresas familiares: generación a generación*, de Gersick, Davis, McCollom e Landsberg, (1997), p. 163-164.

Sinopse: a Novelty Imports é uma empresa dirigida por dois irmãos, Bernie e Mitch Kopek. Um deles é divorciado e tem um filho adolescente. O outro é casado e tem dois filhos. A mãe dos sócios, mesmo depois de viúva, permanece ativa no negócio. O caso faz um breve resumo da história da companhia, que está prestes a integrar a sua terceira geração.

Questões para discussão

1. Miriam – mãe, viúva e ativa no negócio – ainda possui a totalidade de ações da empresa. Considerando sua idade avançada, você acredita que seja o momento certo de transmitir a propriedade para seus filhos? Eles devem esperar a mãe falecer para herdarem as ações? Se decidisse transferir a propriedade, que opções Miriam teria para organizar essa transferência?

É muito comum que as ações sejam mantidas com a primeira geração até que o progenitor faleça, depois disso as ações são passadas para seus filhos como mais uma parte da herança, de acordo com as condições estabelecidas no testamento. Miriam tem várias opções. Ela pode transferir suas ações para seus filhos ou diretamente para os netos, sempre que houver outros bens destinados à herança. Se ela não fizer nada, a empresa será herdada em partes iguais por Bernie e Match. Por sua vez, se eles passarem a participação que possuem para seus descendentes, chegariam à situação em que cada um dos filhos de Match teria 25% do capital e o único filho de Bernie, 50%. Essa situação se complicaria se, como parece provável, Mark, sendo o primeiro neto de Miriam, se encarregasse da empresa, dada sua formação. Nesse caso, ele teria de prestar contas ao acionista familiar majoritário, que parece não demonstrar nenhum interesse pela empresa. Por esses motivos, talvez a opção mais apropriada fosse Match receber uma participação da empresa maior que a de Mitch, para que as futuras participações dos netos fossem equivalentes.

2. Mark é o filho mais velho de Match e o mais velho da terceira geração da família Kopek. Segundo os estudos realizados, você acredita que ele deva entrar para a empresa? Em caso afirmativo, deve-se integrar imediatamente ou pode trabalhar antes em outra empresa? O que você faria se estivesse no lugar dele?

Mark se encontra em um dilema, pois tem de decidir se deve continuar a saga empresarial iniciada por seu avô ou se dedicar a outros negócios, alheios à empresa familiar. Além disso, esse dilema acontece em uma fase do seu ciclo vital, no qual compreende que deve ser autônomo e desenvolver as próprias habilidades. Como qualquer jovem, ele deseja vencer pelo próprio caminho em vez de viver da renda conseguida por seus antecessores. Não é à toa: quando seu avô fundou a empresa, tinha as mesmas ambições que ele. Não obstante, trabalhar na empresa é uma proposta muito atraente. Ouve o pai reclamar dela, mas sabe que ele a adora. Essas e outras razões normalmente concorrem com a vantagem de Mark iniciar e desenvolver por certo tempo uma carreira profissional fora da empresa familiar. Por um lado, essa experiência externa o ajudaria em sua formação e o faria conhecer outras empresas, outras culturas empresariais, outras formas de fazer as coisas; por outro, essa atividade serviria para provar de maneira autêntica qual é seu valor pessoal longe da proteção da família.

REFERÊNCIAS

AMAT, J. *La continuidad de la empresa familiar*. Barcelona: Gestión, 2000.

BARRY, B. The development of organization structure in the family firm. *Family Business Review*, 1989, 2(3).

CARLOCK, R. S. e WARD, J. L. *La planificación estratégica de la familia empresaria:* cómo planificar para unir a la familia y asegurar la continuidad de la empresa familiar. Bilbao: Deusto (col. del Instituto de la Empresa Familiar), 2003.

CASCANTE, C. El desarrollo de la empresa familiar. *Cinco Días*. Madri, 1999.

CHURCH, R. The family firm in industrial capitalism: international perspectives on hypotheses and history, 1996. In: C. E. Aronff, J. H. Astrachan e J. L. Ward, *Family Business sourcebook II, Business Owner Resources*, Narietta, Georgia, 1996.

DAILY, C. M. e THOMSON, S. S. Ownership structure, strategic posture and firm growth: an empirical examination. *Family Business Review*, 1994, 7(3), p. 237-250.

GALLO, M. A. e SVEEN, J. Internationalizing the family business: facilitating and restraining forces. *Family Business Review*, 1991, 4(2).

GALLO, M. A. *Empresa familiar:* textos y casos. Barcelona: Praxis, 1995.

GALLO, M. A. e AMAT, J. M. Los secretos de las empresas familiares centenárias: claves del éxito de las empresas familiares multigeneracionales. Bilbao: Deusto, col. del Instituto de la Empresa Familiar, 2003.

GERSICK, K. E.; DAVIS, J. A.; McCOLLOM HAMPTON, M. e LANSBERG, I. *Empresas familiares:* generación a generación. México: McGraw-Hill (série Management), 1997.

McGIVERN, C. The dynamics of management succession: a model of chief executive succession in the small family firm. *Family Business Review*, 1989, 2(4).

NEUBAUER, F. e LANK, A. G. *La empresa familiar:* cómo dirigirla para que perdure. Bilbao: Deusto, 1999.

SÁNCHEZ-CRESPO CASANOVA, A. J. *La empresa familiar:* manual para empresarios: claves legales para su correcta organización y su continuidad. Bilbao: Deusto, 2001.

WARD, J. L. The special role of strategic planning for family business. *Family Business Review*, 1988, 1(2), p. 105-117.

WARD, J. L. Cómo crear um consejo de administración em empresas familiares. Respuesta a los retos de continuidad y competencia. Bilbao: Deusto, col. del Instituto de la Empresa Familiar, 2004.

A continuidade da empresa familiar: diferentes perspectivas

APRESENTAÇÃO

Apenas 24% das empresas familiares sobrevivem como tais até a segunda geração, e só 14% passam para a terceira. Essa falta de continuidade é conseqüência, às vezes, da venda ou da liquidação da empresa, à qual as famílias têm de recorrer como último recurso para se desfazerem dos seus negócios e, muitas outras vezes, do fracasso que vivenciam ao lidarem com a complexa e intrincada questão da sucessão (Leach, 1996).

A sucessão coloca o fundador de uma empresa familiar diante de uma série complicada de opções, as quais encerram as próprias vantagens e inconvenientes, oportunidades e riscos. Além disso, a importância e a incidência dessas alternativas variam de uma entidade para outra, de acordo com as circunstâncias tão díspares de cada uma: as necessidades da família, o número de sucessores disponíveis, a condição financeira e a dimensão da própria empresa familiar. Embora, do ponto de vista racional, esse processo de transição devesse ser um simples processo evolutivo e planejado, é particularmente estranho que, apesar dessa lógica anterior, a alternativa de "não fazer nada" seja, entre todas as opções possíveis, uma das mais freqüentemente escolhidas por esses fundadores. Paradoxalmente, essa opção também é a mais custosa e destrutiva.

Neste capítulo, tentaremos encontrar um sentido, uma explicação para a situação acima descrita, a falta de continuidade dessas empresas – situação enfrentada por boa parte das empresas familiares. Em vista disso, analisaremos esse problema abordando-o a partir das perspectivas que consideramos mais cruciais para sua resolução. Em primeiro lugar, a perspectiva dos principais envolvidos: os filhos. Trataremos de assuntos tão delicados quanto a escolha do momento para a sucessão. E, em segundo lugar, a perspectiva dos membros que, por não pertencerem a essas famílias, desempenham, às vezes, um papel bastante importante para assegurar a continuidade da empresa: os dirigentes alheios à família.

Capítulo 7

7.1. INTRODUÇÃO

A crise ocorrida nos anos 1970 e 1980 ocasionou o desaparecimento de um número significativo de empresas familiares. O motivo foi a sua não adaptação aos parâmetros necessários de competitividade: profissionalização e formalização das suas estruturas organizacionais, internacionalização dos seus mercados, inovação e diferenciação de produtos, bem como eficácia e eficiência dos seus processos operacionais. Da mesma forma, o surgimento de um elevado número de multinacionais, resultante da compra dessas empresas, somado a outros fatores como o forte impacto da crise econômica sobre a lucratividade, a excessiva pressão fiscal que imperou durante esses anos, a crescente sindicalização e agitação, a dificuldade da sucessão e da tomada de decisões nessas empresas, permite explicar a redução do número de empresas familiares durante a década de 1980. Estima-se que essa diminuição foi de 50% das mil maiores empresas espanholas (Gallo et al., 1996) e de 35 a 40% de todo o conjunto de empresas familiares (Amat, 1997 e 2000). Essas dificuldades que as empresas familiares tiveram de enfrentar foram maiores do que as enfrentadas pelas não-familiares e, por isso, fazem com aquelas tenham expectativa de vida menor do que estas. No caso da Espanha, Salas et al. (1997) afirmam que a empresa familiar tem uma duração média relacionada à sua dimensão: 13 anos para empresas de menos de 50 pessoas, 24,4 para as de 51 a 200 pessoas, e 36,8 para as de mais de 200 pessoas. Para essa falta de continuidade da empresa familiar também contribui o fato de ser muito pequena a probabilidade de essas empresas superarem a transição entre a primeira e a segunda geração (apenas 30-40% nos Estados Unidos, 20-25% na Europa e 10-15% na Espanha), bem como entre a segunda e a terceira geração (50% nos Estados Unidos e Europa e 30-35% na Espanha).

Atualmente, a empresa familiar enfrenta um novo dilema. Nos próximos anos, grande parte dessas empresas – a maioria fundada nos anos 1960 e 1970 – deve realizar a mudança de geração, ou seja, deve empreender o processo de sucessão, tanto na propriedade como na sua gestão. O processo sucessório gera seus próprios conflitos: possível resistência do fundador em se ausentar, falta de um plano de aposentadoria para ele, formação do sucessor, disputa pelo poder entre os sucessores, distribuição da propriedade da empresa etc. Essa problemática, somada à transformação que está ocorrendo atualmente no contexto competitivo e social, está provocando uma mudança no modelo da empresa familiar. Não só é necessário insistir em maior profissionalização, determinando cada vez mais o devido papel que a família proprietária deve exercer, como também é preciso – se quisermos garantir continuidade – persistir principalmente na internacionalização e globalização da empresa familiar. Essa última condição, somada às anteriormente consideradas, justifica a necessidade de dar um tratamento distinto e personalizado a cada uma, ajudando a delimitar a família e a empresa de forma que contribua para garantir a permanência dessas empresas familiares ao longo do tempo, por meio de um adequado planejamento da sucessão.

Atualmente, depois de décadas de predomínio da esfera familiar sobre as decisões empresariais, as empresas familiares estão reagindo a esses desafios com a criação de um novo contexto social, competitivo e familiar, que promove uma postura totalmente oposta à que, por gerações, tem sido defendida: uma postura cujas decisões empresariais prevaleçam sobre os critérios familiares sempre e quando sejam respeitados na empresa a missão e os valores familiares. Desse modo, começa a surgir um segundo tipo de empresa familiar, de maior porte, geralmente com quadro de funcionários superior a 200 pessoas, orientação internacional, estratégia de liderança de produtos e serviços, marca reconhecida e estrutura de propriedade dirigida – ou prestes a ser – por uma comunidade de irmãos ou um consórcio de primos, em que se destacam a gestão profissionalizada e o predomínio dos critérios empresariais sobre os familiares nas decisões que atinjam a empresa. Um novo meio e realidade da empresa familiar que analisaremos nesta unidade a partir de elementos extremamente decisivos para sua constituição, como a perspectiva dos filhos – sucessores em potencial – em relação à mudança de geração; a escolha, por parte dos fundadores dessas unidades empresariais, de um momento tão decisivo quanto o da sucessão ou o papel que os integrantes do quadro de funcionários que não fazem parte desse vínculo familiar desempenham para que haja a continuidade da empresa.

7.2. A MUDANÇA DE GERAÇÃO: A PERSPECTIVA DOS FILHOS

Nesta seção, partimos primeiramente de uma breve descrição das possíveis situações com as quais podemos nos deparar, quando da mudança de geração em qualquer empresa familiar. Nosso propósito é obter maior compreensão da realidade que qualquer sucessor terá de enfrentar no futuro. A idéia é facilitar a compreensão do que o ajudará a continuar o trabalho do seu progenitor na direção e, conseqüentemente, garantir a continuidade da empresa pela qual ele passa a ser o principal responsável. Em seguida, expressaremos algumas considerações sobre a decisão dos filhos de se integrarem ou não à empresa e a sua relação com o pai, que até então desempenhou o papel que eles assumirão futuramente. Trata-se de um preâmbulo das recomendações que vamos sugerir e analisar na próxima unidade, com relação à preparação desses indivíduos para entrarem na empresa familiar.

7.2.1. A mudança de geração

A empresa familiar costuma ser muito frágil frente a mudanças de gerações. Não existe nenhuma garantia de que as qualidades inatas das quais o fundador da empresa se utilizou para iniciá-la sejam herdadas. Além disso, a função de homem-chave, em muitas empresas familiares, subentende-se que seja hereditária. Isso nos leva a admitir a probabilidade de a mudança de geração ocasionar certas inquietações na empresa familiar. Pode acontecer também de o patriarca fundador morrer ou deixar a empresa, sendo jovem e com filhos pequenos, ou com certa idade e com filhos já adultos. Esses casos são muito diferentes, sobretudo quanto ao estilo de liderança do homem no comando, que é a chave para a definição do futuro sucessor da geração seguinte. Um estilo de liderança do progenitor que, na mudança de geração, principalmente da primeira para a segunda, nos mostrará pelo menos duas situações antagônicas. Uma delas, na qual uma personalidade forte, dominante e com falta de formação do progenitor terá originado possivelmente a anulação dos traços característicos e peculiares dos seus filhos – sucessores em potencial –, transformando-os em uma réplica pouco real do que ele era ou gostaria de ter sido. A deformação ou esterilização de personalidades é um dos resultados que geralmente são provocados por uma direção autoritária na empresa familiar. Se o filho dispõe de ambição suficiente para superar esse desafio, pode chegar a quebrar a situação anterior de "paternalismo" e dirigir os propósitos da empresa, segundo a sua personalidade e critérios. Mas, se ele não possuir essa energia moral, se enquadrará nas regras de conduta determinadas pelo pai, transformando-se facilmente na caricata figura do "filho do papai", totalmente anulado, subestimado, desprovido de poder e motivo de chacota. Na segunda situação, totalmente contrária e de resultados opostos, predominam uma intensa comunicação e consenso entre ambas as partes – fundador e sucessor –, sem nenhum tipo de pressão ou "coação para ser ou fazer", reprovação ou castigo, além de uma constante preocupação por uma adequada preparação por parte do primeiro com relação ao segundo.

Quanto às gerações seguintes (terceira, quarta...), simplesmente mostraremos como, hoje em dia, ao contrário do que geralmente acontecia no início da vida de toda empresa familiar, depois da terceira geração parece que a liderança familiar passa a ser função da organização empresarial. Já não é o patriarca familiar, por direito legal, o homem-chave da empresa e o responsável por escolher o sucessor. Porém, conforme a empresa vai se profissionalizando, ao longo da sua história e a propriedade sendo dividida, são as próprias características do sucessor que lhe conferem o carisma necessário para ser o *primum inter pares* na grande família proprietária da organização. Esse sucessor será obrigado a dirigir mais profissionalmente uma organização cada vez mais complexa e, se não tiver habilidade suficiente, é provável que seja destituído dessas funções pelo restante dos proprietários, os quais, conforme passar o tempo, verão cada vez mais vantagens em contratar para diretor-geral um profissional de direção alheio à família. Essa segunda situação é favorecida pelo fato de que, às vezes, a disputa pelo poder na empresa depois da segunda geração provém da disputa entre diferentes ramos da família. Essa situação dificulta a existência de um autêntico líder familiar e empresarial depois da segunda geração. Desse líder – se houver algum – será exigida uma personalidade de destaque para que sua liderança seja reconhecida pelos demais. Daí vem o ditado: "o pai cria e a faz lucrativa, o filho a aproveita e a explora, e o neto a consome e a vende".

7.2.2. A mudança de geração: a perspectiva dos filhos

A sucessão de geração para geração nas empresas familiares tornou-se menos direta. A geração atual desenvolve-se dentro de uma cultura comercial muito diferente da que um dia tiveram seus antecessores, o que já garante um avanço, geralmente bastante elevado, comparado à sucessão de gerações. Com formação superior, cosmopolita e independente, os indivíduos dessa geração mostram-se menos dispostos a ser considerados automaticamente "herdeiros inevitáveis". Além disso, a mentalidade comercial/agressiva de negócios que muitos deles têm, em parte imposta pelas situações do meio empresarial atual – entre elas a elevada competitividade –, faz com que seja mais difícil para esse coletivo identificar a empresa familiar como um dever sagrado para as futuras gerações. ("Enquanto for lucrativa, seguiremos; quando não, venderemos"; "tempo é dinheiro"; "deve-se maximizar os ganhos, ser os primeiros do mercado...").

Surge assim, nesse grupo de possíveis futuros candidatos à sucessão familiar, uma grande diversidade de possibilidades. Há jovens com aspirações empresariais para os quais parece ser mais atraente evitar todos os problemas e preocupações, sobretudo da etapa da constituição da empresa familiar, ou seja, eles preferem se integrar quando tudo estiver bem resolvido. Por outro lado, há aspirantes que consideram a opção anterior "sem mérito" e optam exatamente pelo contrário dela.

De qualquer forma, atuar numa empresa familiar não é fácil. Talvez seja uma das decisões mais difíceis que boa parte dos indivíduos das novas gerações de qualquer empresa familiar têm de enfrentar. Por isso, ao se decidirem por entrar ou não para a empresa que na maioria das vezes foi fundada por seus pais e avôs, essas novas gerações têm de encarar inquietações como as seguintes:

- Poderei atender às expectativas do meu pai ou do meu avô (o fundador da empresa familiar)?
- Estarei em condições de conseguir minha independência e liberdade para atuar ou estarei sempre trabalhando à sombra dele?
- Vamos nos dar bem quando tivermos de trabalhar juntos diariamente?
- Poderei criar uma relação de trabalho com meus irmãos, irmãs, primos, tios – e o restante da família e, muitas vezes, com os membros da empresa familiar – ou haverá muitos conflitos?
- Serei respeitado pelos funcionários alheios à família?

Esses indivíduos geralmente enfrentam essas inquietações ao analisar entre outras coisas, as conseqüências, ou seja, os prós e os contras que possivelmente surgirão quando aceitarem ser os "sucessores" da empresa familiar.

7.2.2.1. Os prós e contras de aceitar ser o "sucessor"

Em uma empresa familiar os filhos têm a oportunidade única de construir uma carreira fascinante e enriquecedora. Assim, as possíveis vantagens da sua situação parecem evidentes. A companhia já está estabelecida e operando, há estabilidade profissional garantida, os membros da família usufruem de *status* especial, tanto dentro como fora da empresa, e existe uma possibilidade real de que algum dia possam vir a ser os seus donos, à frente de todos os seus propósitos. No entanto, há de se pagar um preço por todas essas vantagens. Assim, esses "herdeiros" em potencial da empresa familiar logo se dão conta de que geralmente a empresa que dirigem não é uma multinacional diversificada que pode suportar as depressões em algum dos seus mercados relativamente acessíveis e, por isso, sempre terão dúvidas em relação à subsistência da empresa a longo prazo.

Em geral, a experiência de muitas gerações anteriores e de estudiosos sobre o assunto adverte essas futuras gerações de que, se a escolha de se colocarem à frente da empresa familiar for baseada em motivos errados (encontrar um refúgio seguro, um trabalho fácil e cômodo com remuneração elevada, viver à custa do prestígio alcançado pelo fundador...) ou se não pensaram nas complexidades emocionais da atividade diária e no compromisso significativo para o qual devem estar preparados para assumir na empresa, então é provável que essa escolha seja uma decisão da qual eles não só se arrependerão para sempre, como também a própria empresa familiar dela se ressentirá, colocando em risco até mesmo a sua continuidade. Desse modo, é melhor encararem claramente a situação e proporem ao progenitor a possibilidade de não assumirem tais responsabilidades. Para isso, é necessário – como veremos a seguir – preservar, se não uma excelente relação, pelo menos uma que seja estável e que haja uma comunicação saudável com o fundador da empresa familiar e com quem, futuramente, segundo a sua capacidade e liberdade de escolha, será o sucessor ou não.

7.2.2.2. A relação do sucessor com o fundador

Uma questão muito importante desse processo da substituição de geração no controle da empresa familiar consiste em cuidar da relação com o fundador. É fundamental não tornar maiores os problemas e conflitos que possam surgir nas relações entre pais e filhos, bem como ter em mente que, quando esse conflito se transforma em um problema grave, é necessário ter a consciência de que a maioria dos pais empresários é incapaz de solucioná-lo sozinha. Além da diferença de idade, eles geralmente são inflexíveis em seus pontos de vista e têm dificuldade para compreender que, quando estão diante de uma nova oportunidade, é possível aceitá-la sem que pareçam fracos e sem perderem posição na empresa e na própria família. ("Coitado, já está velho... não dê muita bola para ele, é a idade.") Tudo isso sem contar que as perspectivas do fundador e do sucessor sobre a vida em geral e a empresa, em particular, normalmente são completamente diferentes, pois pertencem a gerações distintas, muito longínquas e muitas vezes, inclusive, distantes no tempo. Por conseguinte, para encontrar soluções para as situações anteriores, recairá uma boa dose de responsabilidade sobre o sucessor, que precisará ter, entre outras coisas, bastante maturidade e paciência.

Para facilitar essa relação entre sucessores e fundadores, autores como Leach (1996) propõem ao futuro sucessor as seguintes sugestões:

1. Se suas relações com seu pai restringem-se principalmente a negócios, tente cultivar vínculos pessoais, procurando conhecê-lo melhor: passe mais tempo com ele, mostre interesse pelos seus assuntos etc.
2. Tente entender o que significa o afastamento para seu pai. Estimule-o a falar de seus medos e esperanças.
3. Ajude-o a elaborar e executar um plano detalhado da sucessão (etapa que analisaremos na próxima unidade).
4. Seja compreensivo. Trabalhe com ele lidando abertamente com suas principais inquietações e reconheça a importância das suas conquistas.
5. Se o que preocupa seu pai é deixar de ser útil quando se afastar, diga-lhe que você precisará do seu apoio, orientação e experiência à frente da empresa.
6. Procure encontrar uma maneira de ele continuar comprometido com a empresa depois de se afastar, mesmo quando já não controlar as responsabilidades operacionais. Nesse caso, ele pode ser o presidente de honra...

Uma estratégia coerente como a proposta nas sugestões anteriores, que se fundamente na comunicação e no compartilhamento de problemas, pode permitir ao sucessor manter uma relação construtiva com seu pai, bem como ajudá-lo a suportar os conflitos emocionais do processo sucessório, garantindo que a todo momento o objetivo principal desse processo esteja ativo: a continuidade da empresa ao longo do tempo.

Para resumir e concluir essa mudança de geração e a perspectiva que os filhos têm em relação a esse processo, apresentamos a seguir importantes sugestões propostas por Leach (1996):

- Antes de trabalhar na empresa familiar, analise seu propósito com o fundador, bem como outras opções.
- Se você se incorporar à empresa, tenha certeza de que é porque se sente comprometido com ela e não por que é o que esperam de você ou por que essa é a opção mais fácil.
- Obtenha experiência profissional prévia fora da empresa. Isso lhe ajudará a desenvolver um ponto de vista objetivo sobre seu talento e habilidades, além de lhe permitir ser mais eficiente.
- Quando começar a trabalhar na empresa familiar, planeje um programa de treinamento que abranja todos os aspectos dela.
- Demonstre que está disposto a trabalhar intensamente e evidencie esse seu forte compromisso.
- Saiba ganhar o respeito dos funcionários, por meio da sua conduta e dedicação, e recuse privilégios especiais.
- No que diz respeito à transição, converse com seu pai sobre suas preocupações e ajude-o a preparar um plano de sucessão.

7.3. A ESCOLHA DO MOMENTO PARA A SUCESSÃO

O período mais perigoso que uma empresa enfrenta é o da sucessão, quando a propriedade e a autoridade passam de uma pessoa para outra. Em uma empresa familiar, principalmente se estiver passando da primeira para a segunda geração, geralmente há mudança de uma ou várias pessoas, o que é um desafio tanto para a empresa como para a família. Bork et al. (1997) estimam que 85% das crises de uma empresa familiar originam-se de questões da sucessão.

Muitas pessoas acreditam, equivocadamente, que a sucessão é um acontecimento que ocorre quando o dono se prepara para se desligar da empresa. Na verdade, a sucessão é um processo que começa quando os sucessores em potencial ainda são crianças. É durante esse período que os pais ensinam aos filhos atitudes importantes sobre as pessoas, o trabalho, o dinheiro, a concorrência, a qualidade, a confiança, a ética no trabalho e o equilíbrio entre a vida e os compromissos. Em geral, muitas dessas atitudes e qualidades são as que serão necessárias para exercer o futuro papel à frente dos propósitos da empresa familiar. Além disso, esses pais vão preparando o cenário para uma transição tranqüila, ajudando os filhos a se tornarem indivíduos capazes e futuros líderes, elaborando planos e documentos que permitam à empresa familiar superar fases de turbulência e crise.

Chegando a esse ponto, é preciso fazer algumas considerações sobre o momento em que o sucessor deve entrar para a empresa familiar. Diante das possíveis alternativas ("imediatamente depois de terminar o curso universitário", "progressivamente no decorrer dos últimos anos da faculdade" ou "depois de um período de trabalho em outra empresa"), resta perguntar o que é mais apropriado para que o processo de sucessão seja bem-sucedido. As experiências de um passado não muito distante mostram como, mais freqüentemente do que seria desejável, antecessor e sucessor agiram movidos pela urgência de realizarem uma incorporação imediata, quando o recomendável é ter "paciência". Sem querer estabelecer regras fixas, visto que a incorporação depende de muitas circunstâncias, tanto o antecessor como o sucessor devem considerar que trabalhar durante alguns anos em outra empresa, além da vantagem de enxergar mais além, pode proporcionar algo muito importante para qualquer sucessor, como maior autoconfiança e prestígio perante diretores não-familiares e demais membros da família. Embora seja impossível dar uma única resposta quanto ao momento da efetiva cessão do poder do proprietário ao sucessor, podemos concluir que, ao ter de escolher o momento adequado para a sucessão, devemos optar pela ocasião em que, com relação ao sucessor em potencial, seu processo de preparação tenha sido concluído e, com relação à empresa familiar, as condições internas e externas perante o mercado sejam mais favoráveis. Voltamos a insistir que, tal como em relação a outros aspectos referentes à empresa familiar, como protocolo, planejamento e problemática, é muito difícil, para não dizer impossível, limitar-nos a um modelo padrão. A empresa familiar, como qualquer outra realidade, não é única, padrão, mas, contrariamente, é dinâmica, complexa e diferente.

7.4. O PAPEL DOS DIRIGENTES ALHEIOS À FAMÍLIA

Como conseqüência da estratégia (entendida como a futura situação que se deseja alcançar no decorrer de um tempo determinado) e da organização (o conjunto formado por sua estrutura de responsabilidades e pelos sistemas de alta direção que emprega), várias realidades têm caracterizado os dirigentes que, com o fundador, compuseram, e em alguns casos ainda compõem, a estrutura de responsabilidades de uma empresa familiar. Uma das realidades é a semelhança de importantes valores existentes entre o fundador e os membros da sua equipe dirigente. Por exemplo: o que todos eles pensam em relação ao tipo de risco econômico que se deve correr ou quanto ao crescimento e à diversificação a serem conquistados, o estilo de relação que deve ser mantido com o pessoal etc. Nesse sentido, ressaltamos que o fundador prefere estar rodeado de dirigentes que complementem suas habilidades pessoais e realizem o trabalho, partindo de uma visão em comum do futuro da empresa, apoiada em valores semelhantes. No entanto, com esse tipo de seleção, pode-se correr o risco de que tudo acabe em um "sim, senhor", isto é, que esses dirigentes alheios família, mas "feitos à semelhança do fundador", acabem atuando mais preocupados com seu futuro pessoal até o momento da aposentadoria que com a continuidade bem-sucedida da empresa familiar depois de se desligarem. Outra realidade desse tipo de dirigentes é que a maioria geralmente pertence à mesma faixa etária, pois são contratados basicamente em um mesmo período do ciclo de vida da empresa familiar, mais precisamente quando ela passa por um importante crescimento. Além disso, pensa-se também que, para eles, deve ser mais fácil trabalhar em equipe.

Em oposição ao que foi estabelecido anteriormente, uma das características das empresas familiares eficientes que mais chamam a atenção é que elas são dirigidas por uma diretoria independente e poderosa, integrada por membros não-familiares. Isso implica a aceitação de que a assistência externa pode contribuir significativamente para o sucesso em potencial da empresa familiar – conclusão à qual os fundadores dessas empresas não chegam tão facilmente. O critério desse fundador freqüentemente é incompatível com a idéia de incluir estranhos na empresa. Na verdade, muitos consideram que o sucesso é resultado de terem seguido os próprios objetivos, à sua maneira, e prestando pouca atenção ao que os outros pudessem dizer, principalmente os estranhos à família. Portanto, não é difícil a maioria dos fundadores de empresas familiares considerar uma opção bastante arriscada a inclusão de dirigentes externos e a adoção de um sistema administrativo mais descentralizado.

Apesar desse grande receio de uma parte significativa dos fundadores, é preciso considerar que entre esses dirigentes não executivos é possível encontrar certa experiência, objetividade e lealdade, que dificilmente são demonstradas pelos membros da família ou pelos funcionários. Além disso, eles também podem agir como incentivadores, estimulando mudanças significativas na gestão da empresa. Não só esses dirigentes não executivos como também outros membros da empresas como consultores ou assessores profissionais – todos alheios à família –, podem trazer grandes benefícios para a empresa familiar. Assim, por exemplo, os assessores profissionais (advogados, gerentes de banco, conselheiros fiscais etc.) podem contribuir significativamente para a profissionalização e o sucesso da empresa familiar. Da mesma forma, para crescer além da etapa de empresa unipessoal, uma empresa deve recorrer ao assessoramento externo. A transição não é fácil. Conforme a empresa cresce e se torna mais complexa, as bases devem ser fundamentadas numa organização menos centralizada e mais estruturada. A tarefa é muito mais difícil para as empresas familiares que, sem a contribuição de conhecimentos e experiências de terceiros, são mais propensas a se fecharem, tornarem-se inflexíveis e perderem competitividade.

Com base no que foi comentado anteriormente, finalizaremos esta sessão declarando que parece, portanto, que para assegurar a continuidade da empresa familiar é recomendável escolher dirigentes não-familiares, ou seja, dirigentes que, além de não atuarem com base apenas no "sim, senhor", tenham uma diferença de idade menor que a entre pais e filhos (podem ser, desse modo, no processo de sucessão, o elo entre a primeira e a segunda geração) e possuam grandes qualidades de liderança. A contribuição desses dirigentes não executivos pode ser muito valiosa para essas empresas familiares desde que proporcione orientação adequada, experiência especializada e uma rede de contatos (Leach, 1996, p. 203). Além disso, os assessores externos, por sua vez, podem contribuir significativamente para a profissionalização da empresa sempre que forem selecionados com base em sua competência e na avaliação periódica dos seus rendimentos.

ATIVIDADES

A seguir, é proposta uma série de atividades voltadas para o desenvolvimento das habilidades de compreensão e reflexão do aluno.

1. Que momento você diria ser mais propício para que o sucessor em potencial de uma empresa familiar tome coragem e assuma sua responsabilidade na empresa? Justifique sua resposta e, se possível, dê algum exemplo real.

Quanto a esse tema, temos a mesma opinião de inúmeros pesquisadores do assunto: o melhor é não estabelecer regras fixas, pois a data adequada para a incorporação depende de muitas circunstâncias, tanto por parte dos protagonistas como das pessoas vinculadas à empresa e ao seu meio. No entanto consideramos também que o melhor momento é, sem dúvida, quando as necessidades da empresa requererem essa mudança e existir um acordo ou um consenso entre a maioria dos seus membros (familiares e não-familiares), o qual apóie esse processo e o futuro sucessor esteja totalmente preparado.

Entre os exemplos que podem ser citados, destacamos as figuras dos atuais presidentes da rede de hotéis Sol Meliá, Gabriel Escarrer Juliá, e do Grupo Ferrovial, Rafael del Pino y Calvo-Sotelo.

2. Um diretor da alta cúpula, que não pertença à família, mas que tenha grande experiência no setor e extensa trajetória profissional na empresa pode atuar como tutor e conselheiro do sucessor? De quem depende? Fundamente sua resposta.

Pode e deve atuar como tal. Na verdade, no processo de preparação dos futuros sucessores veremos que esses diretores alheios ao núcleo familiar podem contribuir, em grande medida, para essa formação dos futuros sucessores. Geralmente isso depende das pessoas que realizam o planejamento do processo sucessório, que costumam estabelecê-lo e fazem-no constar do protocolo familiar designado para esse fim, bem como, em grande medida, do futuro sucessor que, para seguir suas recomendações deve, pelo menos, se dar bem com o conselheiro.

3. Qual você considera a melhor postura que o futuro sucessor pode ter com relação a seu antecessor no cargo e também com as pessoas que estão vinculadas à empresa quando ocorre a sucessão? Quais linhas de ação você recomenda para reforçar essa postura? E, igualmente, o que pode ser oferecido a ele em troca do "esforço" e do "sacrifício" que, supostamente, a adoção dessa postura lhe acarretaria?

Consideramos que o melhor para o sucessor é manter e preservar ótimas relações com seu antecessor no cargo, bem como com o restante das pessoas com as quais vai trabalhar de mesmo nível hierárquico ou subordinados. É importante que ele assuma seu papel de "chefe" e de "responsável" por todas as pessoas, mas é igualmente necessário saber reconhecer as qualidades, os méritos e as significativas contribuições que, com sua pequena ou grande ajuda, esses indivíduos oferecem ao trabalhar na empresa. Acreditamos que ele deve saber que estar "à disposição" da empresa "não o isenta de obrigações", sendo necessário aperfeiçoar-se continuamente. Parafraseando isso tudo: "todos aprendemos constantemente e com todos". Além disso, nossa recomendação é, sobretudo, com relação ao seu pai (geralmente o fundador), que seja tolerante, compreensivo e paciente. Dessa forma, o sucessor pode agir de acordo com as sugestões comentadas na unidade: tentar cultivar vínculos pessoais, procurar conhecê-lo melhor, tentar entender o que o afastamento significa para o pai, ajudá-lo a elaborar e executar um plano detalhado da sucessão, ser compreensivo...

Acreditamos que a melhor recompensa que se pode oferecer ao patriarca é proporcionar-lhe a oportunidade de continuar na empresa familiar pelo menos durante sua geração.

4. Um "filho" pode ser contra os propósitos do pai e se recusar a sucedê-lo no papel de principal responsável por um grande grupo empresarial? Mesmo que a sucessão já tenha sido planejada previamente e o sucessor já tenha assinado o protocolo familiar? Argumente as possíveis situações que podem derivar dessa hipótese.

Uma coisa parece estar muito clara: o filho sempre pode se recusar a assumir o papel de sucessor à frente de qualquer empresa familiar. Na verdade, se não agir de forma voluntária e com liberdade, é praticamente melhor para a empresa que não assuma. Caso contrário, a continuidade da companhia pode estar em perigo. O que não seria fácil resolver, pelo menos de "forma muito clara", é que, uma vez que todos os interessados (inclusive ele) tenham assinado o protocolo familiar, posteriormente se recusem a assumir o compromisso. Tal atitude normalmente não é encarada como muito "lógica", visto que essa assinatura do protocolo familiar é voluntária, embora se deva observar o tipo de acordo e a força vinculadora desse protocolo. Se for um "acordo de cavalheiros", por não ter nenhuma força legal, o sucessor certamente renunciará por mais que seus familiares e membros da empresa recriminem seu comportamento. Porém, se, pelo contrário, for um "acordo com eficácia perante terceiros", a situação já não é tão fácil para o sucessor, que terá de prestar contas a terceiros. Certamente ele pensaria nessa condição. Essa última situação não deixa de ser "traumática" para a empresa que, por mais que se tente convencer o sucessor, não contribui, porém, para atenuar as conseqüências negativas do descontentamento e da sua pouca vontade em exercer suas funções.

5. Um dirigente alheio ao núcleo familiar pode corrigir as ações erradas de um sucessor recém-incorporado à empresa familiar? Como você o aconselharia a agir nessa situação?

Ele não só pode como deve corrigi-las, pois é pago para "trabalhar na empresa familiar, atendendo às suas necessidades" e não às necessidades e caprichos pessoais de ninguém, mesmo do sucessor. No entanto, reconhecemos que isso fica muito bem na teoria, mas, na prática, a situação é mais problemática e polêmica – ele pode até ser demitido, tudo depende do "temperamento" do sucessor, de como encaminhará a situação... Dessa forma, aconselharíamos o diretor a agir da forma mais simples, direta e franca possível, conversando com o sucessor e fazendo-o enxergar, com humildade, o seu erro. Isso pode acontecer com qualquer um.

6. No meio empresarial não são muitas as empresas familiares que conseguiram permanecer por várias gerações sob a direção da família proprietária. Escolha pelo menos duas dessas empresas e analise, do ponto de vista das distintas gerações que conseguiram preservar a continuidade das suas empresas, o que faz esses membros serem diferentes dos pertencentes a outras empresas familiares, que não conseguiram atingir esse propósito.

LEITURAS E QUESTÕES PARA DISCUSSÃO

LEITURA 1:

"Grupo Pires", extraído do livro *Empresa familiar:* textos y casos, de Gallo, M. A. Barcelona: Praxis, 1995, p. 17-30.

Sinopse: nesse texto é relatada a história de uma empresa portuguesa de confecções, desde sua fundação até a incorporação da terceira geração. Destaca-se a figura de Maria Pires, executiva principal desse grupo de empresas, que está entre os líderes do setor. Depois da morte repentina do seu marido, João Pires, sucessor do pai à frente da empresa familiar, ela enfrenta o duplo desafio de fazer a estratégia e a organização do grupo evoluírem. Esse é um grupo familiar que está muito marcado pelas fortes convicções dos diretores que estão à frente da empresa, entre eles, Maria Pires. Como diretora, ela mostra ao longo das gerações certas divergências com relação à gestão do grupo realizada por essas gerações, que não admitem delegação de responsabilidades. Tudo é centralizado nos propósitos dessas lideranças.

Questões para discussão

1. Como você descreveria Maria Pires e o que destacaria sobre ela? Considera o trabalho que ela desenvolve à frente da empresa uma atitude adequada ou, pelo contrário, infeliz? O que você acredita que suas atitudes ocasionarão?

Apesar de ter uma série de qualidades bastante admiráveis (com determinação, lutou para preservar o patrimônio empresarial e familiar quando podia ter desistido facilmente; era criativa, tinha boas idéias; "do seu jeito", preocupava-se com a família), também devemos salientar que ela era uma pessoa extremamente autoritária e excessivamente intransigente em seu modo de agir. Embora tenha preservado a empresa durante seu mandato, isso teve um preço muito alto. Assegurou o presente da empresa hipotecando o futuro. Não admitiu conselhos e linhas de ação de outras pessoas. Não preparou seus filhos para a sucessão, ou melhor, não planejou nada para esse processo. Eles nunca tiveram a oportunidade de escolher entre atuar ou não na empresa nem o cargo que ocupariam. Tudo era comandado pela imposição da mãe. Ao final, surgem algumas divergências sobre o modo mais apropriado de administrar a empresa e as perspectivas das distintas gerações se chocam. Possivelmente isso causará a liquidação do negócio, visto que alguns filhos defendem essa resolução.

2. No que concerne ao papel desempenhado por Maria Pires no grupo familiar, há algum ponto em comum com os diretores anteriores, com o fundador ou com Juan Pires? Ou, pelo contrário, você acredita que são papéis desempenhados de forma muito diferente? Caso considere que eles são diferentes, visando à continuidade do Grupo Pires, em qual deles você apostaria?

O trabalho de Maria Pires à frente da empresa, em princípio, parece ter pontos em comum com o do seu marido, João Pires, bem como com o pai dele: acumula em suas mãos todo o poder de decisão e, em geral, de ação da empresa; decide quem é contratado, de acordo com as expectativas que acredita que a pessoa tenha; não admite representação externa à família ou, se houver, que seja mínima. No entanto, no caso de Maria, essas características parecem atingir níveis extremos. Por exemplo: tanto durante a etapa do fundador como na fase de João Pires, observa-se certo diálogo, um consenso na cúpula diretiva (o pai divide o poder e a tomada de decisões com o filho, João Pires, com sua mulher e seus tios). Além disso, João Pires parece aceitar e compreender em certo grau a gestão adotada pelo pai, ou seja, não parece ter havido uma mudança tão grande de geração. Tais aspectos – nos quais nos aprofundaremos a seguir a partir das próximas questões de discussão – não se observam na etapa de Maria Pires. Em vista disso, com base no que foi comentado anteriormente e de forma geral, a partir do que demonstraremos por meio das diversas questões de discussão, se tivéssemos de apostar em uma das gestões, optaríamos, em primeiro lugar, pela do fundador e, em segundo, pela de seu filho, João Pires.

3. Em algum momento da narrativa dessa história aparecem no Grupo dirigentes alheios à família? Em caso afirmativo, qual papel desempenharam? Você acredita que isso seja o mais adequado para o Grupo? Justifique suas respostas.

Podemos dizer que, ao longo das gerações, a presença de dirigentes alheios ao núcleo familiar é quase ou totalmente nula. Essa presença mínima vai aumentando com as gerações, mas limitando-se a poucas pessoas. Sendo assim, durante o mandato de João Pires, há o sr. Mendes, o contador, e, durante o de Maria Pires, a empresa conta com um grupo de seis funcionários que ela se encarrega de formar por seis meses para que executem tarefas bem específicas, que estavam sob seu controle e supervisão. Em geral, nota-se que esses diretores não chegaram a desempenhar um verdadeiro papel na empresa. O sr. Mendes, por exemplo, não sabia de qual banco o marido de Maria Pires sacava dinheiro! E atenção: ele era o contador! Além disso, os poucos diretores de Maria Pires eram da família ou atuavam sob o "sim, senhora". Em certa ocasião, um dos seus filhos, Lucas, chegou a criticá-la por não haver diretores no Grupo. Em geral, vemos como o Grupo Pires não se beneficia do papel que os seus diretores podiam exercer na empresa, dando idéias, corrigindo falhas etc. Eles, além de nunca executarem funções importantes para o Grupo, assumiam tarefas secundárias que não pertenciam à alta direção, ou seja, eram subutilizados e subestimados.

4. Ao longo das três gerações, em algum momento ficou claramente estabelecida a escolha do sucessor? Observam-se, conseqüentemente, nesse sucessor os resultados inevitáveis decorrentes dessa escolha?

Ao longo da história do Grupo Pires, não se manifesta claramente a escolha de nenhum dos sucessores. Melhor dizendo, quanto à primeira geração, por existir certa cooperação entre pai e filho, previa-se que esse filho seria o único herdeiro, receberia certa preparação por parte do pai, que estaria preocupado com a maneira que a mudança atingiria os fornecedores e em executar a sucessão gradativamente. Quanto à segunda geração, na passagem intermediária, Maria Pires, pelo contrário, tinha liberdade de escolher ou não passar a exercer a função do marido, João Pires (notavam-se certas dúvidas e temores de sua parte, pois a situação não era muito favorável e os resultados do bom trabalho do seu marido faziam com que ela se ressentisse). Além disso, havia os conselhos (os prós e contras) do fundador sobre essa escolha ("a demonstração da situação real da empresa no meio empresarial que, tendo em vista a fase não muito boa do setor, mostra que, se o Grupo fosse liquidado, ótimos benefícios seriam obtidos...") e o resultado é fruto do trabalho dela. No entanto, quanto a seus filhos, ela não faz nenhum tipo de planejamento, atua fundamentando-se nos próprios critérios e pensando apenas no presente, elimina todo o processo de planejamento da sucessão e tudo o que isso acarreta.

5. O que você aconselharia a Maria Pires e à geração que supostamente vai ficar na direção para garantir a continuidade da empresa familiar da qual são proprietários?

Tentaria, em primeiro lugar, solucionar toda a problemática que surgiu na família, principalmente as divergências com relação à gestão do Grupo. Em segundo lugar, estabelecer por consenso as linhas de ação necessárias para garantir não só uma boa gestão no presente como também no futuro, planejando a sucessão do mesmo modo que – presume-se – o fundador realizou em momento oportuno.

LEITURA 2:

"García y Mora", extraído do livro *Empresa familiar:* textos y casos, de Gallo, M. A., Barcelona: Praxis, 1995, p. 53-66.

Sinopse: a García y Mora é uma importante empresa da Espanha no setor de arroz – uma sociedade entre duas famílias. Desde sua fundação, foi co-dirigida por um representante de cada família. Embora houvesse divergências de opinião nas etapas anteriores, na quarta geração a situação de desavenças e lutas pelo poder ficou insustentável. Os representantes das famílias e os diretores parecem não ter condições de resolver os problemas da falta de união decorrentes das repetidas quedas nas armadilhas da empresa familiar.

Questões para discussão

1. Assim como é declarado algumas vezes no texto, você considera que a continuidade de García y Mora corre perigo, ou ao contrário, a situação está totalmente controlada por uma parte da família e, assim, a continuidade está garantida? Explique sua resposta.

A continuidade de García y Mora corre sério perigo, pois graves fatores estão provocando o surgimento de inúmeros problemas, que podem se transformar em grandes armadilhas e dificultar o andamento da empresa. A origem desses problemas parece ser a forte divisão da direção que, além de originar muitos entraves para a empresa, está destruindo suas forças: união e compromisso por parte da família, bem como uma cultura bastante forte. Isso, inclusive, faz Juan, que parece ser o mais centrado, questionar a possibilidade de continuar à frente da empresa e assim garantir a sua continuidade. Além disso, o fato de ele e sua família possuírem apenas a metade da empresa familiar impede que a sua continuidade seja garantida, por mais que eles queiram.

2. Que papel a mudança de geração exerce atualmente – e vinha exercendo – para assegurar a continuidade de García y Mora?

Um papel fundamental, principalmente porque, dependendo de como essa mudança é realizada, a continuidade será garantida ou não. Dessa forma, vemos como o correto planejamento e a execução dessa mudança durante a primeira, a segunda e a terceira gerações contribuíram para se conseguir o propósito da empresa, que é sobreviver indefinidamente nas mãos da família proprietária. O problema surgiu na transição da terceira para a quarta geração e, mais concretamente, em um momento muito específico dessa transferência: José Ballester transfere sua participação de 50% para o filho, Ramón Ballester.

3. Que aspectos você destacaria das mudanças de geração realizadas na García y Mora desde sua fundação até a geração atual (quarta geração)? Quais foram benéficos e quais foram prejudiciais para essa empresa familiar? Por quê?

Ao longo da história da García y Mora ocorreram quatro mudanças de geração, nas quais são observadas, em geral, duas tendências opostas. Assim, embora a tendência geral seja a correta, ou seja, a que, ao ser implantada, beneficia qualquer empresa familiar, aparece uma quarta, na atual geração, que está prejudicando a empresa. Estamos nos referindo especificamente à atitude adotada por Ramón Ballester, que mantém uma relação muito negativa não só com o restante dos membros da empresa como também com o seu pai. Sua atitude fez com que todos os elementos negativos levassem a uma mudança de geração totalmente conflitante por parte desse ramo da família proprietária: ele não tem uma relação amigável com o pai (não o compreende nem quer compreendê-lo); existe um grande conflito entre eles, que se origina da própria relação de pai e filho; sua perspectiva em relação aos negócios é muito diferente, chegando ao extremo de o pai mandar o filho trabalhar fora da empresa. Quanto à postura correta – a que aparentemente é mantida durante todas as gerações –, simplesmente ressaltamos: 1. como ocorrem os "típicos atritos do dia-a-dia", bem como as reprovações dos antecessores no cargo por causa da mudança de mentalidade que uma nova geração supõe e pelo fato de assumir e adotar as novas idéias dos sucessores; 2. como se realizam o planejamento e a preparação dos sucessores: designam-lhes um tutor, têm de trabalhar fora da empresa e recebem assessoria. Em geral, as relações são muito boas, e eles mesmos (Juan e irmãos) reconhecem isso.

4. Qual é a perspectiva de Juan Mora e dos seus irmãos com relação ao trabalho que seus antecessores parecem estabelecer para eles à frente da companhia? São a favor ou contra? Como atuam no exercício desse novo papel não só quanto ao que isso acarreta como também quanto às relações mantidas com seus antecessores? Tais perspectivas e o *modus operandi* dos irmãos Mora são semelhantes às de Ramón Ballester? São melhores ou piores para a García y Mora?

É muito favorável a perspectiva que os irmãos Mora (sucessores ou membros de uma parte da quarta geração) têm sobre essa mudança de geração pela qual foram obrigados a passar. Na verdade, assumem todas as obrigações e conseqüências voluntariamente. Juan, por exemplo, "valoriza a sorte que teve de aprender com seu antecessor e tutor, José Ballester". As relações entre ambas as gerações parecem ser muito boas. José Ballester é uma pessoa íntegra, sociável, com muita formação, experiência etc. Conforme comentamos na resposta anterior, subsiste o tradicional atrito entre as gerações, pela promoção dos predecessores no cargo por meio das novas idéias propostas pelos sucessores, as quais foram implantadas com sucesso na Tailândia. Mas essa não é uma situação nova na empresa; já aconteceu em gerações anteriores (campanha de marketing, Arroz Lola). Tudo é resolvido com paciência, compreensão e por meio de diálogo. Além disso, eles implantam as idéias e assumem todas as despesas e todos os riscos. Consideramos que atuam sempre de maneira correta, de acordo com o que foi visto ao longo desta unidade. Uma forma completamente oposta e motivada por expectativas totalmente contrárias às estabelecidas ou refletidas no comportamento de Ramón Ballester. A única coisa que estimula Ramón é seu interesse pessoal: não concorda com nada; as relações com seu antecessor eram muito ruins – não o compreendia, nem queria compreendê-lo; implanta as linhas de ação sem se importar com os resultados para a empresa e é levado por certo "ódio", "rancor" – que acreditamos injustificados – pelo pai, primos e pela companhia em geral. Ele é intolerante, impaciente e excessivamente egoísta. Sem dúvida, ele levará a empresa à ruína.

5. Que tipo de dúvida Juan tem à frente da García y Mora, em seu papel de sucessor? Qual você acredita ser a sua origem? Considera uma origem comum? Explique suas respostas.

Juan, em seu papel de sucessor à frente da García y Mora, deve enfrentar questões que, em geral, levam à pergunta-chave que todo sucessor, em momento oportuno, deve se fazer: devo ou não continuar à frente da empresa familiar? No entanto, a origem dessa dúvida não é comum, ou seja, não reside no processo de sucessão. Na verdade, sob esse aspecto, Juan não tem problemas; está contente com o planejamento que tem sido realizado. A origem da sua inquietação, que o faz se questionar se deve ou não continuar à frente da empresa, são as discussões que tem com seu primo, Ramón Ballester. Um motivo diferente do explicado na teoria e que esse sucessor tem de superar para decidir entre continuar ou não o negócio da família e que o faz pensar, inclusive, em vender a sua parte e deixar a empresa.

6. Algum membro alheio à família participa da gestão da García y Mora? Que papel desempenham na empresa? Por que Ramón Ballester parece se opor a eles?

Na gestão da García y Mora atuam, embora de forma precisa, primeiramente um grupo de auditores e consultores, cuja contribuição é muito boa para a empresa. Eles revelam a realidade, sem se deixar influenciar por nada nem ninguém; contribuem com bons conselhos, experiência e profissionalismo. Em segundo lugar, também fica evidente, embora em menor medida, a figura do conselheiro, que também demonstra sensatez e lealdade, atuando apenas em favor da empresa.

Por meio da figura de Ramón Ballester, revela-se no texto e na empresa a imagem fiel do fundador, que não quer em sua empresa nenhum membro alheio à sua família, não admite conselhos nem sugestões de nenhum estranho, principalmente quando essas opiniões não estão de acordo com suas expectativas, seus desejos ou com o que ele quer escutar no momento. Nesse caso específico, Ramón Ballester não aceita, em particular, o parecer dos auditores, e então pede uma segunda auditoria, simplesmente porque os conselhos não se ajustam aos seus propósitos do momento, que são: demonstrar que tudo vai muito mal sob a governança dos irmãos Mora e que eles estão se aproveitando da empresa. Não obstante, em geral, não admite a opinião de terceiros, pelos mesmos motivos.

LEITURA 3:

"Um estranho na família", caso sobre *La continuidad de la empresa familiar:* diferentes perspectivas, Cátedra da Empresa Familiar da Universidade de Sevilha, EEF-US-04.

A história da empresa García y Asociados S.A. é, como a de muitas outras empresas familiares, a história de uma família. Ou, segundo muitos dos seus membros – o que tem o mesmo significado –, a vida de uma empresa marcada, em última instância, pela própria vida da família proprietária: a família García. Tudo começa em 1912, com seu fundador, Ramiro García, o Ramiro I. Uma pessoa extremamente ousada, calculista, com uma visão empresarial própria da sua época e que deixa de advogar em um pequeno escritório para desempenhar essa função quando começa a idealizar o início de um grande e produtivo escritório de advogados: García e Hijos S.L. Isso aconteceu na época em que nasceu seu primeiro filho, Ramiro II.

Eu diria que esse pai e esse filho são muito diferentes. Frio e calculista, Ramiro I aspirava ao poder, parecia não se conformar com nada e almejava tudo. Tinha uma personalidade bastante difícil e era muito dominador. Em sua empresa, García e Hijos S.L., imperava apenas a sua vontade, o seu critério. Para que suas decisões e posições fossem atendidas, procurava se cercar de colaboradores feitos à sua semelhança: obedientes, conformistas e sempre dispostos a emitir um "sim, senhor". Esse pessoal – principalmente as pessoas que pertenciam à equipe de governança da companhia – era somente ele que se encarregava de contratar e designar para cada cargo de acordo com o perfil que, segundo as suas expectativas, ele estabelecera igualmente para a empresa. Nunca contratava para García e Hijos, S.L. pessoas que não fossem do núcleo familiar. Segundo ele, esses "estranhos" – como costumava chamá-los – eram sujeitos bastante problemáticos, volúveis, faziam o que queriam, nunca cumpriam suas ordens, tentavam favorecer só a eles mesmos, possibilitando – está claro – o grande risco de, no final, passarem a deter o controle da empresa. Simplesmente não os suportava.

Ramiro II, diferentemente de seu pai, era um jovem tímido, alegre, muito sociável, sonhador e risonho. De personalidade fraca e demasiadamente influenciado pela figura do pai, sob cuja sombra parecia se proteger, sempre quis ser pintor e morar em Paris, que, em seus sonhos, era a cidade da luz, da igualdade, liberdade e fraternidade. Uma questão impensável naquele momento, especialmente em uma sociedade como a da época, em pleno desenvolvimento industrial, tendo em conta uma família como a dele, vinda e até então pertencente à classe alta, e principalmente os planos que o pai tinha traçado para ele, mesmo antes do seu nascimento. Planos que desde que tinha consciência e inclusive quando, depois que Ramiro I faleceu, em um momento de falta de lucidez, por raros e fatídicos minutos da sua vida dela careceu, continuava escutando da boca do pai: "Meu legado não morrerá comigo. Nem a morte impedirá que eu siga cumprindo minhas obrigações com a García e Hijos S.L. e com minha família nas gerações futuras. Você será meus olhos e minhas mãos quando eu não estiver mais por aqui. É o meu único filho homem, por isso suas obrigações para com a família estão aqui, à frente da empresa que eu um dia fundei e que tanto me custou levantar".

Pressionado pela família, pelas circunstâncias e pelo meio, Ramiro II optou por desistir dos seus sonhos, pelo menos enquanto seu antecessor fosse vivo, enterrando-se "em vida" – por assim dizer – em uma empresa e em um cargo para o qual não tinha habilidades nem interesse em aprender. Nem sua personalidade fraca e influenciável, o grande medo que sentia do seu antecessor nem sequer sua ansiedade para que o pai reconhecesse seu trabalho, por menor que fosse, conseguiram superar os fatores anteriores – os mesmos que, por outro lado, marcariam sua vida. Assim, limitou-se simplesmente a representar na García e Hijos S.L. o papel que seu pai e toda a família – menos ele – tinham reservado para ele: "o de Ramiro García II, Ramiro II, Ramiro Filho". Assim, passou sua curta e triste existência à frente de sua empresa. Sempre sob a proteção do pai, sob suas ordens, sem nenhum tipo de poder nem autoridade, formando-se segundo seus critérios para chegar a ser um verdadeiro homem de negócios. Uma formação na qual, sem dúvida, o principal instrutor e modelo a seguir era seu antecessor, Ramiro I. Um instrutor que defendia a idéia de que, para desempenhar suas funções na empresa, "não era necessário nenhum outro tipo de formação. Como aconteceu com ele, a vida lhe ensinaria. A vida, a verdadeira universidade".

A pressão – digamos assim – ou o controle de Ramiro I sobre a vida do filho foi tanta que até mesmo depois de falecido, inesperadamente, devido a um ataque cardíaco, com apenas 50 anos, parece que seus desígnios continuaram a reinar. Ele chegou inclusive a tomar uma decisão que, até hoje acredito, o filho é quem devia ter tomado e nunca ele, Ramiro I: a escolha do sucessor de Ramiro II. Ramiro I, em seu testamento, estabeleceu uma cláusula vital, tanto para a família como para sua empresa: "García e Hijos S.L. só será dirigida pelos filhos homens de cada geração". Esses filhos ficariam encarregados de cuidar e de sustentar suas mães, esposas, filhas e irmãs, bem como qualquer outra integrante da família, incumbindo-se de nunca deixá-las desprotegidas nem privadas de nada. Esse setor feminino da família podia ter ações, propriedades, mas nunca dirigiriam a empresa nem possuiriam um número tão elevado das suas ações, a ponto de ter o controle dela. Essa era uma cláusula que seria preservada enquanto a empresa estivesse funcionando. Caso contrário, o capital seria dissolvido, o escritório de advogados liquidado e a família jamais teria direito ao dinheiro proveniente dessas transações. Ramiro I era muito claro nesse aspecto: "Antes de vê-la nas mãos de terceiros que exercem a má gestão, o melhor é dissolvê-la e vendê-la". E, claro, seu sentido da responsabilidade não permitia gratificar os culpados. Era justo que colhessem os frutos da irresponsabilidade: deixava a todos sem recursos e na rua, sem nada.

Parecia que Ramiro I não só tinha "reinado" em vida como também continuaria reinando após a morte. Portanto, as esperanças de Ramiro II realizar seus sonhos pareciam estar suspensas, mas dessa vez para sempre. Aparentemente era obrigado a permanecer na García e Hijos S.L. para o resto da vida. Nunca estaria livre. Essa situação, somada à sua posterior má gestão à frente da empresa familiar, fez com que ele, depois de perder os primeiros clientes importantes, se suicidasse, deixando como legado somente uma esposa, uma filha de 12 anos e um filho com menos de dois meses de vida, Ramiro III.

É exatamente nesses tristes momentos que minha vida ficará vinculada para sempre à de García e Hijos S.L. e mais concretamente à deste pequeno menino, Ramiro III.

A situação da firma não era muito boa naquela época. Havia uma grande desordem. Aos problemas econômicos, à perda de clientes importantes e às discussões familiares que surgiram para assumir o controle da empresa somava-se a impossibilidade de se cumprir o que estabelecia a última vontade de Ramiro I, quanto à gestão da empresa. Entretanto, naquele momento, a questão era bem clara. Com sua morte, Ramiro II deixou apenas um possível sucessor para enfrentar essa árdua missão: Ramiro III. Sua mulher, Claudia, sua mãe, Rosalía, sua única irmã, Rosa – ainda solteira – ou sua filha, Carlota, não podiam assumir essa função na empresa. Coitado do menino. Como seu pai, estava "marcado" por uma sorte que desde o berço parecia ameaçar toda a sua existência.

Como já comentado anteriormente, foi nesses momentos tão críticos, tanto para o escritório de advogados como para a própria família, que a mãe de Ramiro III, Claudia, recorreu a mim, Octavio Sánchez. Nessa época, eu possuía um pequeno escritório de advogados. Ia bem. Acumulara ampla experiência trabalhando para grandes consultoras e companhias que prestavam serviços como assessoria fiscal e principalmente financeira a outras instituições. Eu decidira que já era hora de abrir o meu escritório de advocacia. Avaliei os prós e contras e decidi aceitar esse novo desafio, movido principalmente pela grande amizade que tanto me unia a essa mulher (minha amiga da Universidade de Direito de Indiana e com quem inclusive cheguei a trabalhar na defesa de alguns casos em um importante escritório na costa leste dos Estados Unidos), bem como pela grande compaixão e pelo instinto de proteção que despertaram em mim ao conhecer Ramiro III. Decidimos, então, fundir nossas duas empresas. A família pareceu concordar. Apenas colocou uma condição: a família García continuaria com a maioria do capital, ou seja, 60%, situação que não contestei. Eu tinha uma posição muito clara; sabia que minha função era assegurar o futuro de Ramiro III. Nesse caso, eu seria o presidente da companhia e atuaria em seu nome, já que sua mãe, apesar da sua formação, não poderia assumir por ser mulher e por sua posição dentro da empresa. Além disso, eu tutelaria sua formação e deixaria tudo preparado, até que ele estivesse em condições de presidir a firma. Nesse momento, eu teria liberdade para continuar na empresa ou deixá-la. Nasceu assim a García y Asociados S.A., empresa de advogados cuja estrutura acionária, ainda hoje em vigor, é fruto da fusão da García e Hijos S.L. e o escritório Asociados S.L. Uma fusão firmada pela viúva de Ramiro II, representante legal da García e Hijos S.L. e do seu filho (único herdeiro da empresa – segundo a última vontade de seu pai – e menor, portanto, sem capacidade legal para administrá-la), e por mim, Octavio Sánchez, acionista majoritário e presidente executivo da Asociados S.L.

Ser o elo entre uma geração perdida e a geração seguinte que, por causa da idade, não tem capacidade legal para assumir a empresa, foi minha grande missão durante todos esses anos. Em vista disso, assegurei-me de proporcionar a quem considero meu filho, Ramiro III, uma grande cultura e formação acadêmica, capazes de fazer frente à sua futura responsabilidade na empresa, bem como de lhe ensinar, desde muito pequeno, os valores e princípios necessários para isso: persistência, perseverança, amor pelas coisas bem-feitas, consideração e respeito pelo trabalho dos demais, pertencentes ou não à família.

Todo esse período de preparação e tutela de Ramiro III exigiu um contínuo processo de aprendizado também para mim. Em minha ampla trajetória profissional, nunca executara trabalho semelhante. Esse papel de tutor exigiu de mim, além de muita paciência, tolerância e participação, um e outro sacrifícios pessoais. Sempre insisti para que a diferença de idade existente entre nós não fosse um obstáculo para atingir os propósitos que tínhamos idealizado na empresa para ele, de modo que, se eu não queria que isso repercutisse negativamente, não tinha outro jeito senão evoluir com o tempo. Hoje em dia, fico feliz por ter tomado essa medida. A mudança de mentalidade que isso me proporcionou, mais aberta e em conformidade com os novos acontecimentos da época, facilitou em muito minha relação com Ramiro III, surgindo assim um forte vínculo de amizade, comunicação e entendimento, que potencializaram não só nossas relações pessoais como também as profissionais à frente da empresa, aparando possíveis "arestas", fruto do dia-a-dia.

Apesar de ajudá-lo a assumir seu futuro papel como presidente da empresa de advogados, de lhe proporcionar uma sólida formação, dar-lhe todos os conselhos e apoio necessários para desempenhar sem nenhum problema essas funções, de analisar com ele os prós e contras da sua decisão de assumir ou não a sucessão e tentar fazê-lo ver o que era o melhor tanto para a empresa como para ele, não pude evitar que, chegado o momento da sucessão, Ramiro III, do mesmo modo que seu pai, Ramiro II, tivesse dúvidas. Seria hereditário? Graças a Deus, logo tudo se resolveu e a questão se reduziu ao simples "medo" inicial diante do desconhecido que a maioria dos sucessores das empresas familiares sofre nesses momentos. Ramiro III era e ainda é um jovem de boa índole e grande personalidade. Tinha as próprias convicções, criou as próprias expectativas sobre a empresa (pela qual, curiosamente, desde muito pequeno sentia uma grande paixão) e – o mais importante – ansiava pelo momento de passar a fazer parte dela. Considerava o fato de enfrentar suas novas responsabilidades um verdadeiro desafio. Nunca lhe impus nada e sempre resolvemos tudo por meio do consenso e do diálogo, procurando analisar e refletir sobre todas as opções possíveis.

Meu trabalho como presidente da García y Asociados S.A. nem sempre foi tranqüilo. Ao mesmo tempo, também não foi reduzido apenas à preparação do futuro sucessor da empresa. Pelo contrário, as situações enfrentadas durante todos esses anos de gestão às vezes foram muito difíceis e, em muitos casos, meu trabalho foi questionado e dificultado. Cheguei a ser até mesmo odiado e considerado um simples estranho pela maior parte da família proprietária da empresa. Quanto a isso, tenho de alegar a meu favor que foram as condições do meio, as quais tínhamos de enfrentar se quiséssemos garantir nossa sobrevivência e consolidar nossa posição no mercado, que me obrigaram a estabelecer regras muito claras do jogo, principalmente no início, quando minha condição de estranho da família era muito lembrada pelo restante dos membros da empresa. Todos, de uma forma ou de outra, pertenciam à família. A essa situação somaram-se dois novos acontecimentos que ocorreram no seio familiar e repercutiram na empresa. Em primeiro lugar, o inesperado enlace matrimonial de Claudia, a viúva de Ramiro II, sem o consentimento da família García. Um casamento que ocasionou, além da conhecida "guerra" familiar, a transferência de parte das suas ações para seu novo marido, que passou a ocupar um cargo de considerável poder na empresa. Em segundo, a repentina incorporação à empresa, por desejo expresso da matriarca da família, Rosalía, viúva de Ramiro I, de um irmão dela, Vicente, que tinha uma reputação muito "duvidosa" e estava arruinado – segundo Rosalía, pelo momento ruim que a economia passou e, segundo outras pessoas, pelo seu azar no jogo. Vindo dos Estados Unidos, praticamente sem conhecer o funcionamento interno da empresa, esse membro familiar tornou a equipe dirigente mais numerosa.

Muitos desses familiares, em certas ocasiões, tacharam-me de imprudente, de tomar medidas muitas vezes extremas e fora de hora, além de coisas piores. Contudo, eu não concordo com tais acusações. Vocês mesmos podem julgar parte delas, que comento a seguir. Separei o patrimônio empresarial do familiar, recebendo, assim, queixas da família, que estava acostumada a "viver com muito luxo, acima não só das suas condições como também das condições da própria empresa, que funcionava como fonte de renda". Também implantei uma sólida hierarquia na empresa de advogados, bem como rigorosos critérios de promoção e remuneração: "os cargos eram ocupados de acordo unicamente com a formação dos candidatos em potencial, os quais eram remunerados segundo essa formação e o rendimento que obtinham". Com essa última medida, consegui colocar "cada um em seu lugar", mas, ao tirar, desse modo, outros muitos privilégios que, com o tempo e em razão do sobrenome, os membros da família foram acumulando, voltei a ganhar a simpatia de todos. Entre eles, a da avó, que continuamente repetia, ou melhor, gritava: "Como já dizia o pobre do seu avô, um estranho! Um estranho na família se apoderará de tudo o que, por direito, nos pertence!... Se o seu pobre avô levantasse a cabeça...".

Não sei se agi bem ou mal. Só posso justificar meus atos e o resultado deles, admitindo que sempre agi por iniciativa própria, sem nenhum tipo de pressão, e com base, em dado momento, no que eu acreditava que seria o melhor para a empresa para a qual trabalhava.

Graças a Deus, parece que os maus momentos ficaram para trás. Fico orgulhoso de ver Ramiro III, que sempre será meu filho, à frente da firma, hoje em dia uma consolidada e importante empresa de advogados: García y Asociados S.A., com sede em vários países europeus, uma carteira de clientes bastante numerosa e distribuída por todo o mundo, dedicada ao exercício da advocacia, em seus múltiplos ramos, e com um poderoso capital social, do qual 60% continuam em mãos da sua família, a família García. Uma multinacional pela qual – primeiro só eu e depois com Ramiro III – trabalhamos muito e na qual pensamos continuar trabalhando por enquanto, até deixar tudo planejado e previsto para que, chegado o momento e como o pai, Ramiro III, seu filho, Ramiro IV, possa assumir o controle dessa empresa familiar. Quero deixar tudo "muito bem amarrado" e, por isso, Ramiro III e eu decidimos que, seguindo as mesmas regras que um dia estabeleci para ele, o acordo que regulamentará as ações que regerão o processo de sucessão de Ramiro IV terá força e eficácia perante terceiros. Espero que Deus continue me dando saúde e força para poder vê-lo, algum dia, à frente da empresa.

Questões para discussão

1. O que você diria que colocou em perigo a continuidade da empresa fundada por Ramiro I, durante a sua transmissão para as mãos do filho, Ramiro II?

Principalmente a diferença de princípios, valores e atitudes entre a geração do fundador, Ramiro I, e de seu filho, Ramiro II. Pai e filho não tinham nada em comum. O primeiro estava satisfeito com seu papel de advogado agressivo, materialista e calculista, enquanto o segundo queria ser pintor e morar em Paris. Para este, era a cidade da luz, da igualdade, liberdade e fraternidade. A isso soma-se a fraqueza da sua personalidade e o grande medo de ser responsável pelas próprias decisões à frente da empresa que o pai presidia. Mesmo depois que o pai morre, ele tem medo de não estar à sua altura e de decepcioná-lo. A mistura de debilidade e indecisão que ele vivencia, definitivamente, deixa-o insatisfeito consigo mesmo levando-o a adotar duas posturas que, com relação à empresa do seu pai, podem ser consideradas erradas. Além disso, elas originaram uma série de situações bastante perigosas para a garantia da preservação dessa empresa familiar através do tempo. Sendo assim, em primeiro lugar, quando seu pai ainda era vivo, seu papel na empresa simplesmente limitava-se a ser "a sombra dele", cumprir suas ordens e nada mais. Não queria mais problemas, pois se sentia cansado demais para continuar enfrentando dificuldades. Em segundo lugar, quando seu pai morre e não lhe deixa nada estabelecido, a não ser a imposição de que será o sucessor da empresa, não só quando ele, Ramiro II, morra, como também nas próximas gerações da família. Assim, asfixiado pelos inúmeros questionamentos tanto do negócio como do seu futuro, surgem seus medos e a incapacidade para enfrentá-los, quebradas as esperanças de que um dia, alinhado ao trabalho e submetido à imposição do pai, tinha criado, vendo que a liberdade que tanto almejava nunca seria alcançada, opta por uma segunda alternativa, ainda mais conveniente que a anterior: o suicídio. Em geral, poderíamos concluir dizendo que Ramiro II nunca quis nem pôde compreender o pai. Além disso, a perspectiva que tinha da sucessão também era totalmente diferente: na verdade, ele não a aceitava. Nunca quis ser o sucessor da García e Hijos S.L. Essa imposição de uma realidade e sua recusa em assumi-la e enfrentá-la são duas variáveis pelas quais não se pode garantir a continuidade de nada, muito menos de uma empresa.

2. Ao longo da história da García e Hijos S.L., desde sua constituição até sua transformação pela fusão com a García y Asociados S.A., além da sucessão comentada na pergunta anterior, existe uma segunda: que diferenças ou semelhanças você encontra entre essas sucessões? Analise-as.

Embora surjam as mesmas dúvidas na hora em que o sucessor da segunda geração, Ramiro III, tem de assumir suas novas funções à frente da empresa do avô, Ramiro I ("vai acontecer comigo o mesmo que aconteceu com meu pai? Serei tão eficiente quanto meu avô?"), no seu caso, o modelo que ele tem como referência é muito diferente do que o seu pai teve. Octavio, seu tutor, é um homem compreensivo, tolerante, com uma mentalidade que foi evoluindo com o tempo, de grande cultura e boa formação acadêmica, além de valores e princípios que, desde criança soube ensinar a quem sempre considerou um filho: Ramiro III.

Além disso, embora a diferença de idade entre Octavio e Ramiro III fosse a mesma que entre Ramiro I e Ramiro II, as qualidades de Octavio e o rigoroso e minucioso processo de formação a que submeteu Ramiro III anteriormente à sua entrada para a empresa, e seu *know-how* em geral fazem com que a diferença de gerações não seja obstáculo para garantir a continuidade da empresa de advogados. Além de lhe proporcionar uma formação necessária para desempenhar sem nenhum problema essas funções, ajudá-lo a assumir seu papel como presidente da empresa de advogados, favorecer a criação de fortes vínculos de união entre eles, aparar possíveis arestas, frutos do dia-a-dia à frente da empresa familiar, Octavio o ajudou a estabelecer as bases para o desenvolvimento de uma poderosa comunicação e de um entendimento mútuo entre ambos. Circunstância para a qual, em grande medida, contribuiu o fato de nunca ter imposto nada à força a Ramiro III. Eles estabeleciam tudo por meio do consenso e do diálogo, refletindo e vendo o que era melhor tanto para a empresa de advogados como para ele, Ramiro III, no caso de que, dado o momento, assumisse seu papel à frente de García y Asociados S.A., bem como quando estivesse à frente da empresa. Essa situação anterior proporciona a Ramiro III outras vantagens com as quais seu pai, Ramiro II, não contou: reforça sua personalidade; ajuda-o a entender e aceitar as linhas de ação do seu tutor e seu papel à frente da empresa familiar, sentindo-se grato e satisfeito com as vantagens que Octavio tenta lhe transmitir e lhe recomendar para desempenhar seu novo papel na empresa; cria nele novas expectativas sobre a empresa familiar e sobre seu papel na direção; e, finalmente, contribui para que sua perspectiva da sucessão à frente de García y Asociados S.A. seja a mesma de Octavio, que é muito diferente da de seu pai. Para Ramiro III, ser presidente de García y Asociados S.A. é um verdadeiro prazer, um total desafio, por isso, se sente animado para assumir o risco que isso pressupõe e o faz por vontade própria. Pare ele, não se trata de uma atividade enfadonha, fruto de uma imposição.

Finalmente, na passagem da primeira para a segunda geração vemos outra vantagem, pois, além do mencionado anteriormente, existe também um instrumento de governança que a auxilia: um protocolo familiar. No texto, não se referem explicitamente, mas fazem uma alusão à preparação e ao planejamento do processo sucessório e, por isso, deduzimos a existência desse documento. Além disso, é dito que Octavio quer deixar tudo "muito bem amarrado" e, assim, seguindo as mesmas regras estabelecidas com Ramiro III, começa a elaborar com ele o planejamento e a preparação que seguirão com o filho dele, Ramiro IV. Desse modo, eles dizem que o acordo que regulamentará essas ações anteriores – como foi para Ramiro III – terá força legal perante terceiros.

3. A que você acredita que se deva a oposição categórica de Ramiro I à entrada para a empresa de pessoas alheias ao núcleo familiar?

Ramiro I não queria estranhos – como assim os classificava – em sua empresa, principalmente porque, para ele, eles eram muito problemáticos e não conseguia dominá-los. Faziam o que queriam, nunca cumpriam suas ordens, tentavam favorecer só a eles mesmos, possibilitando – está claro – o grande risco de, no final, passarem a deter o controle total da empresa. Isso era o que ele argumentava para a família e terceiros, mas, na verdade, por sua personalidade, seu *modus operandi*, queria ter em sua empresa, prestando-lhe assessoria, sobretudo na equipe de governança, pessoas fáceis de dirigir, de acordo com o perfil que, segundo suas expectativas, encarregara-se de estabelecer para o desempenho de cada cargo. A isso somava-se também o fato de pretender "continuar dirigindo depois de morto" (*"Meu legado não morrerá comigo. Nem a morte impedirá que eu siga cumprindo minhas obrigações com García e Hijos S.L. e com minha família nas gerações futuras"*). Tudo isso contribuiu para que ele escolhesse como sucessor um candidato adequado para atingir seus propósitos, um "fantoche fácil" para ele, o sucessor ideal aos seus olhos: o próprio filho, Ramiro II. Uma pessoa de personalidade fraca, bastante pressionada pelo ambiente e pelo medo que sente de frustrar o pai, e incapaz, portanto, de contrariar, de não cumprir as normas impostas pelo pai, de não cumprir a vontade dele. Ele se encarregaria de moldá-lo à sua semelhança para que, assim, administrasse os assuntos da empresa e da família como sempre tinha feito, de forma impecável. Dessa forma, assegurava – mesmo depois de morto – sua continuidade à frente da empresa familiar. Nenhuma pessoa alheia à família suportaria essa situação anterior, principalmente porque não podia impedi-la de nenhuma forma, nem exercer sobre ela a mesma pressão a que submete o filho ou qualquer outro membro da família. Quanto à família, ressaltamos que ele chegou ao extremo de estabelecer uma cláusula em seu testamento que diz: se as mulheres dirigirem ou assumirem o controle da empresa, todos são demitidos, sem qualquer direito.

4. Em oposição ou a favor das convicções com relação a Ramiro I, em que medida o papel de Octavio, um estranho na família, foi favorável ou desfavorável durante sua permanência em García y Asociados S.A.? Explique sua resposta.

O papel de Octavio Sánchez na gestão à frente de García y Asociados S.A. foi muito favorável para essa empresa familiar, pois garantiu o seu presente, por administrá-la de forma eficaz durante seu mandato e por salvá-la de "uma morte quase certa", depois dos erros cometidos na passagem da primeira para a segunda geração, bem como da segunda para a terceira (de Ramiro I para Ramiro II e de Ramiro II para Ramiro III). Além disso, determinou as bases para garantir a continuidade da empresa de advogados na terceira geração (de Ramiro III para Ramiro IV), elaborando um processo de planejamento dessa sucessão.

No decorrer de seu trabalho à frente da empresa, ele também contribuiu para solucionar muitos dos problemas que, assim como em muitas empresas familiares, atingiam a García e Hijos S.L. Desse modo, por exemplo, conseguiu acabar com a sobreposição entre empresa e família. Em vista disso, estabeleceu, entre outras coisas, regras muito claras do jogo; separou o patrimônio empresarial do familiar (recebeu, assim, queixas da família, que estava acostumada a "viver com muito luxo, acima não só das suas condições como também das condições da própria empresa, que funcionava como fonte de renda"); e implantou uma sólida hierarquia na empresa de advogados, bem como rigorosos critérios de promoção e remuneração ("os cargos eram ocupados unicamente de acordo com a formação dos candidatos em potencial, que eram remunerados de acordo com essa formação e do rendimento que obtinham"). Com essa última medida, colocou "cada um em seu lugar", mas, ao tirar outros muitos privilégios, que, com o tempo e em razão do sobrenome os membros da família foram acumulando, voltou a ganhar a simpatia de todos (*"Como já dizia o seu pobre avô, um estranho! Um estranho na família se apoderará de tudo que, por direito, nos pertence!... Se seu pobre avô levantasse a cabeça..."*).

Octavio, em suma, atuou como se recomenda que atuem todos os diretores alheios à família no seio das empresas familiares: sem seguir nenhum modelo estabelecido anteriormente, exercendo suas funções sem se deixar influenciar por nada nem ninguém (pelo salário ou pelo chefe, por exemplo), com independência e de acordo com o que considerava melhor para a empresa para a qual trabalhava. Além disso, sempre acreditou ser o elo entre Ramiro II e Ramiro III, entre a primeira e a segunda geração, e nunca teve a intenção de se apoderar da empresa. Sendo assim, seu papel não só foi favorável, como também podemos dizer que foi impecável.

5. A que podem ser atribuídos o sucesso e o fracasso, bem como os momentos críticos pelos quais, para garantir a continuidade, a atual García y Asociados S.A. passou ao longo da sua história?

Tanto o fracasso como o sucesso (gestão de Octavio-Ramiro III-Ramiro IV) dessa empresa familiar, bem como os momentos críticos pelos quais tiveram de passar para garantir a continuidade através do tempo (período de governança de Ramiro I-Ramiro II-Ramiro III), são conseqüências diretas da ausência (fracasso) ou não (sucesso), respectivamente, de um eficaz planejamento da sucessão, somados à escolha (sucesso) ou não (fracasso) do momento adequado para a sucessão. Na verdade, durante a sucessão das duas primeiras gerações, não houve essa escolha (não deu tempo, pois Ramiro I faleceu de infarto e Ramiro II suicidou-se). Foi justamente na terceira sucessão (Ramiro III), mas principalmente na quarta (Ramiro IV), que realmente essa escolha foi feita. Para essa situação também contribuem a presença de uma forte sobreposição empresa-família (fracasso) ou não (sucesso) na empresa e todas as conseqüências negativas que essa problemática pressupõe, bem como todas as outras armadilhas que ela pode originar. Tanto as armadilhas como essa problemática foram vistas em unidades anteriores.

REFERÊNCIAS

AMAT, J. *La continuidad de la empresa familiar*. Barcelona: Gestión, 2000.

BORK, D.; JAFFE, D.; LANE, S.; DASHEW, L. e HEISLER, Q. *Cómo trabajar con la empresa familiar*. Barcelona: Granica, 1997.

DE ARQUER ARMANGUÉ, J. *La empresa familiar*. Pamplona: Ed. Universidad de Navarra, 1979.

GALLO, M. A. *La sucesión em la empresa familiar*. Barcelona: La Caixa, 1998.

GERSICK, K. E.; DAVIS, J. A. *Empresas familiares:* generación a generación. México: McGraw-Hill, 1997.

LAMBING, P. e CHARLES, K. *Empresarios pequeños y medianos*. México: Prentice-Hall Hispanoamericana, 1998.

LEACH, P. *La empresa familiar*. Buenos Aires: Granica, 1996.

PRICE WATERHOUSE COOPERS. *Estratégias de éxito para las Pymes:* del crecimiento a la sucesión en la empresa familiar. Madri: Recoletos Compañía Editorial, 1998.

SÁNCHEZ-CRESPO CASANOVA, A. J. e SÁNCHEZ Y SANCHES, A. M. *La empresa familiar:* manual para empresários: claves legales para su correcta organización y su continuidad. Bilbao: Deusto, 2001.

O planejamento da sucessão na empresa familiar

APRESENTAÇÃO

Quando é apropriado começar a preparação de um sucessor? Quantos sucessores devem ser preparados? É possível ser sucedido por uma equipe em vez de uma única pessoa? Em que circunstâncias pode ser preferível que o sucessor seja um diretor não pertencente à família? Quais são as qualidades, os conhecimentos e as atitudes que os sucessores devem desenvolver ou possuir? Questões como essas sempre fizeram parte da problemática específica das empresas familiares, com relação à sucessão. Acontece que uma resposta certa e concreta para muitas dessas questões depende, em grande medida, das circunstâncias de cada empresa familiar e até mesmo de cada família. Além disso, essas circunstâncias podem mudar muito e em pouco tempo nessas entidades.

Neste capítulo serão analisadas as inúmeras dificuldades geradas pela transição do poder, da propriedade e do controle resultantes da sucessão, bem como as poderosas influências que dificultam o sucesso do planejamento dessa etapa da empresa familiar. Com o propósito de ajudar nossos estudantes a compreenderem toda a problemática que essa etapa supõe e assim garantir a continuidade da empresa, são estudadas as diferentes opções e também é explicada a importância da preparação dos sucessores e do planejamento da sucessão, procurando oferecer, ao mesmo tempo, uma série de sugestões ou guias de ação para, na medida do possível, assegurar que a mudança seja feita da maneira mais harmoniosa e vantajosa possível.

Consideramos que, diante da grande diversidade e complexidade que enfrentamos – a sucessão –, o máximo que podemos oferecer a nossos alunos e às unidades empresariais familiares é esse guia de ação, que traz uma gama de regras de conduta bastante testadas e cuja eficácia, na maioria dos casos, foi comprovada.

Capítulo 8

8.1. INTRODUÇÃO

"Como manter o negócio na família e a família no negócio" (Lea, 1993)

Enquanto 61% das empresas familiares são dirigidas e/ou controladas pela primeira geração, apenas 39% o são pelas gerações seguintes – 24% pela segunda geração, 9% pela terceira e 6% pela quarta ou gerações seguintes (Amat, 2000). Segundo um estudo realizado na Europa, uma parte significativa de empresas familiares desaparece depois da segunda ou da terceira geração por conta de um planejamento malfeito da sucessão ou dos herdeiros. Essa situação confere especial importância às medidas adequadas que devem ser tomadas na hora certa, considerando, nesse caso, as possibilidades estruturais e jurídicas.

A sucessão familiar, entendida como uma fase que termina com a transmissão do poder de decisão e da propriedade para a geração seguinte, é um dos processos mais importantes e ao mesmo tempo mais críticos que uma empresa familiar deve realizar para garantir a continuidade nas mãos da família empresária. O forte vínculo emocional com a empresa familiar faz da sucessão uma das questões mais importantes para os membros da família, tanto para os sucessores como, principalmente, para o líder – sobretudo se for o fundador. Quatro dos fatores bastante críticos nesse sentido são: a atitude do líder para assumir seu progressivo afastamento, a relação entre ele e seus sucessores em potencial, o planejamento e a administração do processo de transferência do controle à geração seguinte para garantir a continuidade da família empresária na empresa familiar.

Grande parte das empresas espanholas de primeira geração, criadas, em sua maioria, entre 1959 e 1973 ou, principalmente, entre 1983 e 1990 – dois momentos de grande estímulo para a criação de empresas –, já está vivenciando a incorporação dos filhos dos fundadores. Gallo estimou que 40% das empresas familiares espanholas teriam concluído o processo sucessório antes do ano 2000. Isso mostra que não é de agora que o tema da sucessão tem grande importância para as empresas familiares.

8.2. O PLANEJAMENTO DO PROCESSO SUCESSÓRIO

8.2.1. Introdução

O fator mais crítico para assegurar a continuidade de uma empresa familiar é planejar com antecipação. Caso as circunstâncias futuras impeçam a família de assumir a empresa, a única coisa que se perderia seria o tempo investido no planejamento. No entanto, se o presidente da empresa pensa em se afastar e não existe um plano de sucessão, as conseqüências podem ser catastróficas.

Infelizmente, para muitos proprietários, é difícil lidar com os altos e baixos emocionais e financeiros que o planejamento da sucessão necessariamente implica. Alguns, inclusive, não concordam com a necessidade de planejar a sucessão e parecem não querer se afastar. "Eu não vou sair. Vão ter de me tirar daqui". A atitude desses empresários aumenta o risco de suas empresas fracassarem depois de seu afastamento ou falecimento, pois ninguém estaria preparado para assumir a direção e suportar a mudança. É compreensível que os fundadores sejam resistentes em encarar as questões da sucessão. Como o processo costuma ser mais emocional que racional, tanto o fundador como sua esposa podem até mesmo pensar que o melhor é "deixar o tempo passar", a fim de evitar todos os problemas que, principalmente no seio da família, essa sucessão pode acarretar. A esse "medo das conseqüências" soma-se o fato de, na maioria das empresas familiares, tudo o que concerne à direção ser informal: a família nunca aprende a trabalhar em conjunto em um planejamento sistemático. A essa circunstância somam-se aspectos como os membros da família não terem trabalhado em outras empresas antes de entrarem para a empresa familiar e, conseqüentemente, não terem experiência com as práticas atuais. Em sua maioria, esses familiares pretendem planejar sem ter capacidade para fazê-lo e acabam presos a seus problemas pessoais: as conversas transformam-se em discussões e o resultado é o distanciamento da empresa familiar.

8.2.2. Questões básicas

8.2.2.1. O que se entende por "planejamento da sucessão"?

O planejamento da sucessão compreende a criação de documentos que organizam a transferência de propriedade da empresa do dono para os outros (familiares, diretores alheios à família, instituições de caridade etc.), da maneira mais eficiente do ponto de vista impositivo.

8.2.2.2. Quando é recomendável começar a planejar?

Quanto à questão de qual seja o melhor momento para começar a planejar a sucessão, os estudiosos sobre empresas familiares afirmam que, quanto mais cedo o dono começar a planejar, maiores serão as probabilidades de sucesso. Assim, um estudo feito com 42 empresas familiares mostrou uma clara correlação entre o tempo de antecipação do planejamento e a continuidade da propriedade na família. Dos resultados desse trabalho, concluiu-se que: "os proprietários de 12 dessas empresas familiares, das 14 que tinham iniciado o planejamento antes de realizar efetivamente a transferência para a geração seguinte, ou seja, 86%, tinham realizado a transição com sucesso" (Lea, 1993).

Aprofundando um pouco mais a questão, verificamos como os níveis de precisão chegaram a atingir um grau que, por parte de alguns especialistas, podem ser classificados, no mínimo, como surpreendentes. Um deles, por exemplo, sugere que o planejamento deva ser iniciado pelo menos 15 anos antes da data de aposentadoria planejada pelo empresário. Outro afirma que o processo deve começar quando o futuro herdeiro tiver exatamente oito anos de idade. No entanto, consideramos que necessidades como essas são artificiais e que um marco mais realista para começar a planejar seriamente a sucessão seria quando fica evidente que a empresa tem bases sólidas e boas perspectivas no longo prazo, é durável e convém mantê-la na família. Acreditamos que esse enfoque coloca o planejamento no lugar que lhe corresponde: a empresa, suas necessidades e sua sobrevivência. Também nesse caso, corrobora o fato comprovado de que quanto antes for tomada a decisão e quanto maior for o tempo destinado ao planejamento e preparação, maiores serão as possibilidades de que a família esteja disposta e seja capaz de assumir quando chegar o momento.

A seguir, veremos que, além da decisão do momento temporal em que o processo sucessório deve ser abordado, essa problemática da empresa familiar requer o conhecimento de outra série de questões. Acontece que, para que haja eficácia, o planejamento da sucessão deve ser, pelo menos, objetivo, realista e estratégico. Às vezes, ter em mente esses requisitos é mais difícil do que parece.

8.2.2.3. Requisitos básicos para um planejamento eficaz: planejar objetivamente, de forma realista e estratégica

Planejar objetivamente

Deve-se reconhecer que é difícil ser objetivo ao planejar a sucessão da empresa familiar. Afinal, um empresário típico se esforça para preservar a continuidade do negócio, levado pelo desejo de dar oportunidades e segurança à família e de tornar perpétua a empresa que ele levou uma vida para construir. Portanto, sempre há uma forte tentação de se deixar dominar pelos sentimentos, de planejar com o coração e não com a cabeça. "Se você puder deixar para seu sucessor um salário exorbitante, sem prejudicar a empresa, porque a situação financeira permite, faça-o! Mas, caso contrário, sem a menor dúvida, esqueça!" (Lea, 1993).

No planejamento da sucessão sempre existe o perigo de haver conflitos entre os valores do sistema comercial (trabalhar com eficiência e obter lucro) e os do sistema familiar (ser leal, preservar os vínculos e cumprir as responsabilidades, para com a família). Qualquer pessoa que tenha sonhado em ver um de seus filhos assumir a empresa poderia imaginá-lo como o "Bill Gates" dos negócios. Um plano de sucessão objetivo, pelo contrário, deve capitalizar as verdadeiras potencialidades do novo diretor, em vez de criar expectativas nada realistas, às quais ele dificilmente satisfará.

Nesse planejamento objetivo será necessário, entre outras coisas: formular claramente os objetivos e estabelecer prioridades e linhas de ação para alcançá-los, além de elaborar e seguir um cronograma.

a) **Formular claramente os objetivos:** no desenvolvimento de cada objetivo, o empresário deve começar formulando, pelo menos, três perguntas cruciais: quais serão as necessidades da empresa sob a administração da geração seguinte? Como essas necessidades podem ser satisfeitas? Quando? Como todo objetivo comercial no curto ou no longo prazo, os objetivos desse processo de planejamento da sucessão devem ser nítidos e precisos. Por exemplo: "depois do meu total e definitivo afastamento, a companhia será dirigida por um presidente, assessorado por um comitê diretivo, formado por três membros da família" ou "minha filha Jane será presidente executiva da empresa, com 52% das ações".
b) **Estabelecer prioridades:** uma vez formulados os objetivos, é necessário classificá-los por prioridade, a fim de garantir o sucesso do processo de sucessão. A empresa familiar deve sobreviver principalmente com uma boa estrutura financeira. Desse modo, os objetivos voltados para a preservação dessa entidade no longo prazo, e para a garantia da sua continuidade a partir de uma boa gestão, devem ter mais prioridade no planejamento da sucessão que os desejos dos familiares, principalmente sobre assuntos relacionados à propriedade e administração da empresa, incluindo o fluxo de renda.

c) **Ações para satisfazer os objetivos:** além dos objetivos e suas prioridades, é necessário abordar as linhas de ação que serão realizadas para que eles sejam alcançados. Para isso, cada objetivo claramente definido deve ser acompanhado pela seqüência de ações a serem executadas. São ações muito simples, mas ao mesmo tempo muito importantes para a continuidade da empresa familiar, como: formar um conselho de funcionários para assessorar a transição da administração ou contratar um consultor de análise e sistemas de gestão. É preciso esquecer os eventos aleatórios, a intervenção divina e qualquer outro fenômeno que esteja fora do controle das pessoas.

d) **Elaboração e implantação de um cronograma**: fazer um bom cronograma é outro requisito fundamental para a elaboração de um plano de sucessão estrategicamente sensato. As ações e os eventos previsíveis devem ser organizados em uma seqüência lógica que reconheça todas as variáveis que estarão em jogo na situação sucessória. Fazer um planejamento em que os acontecimentos ocorram fora de uma seqüência lógica pode provocar confusão, perda de tempo e até mesmo um completo desastre. Além disso, deve-se ter em mente que esse cronograma da sucessão precisa ser realista. E, nesse sentido, assinalamos, por exemplo, que não é realismo planejar que um membro da família – recém-ingressado na empresa – passe da ignorância total sobre o meio empresarial a desempenhar brilhantemente o cargo de presidente-executivo da empresa, nem que o filho, no momento de sua entrada para a empresa, quando geralmente sucede o pai em suas funções, esteja à altura do desempenho dele. A transferência da propriedade e da administração de uma empresa familiar requer certo tempo de amadurecimento, por isso, acelerar o processo é arriscado e nada realista.

Planejar de forma realista

Além do planejamento objetivo, ressaltamos como também é importante que esse planejamento da sucessão seja realista – qualidade que deve surgir da análise prévia da empresa, da família e do empresário. Uma análise completa e honesta conferirá certo realismo a alguns aspectos, como a determinação dos fatos e das características familiares e comerciais que favorecerão ou dificultarão o processo sucessório, a identificação dos familiares que tenham capacidade, conhecimento e vocação para dirigir e administrar a empresa, a avaliação da experiência da geração seguinte e das suas necessidades de formação, para que seus membros se tornem proprietários e diretores eficientes, ou a elaboração de um plano para a transferência tranqüila e segura do poder, da responsabilidade e do capital.

Planejar estrategicamente

Finalmente, quanto aos requisitos mínimos do planejamento, ressaltamos que, não há nada de misterioso no planejamento estratégico da sucessão. Esse planejamento implica, simplesmente, estabelecer objetivos claros e depois colocar em prática, com detalhes, uma série de ações que devem ser realizadas para alcançar cada objetivo até uma data preestabelecida. O processo, assim, parece ser fácil de lidar. No entanto, do mesmo modo, voltamos a insistir que planejar uma estratégia para a sucessão na empresa familiar pode ser um processo um pouco complexo, pois o seu sucesso depende, em grande medida, do comportamento e das decisões das pessoas a quem corresponda – e esse comportamento e essas decisões são quase sempre imprevisíveis.

8.2.2.4. Quem deve participar do planejamento da sucessão?

O proprietário-presidente é a pessoa que tem a autoridade, a influência e o controle para tomar as decisões que concretizarão o processo sucessório, de modo que tanto o sucesso como o fracasso serão de sua responsabilidade. Mas outras questões são colocadas: um empresário deve atuar apenas nas sucessivas etapas do planejamento e na supervisão da transição da empresa familiar? De acordo com o tamanho e a complexidade da empresa, atuar sozinho pode funcionar, mas apenas sob certas condições: a família e a empresa devem estar hierarquicamente estruturadas; deve haver uma cota considerável de poder concentrada nas mãos do dono; o empresário deve planejar e administrar não só os seus atos como também os dos demais.

Somado a isso, também devemos ter em mente que os empresários geralmente costumam ser contraditórios quanto ao processo de planejamento da sucessão, e muitas vezes não têm certeza se estão tomando as decisões corretas. Além disso, não só eles como também o restante da família encaram a perspectiva da transferência da propriedade com uma mistura de ansiedade e medo. Esses efeitos negativos podem ser superados se todos os membros dessa família que serão atingidos tiverem a oportunidade de expressar suas opiniões e preocupações sobre os objetivos determinados no plano de sucessão. Além disso, não só os familiares como também muitos pesquisadores defendem a intervenção junto aos funcionários. Acontece que, quanto maior a comunicação estabelecida antes do plano de sucessão, menor a probabilidade de que as pessoas diretamente vinculadas a ele (família e funcionários) sofram posteriores mal-entendidos, conflitos e sofrimentos que, com o passar do tempo, não só prejudicarão a união e a integridade do grupo, mas também afetarão a própria empresa, da qual são parte essencial. Além disso, a participação desses indivíduos pode fornecer informações úteis e novos pontos de vista para esse processo de planejamento; há a grande vantagem de comprometê-los não apenas com o desenvolvimento, essa implicação se estende inclusive às decisões finais mesmo quando não concordem com elas; e lhes oferece, principalmente aos familiares, a oportunidade de contribuir com algo de valor em um processo importante para a empresa, fazendo com que a questão se torne um assunto de família.

Finalmente, ressaltamos como os empresários responsáveis, que se preocupam com a continuidade da empresa e o bem-estar dos seus herdeiros, vêem com satisfação, durante esse planejamento da sucessão, a assistência de assessores, contadores e diretores alheios ao núcleo familiar. Aliás, esses assistentes podem ajudar a aperfeiçoar o plano de sucessão aconselhando sobre seus diversos componentes e administrando as relações públicas com os familiares e com os setores da comunidade que os representam. Quando considerada um "grupo", a diretoria que apóia fortemente o presidente quando o plano de sucessão é revelado, este grupo pode ser o suporte na hora de convencer a família a respeito desse plano ou para discuti-lo com ela, podendo constituir, em dado momento, uma grande defesa contra as claras oposições e uma influência tranqüilizadora para abrandar desavenças familiares.

Enquanto as decisões vão sendo tomadas, é cada vez mais freqüente convocarem advogados, contadores, assessores/consultores em administração de empresas e até mesmo amigos experientes para que dêem idéias, interpretem as implicações legais e financeiras das diversas opções possíveis ou para que contribuam com uma implementação do plano de sucessão. O momento ideal para buscar essa ajuda é a etapa em que as conclusões tiradas da análise começam a tomar forma e um plano passa a ser esboçado. Esses especialistas não ajudarão a planejar e implementar a sucessão dizendo ao empresário e à sua família o que devem fazer, mas sim como agir com eficácia. Em muitos aspectos, esses especialistas que não pertencem à empresa têm na sucessão um trabalho ideal. Durante um período de tempo limitado, têm uma participação limitada em um aspecto limitado de uma empresa e assim podem fazer recomendações, mas não permanecer para fazer com que estas sejam seguidas. E geralmente eles são pagos, mesmo que suas idéias não tenham sucesso.

Apesar de tudo, devemos ter em mente que alguém (geralmente o fundador) deve controlar o processo de sucessão e que essa pessoa deve entender que uma recomendação – de qualquer fonte que proceda – pode ser considerada ou ignorada.

8.2.3. O plano de sucessão

Como já pudemos comprovar, a sucessão se caracteriza por um deslocamento do poder e da influência dos fundadores para os sucessores, bem como por um período de poder compartilhado entre eles. Vimos também como é mais apropriado abordar esse processo de transição por meio de um planejamento adequado. Pois bem, a seguir analisaremos como esse processo de transição da sucessão se materializa. Para isso, abordaremos o estudo dos planos de sucessão.

Um plano de sucessão, no qual o dono da empresa toma providências para que a geração seguinte se encarregue da propriedade e da administração da organização, constitui parte importante do plano geral de transferência da empresa, sobretudo da familiar. Nunca é cedo para elaborar esse plano de sucessão, pois podem acontecer acidentes e mortes prematuras.

Elaborar um plano de sucessão não é fácil e requer, entre outras coisas, tempo. Além disso, não existe um plano de sucessão padrão, que convenha a qualquer empresa familiar. As famílias e as empresas têm uma infinita variedade de formas e configurações e cada uma possui a própria gama de potencialidades, problemas, necessidades e características. Cada empresa familiar deve ter, por conseqüência, um plano próprio para a transferência da propriedade e da administração, o qual precisa ser estruturado para se adaptar tanto à família como à empresa em questão. No entanto, existem algumas regras gerais que podem ajudar a elaborar um plano de sucessão. Assim, em primeiro lugar, veremos como Bork et al. (1997) descrevem o que consideram "os seis passos que constituem um breve esboço dos requisitos básicos que devem ser cumpridos para se fazer um bom planejamento da sucessão". E, em segundo lugar, analisaremos o guia, elaborado por Lea (1993), para esse fim.

Como acabamos de mencionar, Bork et al. (1997) propõem os seis passos a seguir para a realização de um excelente plano de sucessão:

- **Passo Um:** conseguir que todos os membros da família – inclusive o fundador da empresa – se comprometam a trabalhar no planejamento da sucessão. Comprometer-se significa comprometer o tempo e os recursos financeiros necessários. Além disso, os familiares devem ser pacientes, não ter preconceitos e estar dispostos a sacrificar seus interesses pessoais em benefício do grupo.

- **Passo Dois:** ajudar os familiares a deixarem de lado qualquer atitude competitiva entre eles e lhes ensinar maneiras construtivas de trabalharem juntos.
- **Passo Três:** executar um processo de planejamento que seja iniciado com uma declaração de missão e um plano estratégico. Com esse passo, procura-se dirigir a empresa familiar com eficiência e eficácia, mantendo ao mesmo tempo as qualidades especiais que originariamente a levaram ao sucesso.
- **Passo Quatro:** criar um plano de desenvolvimento pessoal para os familiares que trabalham na empresa, cujo propósito é fortalecer nesses indivíduos as habilidades necessárias para o sucesso, quando estiverem encarregados da empresa.
- **Passo Cinco:** elaborar estruturas adequadas de orientação para a comunicação entre os diretores e os executivos da empresa, as quaisproporcionarão um fórum para discutir políticas e os assuntos da família e da empresa, além de um conselho formal para que as decisões de negócios sejam tomadas e supervisionadas.
- **Passo Seis:** estabelecer estruturas legais e financeiras para a execução do plano de sucessão. Muitos fundadores de empresas procuram fazer que o plano da empresa se adapte ao da sucessão quando, na verdade, ambos deveriam ser desenvolvidos simultaneamente.

Quanto ao guia elaborado por Lea (1993) – apresentado a seguir –, mostraremos que, de acordo com esse autor, trata-se de algo mais que um esboço e menos que um formulário a ser preenchido. Incorpora informações sobre a empresa e a família, os objetivos do plano de sucessão e os passos necessários para alcançá-los, a especificação dos papéis a serem desempenhados por pessoas-chave e uma estimativa do custo em dinheiro. Uma vez concluído, esse guia se tornará um plano básico que proporcionará uma plataforma sólida, pessoal e flexível para dirigir a transição da empresa, além de um instrumento de trabalho para executar o processo em seu conjunto (Lea, 1993, p. 150).

Além dos passos e guias necessários para a elaboração do plano de sucessão, assinalamos, com relação a ele: 1. Deve descrever claramente o processo sucessório e as ações a serem realizadas para assegurar a conquista do objetivo: a transferência. 2. Deve funcionar como um manual de instruções, com os objetivos mais importantes formulados prioritariamente e as sucessivas etapas descritas em uma seqüência lógica. 3. Deve servir como ponto de referência para os empresários e os familiares, que podem se remeter a ele conforme o processo de transição progrida e uma vez que esteja concluído. (Lea, 1993, p. 150)

Finalmente, quanto ao conteúdo desse guia, é preciso advertir, no entanto, que esse plano não pretende ser imutável. Pelo contrário, será enriquecido e modificado conforme for posto em prática. As pessoas mudam de idéia, os acontecimentos tomam rumos imprevistos e o empresário que implementa a sucessão deve estar preparado para se desviar do rumo que traçara previamente. (Lea, 1993, p. 150)

8.2.4. Regras a serem seguidas no decorrer do planejamento do processo sucessório

Ao planejar e implementar a sucessão, é preciso tomar algumas decisões duras, principalmente porque se sabe que o futuro da empresa, e possivelmente até o da família, depende delas. A pesquisa sobre empresas familiares e as experiências práticas de famílias empresárias geraram uma série de regras bastante úteis para se tomar decisões, atuar em função delas e avaliar o seu impacto. São valiosas para ajudar a manter uma modalidade de negócios ao longo de todo o processo da transição e, além disso, podem proporcionar pontos de referência nos inevitáveis momentos em que as coisas se complicam. No entanto, convém lembrar que essas regras devem ser adaptadas às circunstâncias e às personalidades em cada situação.

Entre essas regras citamos as seguintes:

A) *Preservar a empresa:* manter a serenidade e o bom senso para preservar a empresa durante a agitação ou a urgência decorrentes da transferência é mais difícil do que parece, mas é fundamental que as decisões sejam tomadas com um sólido compromisso de proteger a empresa.

b) *Agir conforme os números:* isto é, tomar decisões com base nos custos e preços, ganhos e perdas, segmentos e projeções. É uma maneira segura de manter a estabilidade de uma empresa.

c) *Não evitar as decisões difíceis:* os donos ou presidentes de empresas devem assumir tanto as recompensas quanto as dificuldades derivadas do poder de tomar as decisões mais importantes. Quando se tem de tomar uma decisão, o melhor procedimento consiste em tomá-la o mais inteligentemente possível e depois continuar trabalhando.

d) *Planejar e administrar estrategicamente:* significa planejar fatos e atos para o longo prazo. E, aplicado à administração da sucessão de uma empresa, esse conceito significa ter um plano para todo o processo, seja do princípio ao fim ou de um fato importante a outro. Significa também enfrentar as modificações que serão produzidas na empresa durante o período de transição e as mudanças de pessoal, procedimentos e políticas que surgirem como conseqüência da transferência.

e) *Conhecer a lei e obedecê-la:* alguns empresários e seus herdeiros costumam chegar ao limite da legalidade – e até ultrapassá-lo – ao transferir seus bens, com a intenção de fugir de impostos ou evitar credores. Algumas vezes agem assim porque o negócio está mal financeiramente e, outras, para tirar algum proveito. Em ambos os casos, o dinheiro economizado no curto prazo não merece correr o risco de alienar a firma para os bancos ou para a Receita Federal.

f) *Não ignorar nenhum detalhe:* realizar tanto o planejamento como a implementação da sucessão da empresa familiar requer grande dose de esforço. A pessoa encarregada não tem necessariamente de lidar com todos os detalhes com perfeição, mas, em alguma medida, deve administrá-los.

g) *Restringir-se ao programa:* um plano de sucessão que tenha sido estabelecido, aceito e implementado não deve ser alterado, exceto por razões excepcionais e muito justificadas. As mudanças de planos feitas por impulso podem provocar riscos desnecessários e inaceitáveis.

h) *Confie em sua intuição e em seu bom senso comercial:* freqüentemente são os acontecimentos mais sutis, as coisas que só podem ser detectadas por uma apurada intuição comercial aguçada as que concretizam ou frustram uma transição.

i) *Não acelerar demais:* avançar com muita velocidade no processo de transferência pode ser tão perigoso para uma empresa familiar quanto agir lentamente. Portanto, é preciso observar atentamente a seqüência e a cronologia dos fatos e as decisões dentro do plano de sucessão. A velocidade desse processo deve ser mantida sob controle.

j) *Observar atentamente o ponto de equilíbrio:* no processo de transferência da propriedade e da administração de uma companhia, o ponto de equilíbrio é alcançado quando a geração em exercício e a seguinte estão completamente de acordo, ou seja, são sócias da direção. Todas as partes interessadas executam bem suas tarefas e assumem sua parte de responsabilidade. Esse ponto de equilíbrio é um marco importante no processo sucessório, um indício de que o sucesso está próximo, por isso é fundamental reconhecê-lo quando é atingido.

k) *Controlar o processo de transição:* preparar a transição desde o início do seu planejamento até que a nova geração se encarregue completamente da empresa, e até mesmo depois, requer elevado controle. Controlar implica observar com cuidado, avaliar os progressos da transição segundo os objetivos, normas e critérios anteriormente estabelecidos. Exige atenção diante da mudança e dos seus efeitos dentro da empresa e da família, bem como fazer ajustes e correções sempre que seja primordial. Para isso é preciso, entre outras coisas, manter um sistema de precaução que assegure o fluxo e o controle confiáveis das informações.

l) *Dite normas e estabeleça condições:* toda empresa familiar deve elaborar as próprias normas, procedimentos e condições para reger a transição, de acordo com suas circunstâncias específicas.

m) *Normas são necessárias:* algumas pesquisas sobre comportamento humano demonstraram que as pessoas agem de maneira mais livre e coerente quando conhecem o sistema e suas regras, a gama de possibilidades e os limites das suas decisões e dos possíveis atos. É menos provável haver discussões e decepções quando toda a família sabe exatamente que passos cada membro deve dar para que o plano de transferência seja bem-sucedido. Estabelecer normas justas e construtivas, bem como impor condições razoáveis requer reflexão, tempo e paciência. Nessa etapa do processo sucessório as necessidades da empresa são o elemento de maior importância. Elaborar as normas com o consenso do restante da família é a maneira ideal de proceder. Se a tarefa recair apenas sobre o empresário, tudo será mais difícil, porém, igualmente necessário. Uma vez elaboradas e anunciadas, as normas devem entrar em vigor. O ideal é que cada uma das partes as respeite por lealdade à família ou por um senso de justiça, mas, se isso não acontecer, o líder será encarregado de fazer com que sejam cumpridas.

n) *A autoridade implica responsabilidade:* o vínculo entre autoridade e responsabilidade é um princípio muito importante para a elaboração das normas. O membro da família escolhido para dirigir a empresa deve ter autoridade legal e financeira suficiente para desempenhar essa função, o que significa ter, pelo menos, o controle dos votos, em função das suas ações, para poder tomar decisões.

o) *Marcos e postos de controle:* as condições, as normas e os critérios estabelecidos com antecipação para reger uma transferência de autoridade e responsabilidade à nova geração de empresários criam, diríamos, etapas e pontos cruciais. É traçada uma lista de acontecimentos-chave para a transição e tanto o empresário como o restante da família podem eliminar os itens à medida que forem acontecendo. Os marcos e postos de controle, estabelecidos e expostos à família com antecipação, são importantes por mais de uma razão. Assim, por exemplo, eles significam maneiras concretas de medir a eficácia do plano de sucessão e dos indivíduos que desempenham papéis importantes em sua execução. Eles podem anunciar o sucesso ou lançar uma advertência a tempo. Se cada posto de controle for atravessado sem dificuldades, é sinal de que tudo vai bem. Se os marcos críticos não são alcançados, ainda há tempo para descobrir o porquê e adotar medidas corretivas antes que todo o plano fracasse.

Exemplo: lista de controle de decisões na sucessão. *(Lea, 1993, p. 192)*

8.3. A PREPARAÇÃO DOS SUCESSORES

8.3.1. Aspectos básicos

Preparar a próxima geração demanda tempo, reflexão e esforço. E essa preparação – apesar de não garantir que a empresa familiar se transforme em uma dinastia centenária – é ainda um dos melhores investimentos que a empresa e a família podem fazer para o futuro. (Lea, 1993)

Em algumas famílias, a transferência da administração e da propriedade da empresa familiar de uma geração para a seguinte transcorre muito bem. Em outras é exatamente o contrário. No entanto, em nenhum caso a transição acontece sozinha, mas deve ser dirigida com habilidade e consciência, do princípio ao fim. É por isso que, entre todas as várias questões que exigem atenção, se a intenção for atingir um bom final nesse processo de transição, a preparação da geração seguinte de dirigentes e presidentes pressupõe uma importância significativa.

A formação para ser membro da alta diretoria deve abranger três aspectos básicos: compreender os negócios da empresa e como administrá-los, saber dirigir e estar pessoalmente comprometido com toda a organização. (Gallo, 1995)

A importância de analisar as necessidades em potencial dos sucessores, em matéria de formação específica e experiência para desenvolver suas capacidades e adquirir os conhecimentos necessários para dirigir bem a empresa familiar é, quanto à sua preparação, uma questão a ser considerada. Atualmente, dirigir uma empresa é uma tarefa muito mais complexa do que antes. A complexidade do ambiente empresarial – tecnologia, finanças, regulamentações, mudanças rápidas – sem dúvida aumentará durante este século, pressupondo que a geração que assumir a direção de uma empresa deva ter formação.

Muitas empresas consideram que os cursos universitários de Administração de Empresas são um primeiro passo importante para quem quer iniciar uma carreira administrativa. Mas, apesar de isso ser importante, é preciso lembrar que a educação formal por si só não garante que um graduado ou diplomado desenvolva a detalhada compreensão de uma empresa e a sensibilidade em relação ao seu campo de atuação exigidos para desempenhar com eficiência a direção. A preparação de um jovem que inicia sua carreira como diretor da empresa familiar e que possivelmente chegará a ser presidente requer um considerável investimento de dinheiro e tempo (pelo menos dois anos de estudo intensivo). Qualquer pessoa informada sabe que será necessário trabalhar arduamente e adquirir experiência com orientação para traduzir esse conhecimento acadêmico em uma gestão executiva eficiente. Dirigir uma empresa requer uma mistura de arte e ciência, intuição e conhecimento. A nova geração de diretores de uma empresa familiar pode desenvolver seu talento e sua intuição seguindo a orientação de pessoas mais experientes. Mas, no mundo dos negócios de sofisticação cada vez mais complexa e tecnológica, as capacidades necessárias apenas podem ser desenvolvidas por intermédio de estudo e treinamento. Quanto à experiência fora da empresa familiar, é recomendável – caso as circunstâncias permitam – que os membros mais jovens trabalhem em outras empresas por um tempo, para depois a assumirem. A empresa familiar beneficia-se com a experiência desses jovens enquanto eles têm a oportunidade de aprender e construir uma carreira pelos próprios méritos. E, se voltam para a empresa familiar, é por vontade própria e não por falta de opções. Em resumo, o valor de tudo o que essa experiência externa proporciona é tão grande que ela deve fazer parte do programa de preparação dos sucessores em vez de ser ignorada.

Outro item que não deve ser ignorado é o conhecimento da empresa familiar por parte dos sucessores. O aprendizado deve ser bem dirigido. Assim como em toda boa experiência educativa, o plano para o aprendizado dentro da empresa familiar deve ter objetivos claros. Os melhores planos incluem:

1. A posição ou o nível para que o jovem familiar está sendo preparado; 2. O que ele deve ser quando terminar o processo.

Outras questões a serem consideradas na hora de preparar a entrada dos novos sucessores seriam:

1. *Posicionar o indivíduo no nível correto dentro da hierarquia organizacional:* começar por baixo tem sentido para uma pessoa sem experiência, mas é inútil e humilhante para alguém que já domina os princípios da atividade por ter trabalhado em outra companhia. Os aprendizes devem ser incorporados no nível hierárquico correto, a fim de que a empresa se beneficie com sua experiência anterior e o ajude a adquirir o ritmo e o estilo próprios da companhia.
2. *Proporcionar-lhe orientação e submetê-lo à supervisão direta:* com isso pretende-se instruir e corrigir os "novatos" em suas novas funções.
3. *Avaliá-los em função do desempenho:* o curso de aprendizado do sucessor no cargo deve ser avaliado regularmente. Para isso, os objetivos a serem alcançados são utilizados como indicadores do seu desempenho e aprendizado.
4. *Responsabilidade*: tanto o empresário/proprietário que delega suas funções como os principais funcionários da empresa devem se responsabilizar pelo aprendizado da pessoa escolhida até que o sucessor assimile essas funções. Para os funcionários, trata-se de uma maneira de garantir que o futuro chefe seja competente e entenda o trabalho que fazem e os seus problemas. Para o empresário, é tanto uma oportunidade para capacitar seu futuro sucessor no cargo como uma possibilidade de avaliar sua capacidade.
5. *Delegar responsabilidades e passar confiança a eles:* não existe maneira melhor de dominar um trabalho do que fazê-lo. O ensinamento ideal é o que expõe as novas destrezas e depois dá ao aluno a oportunidade de praticá-las. Chega um momento em que o fundador/empresário de uma empresa familiar deve passar suas funções ao seu sucessor. Pode ser muito difícil para ele reconhecer que é chegado o momento de se afastar e entregar a empresa a outra pessoa. Além disso, ele pode se sentir aterrorizado pela incerteza, temer que o sucessor não tenha a capacidade necessária para levar adiante (longo prazo) a empresa, mantê-la rentável e garantir a resolução do seu plano de aposentadoria. Certa dose de angústia pós-transição é inevitável, mas não basta apenas formar o futuro sucessor; é necessário

também lhe transmitir, chegado o momento, a responsabilidade de assumir seu novo papel dentro da empresa, com as responsabilidades que isso pressupõe.

6. *Facilitar-lhes a aquisição de novas experiências, tanto em outros âmbitos alheios à empresa como em novas áreas de conhecimento:* ter sucesso por conta própria, longe do âmbito familiar – que em geral é muito protetor – ajudará o futuro sucessor a reforçar seu orgulho, sua auto-estima e a confiança que deve ter nas próprias habilidades para quando estiver à frente dos propósitos da empresa que um dia "herdará", bem como conquistar o respeito e a credibilidade dos funcionários não-familiares. Além disso, conhecer o funcionamento de outras empresas, sem dúvida beneficiará sua vida empresarial, dando-lhe bagagem e vias alternativas de ação, que poderão ser aplicadas com total segurança e com menos riscos em sua empresa, uma vez que já aplicou fora dela o método de tentativa e erro. Essa experiência extra não deve ser limitada a trabalhar em outra organização, mas devem ser consideradas outras opções, como a possibilidade de adquirir conhecimentos mais gerais (cursos de idiomas, mestrado...) ou inclusive a experiência de morar fora do país, todas visando ao enriquecimento e à preparação do futuro sucessor para o cargo que desempenhará à frente da empresa familiar em um futuro imediato.

8.3.2. Etapas

No desenvolvimento das capacidades de uma pessoa sendo preparada para assumir o cargo de chefe executivo principal de uma empresa familiar, três etapas devem ser estimuladas: preparação remota, preparação próxima e preparação *in situ*. Elas são acompanhadas desde antes de começar a primeira, até além de terminada a terceira, pela preparação para que o sucessor seja e atue habitualmente como uma pessoa livre. Sendo assim, depois de tratar de alguns aspectos que essa preparação do sucessor supõe, abordaremos o conteúdo de cada um deles, a seguir.

a) **Preparação remota**

É a que se realiza antes de completar os 18 anos ou de entrar na universidade (Gallo, 1988).

Para entender o porquê dessa preparação e como realizá-la, é preciso considerar duas premissas básicas:

1. *"Só se pode amar o que se conhece".* Por isso a importância dos pais do futuro sucessor insistirem em ressaltar, pouco a pouco, mas de forma contínua, na hora de lhe transmitir parte das suas experiências à frente da entidade, aspectos ligados à empresa, como: seus aspectos positivos, o modo como os outros utilizam seus produtos (promovendo visitas esporádicas, por exemplo), a explicação do grande significado que a empresa tem para a sobrevivência econômica da família, a influência do trabalho na empresa, no desenvolvimento pessoal e profissional deles, as possibilidades que a realização de um trabalho tão significativo lhes proporciona etc. Tudo isso partindo da convicção de que os pais estão certos de que sua função na empresa familiar "valeu a pena", que em nenhum momento "têm a intenção de forçar a liberdade de ninguém para continuar com esse trabalho, encontrando, nessa alternativa, uma opção viável para o sucesso" e de que essa transmissão "tranqüila" ou positiva das suas funções à frente da entidade "não pretende criar fantasias quiméricas de riqueza, poder e glória, das quais o sucessor é o protagonista". Essa postura poderia levar o sucessor a uma percepção errada sobre a realidade da empresa familiar e as conseqüências desastrosas para a organização quando ele estiver no comando da empresa.
2. *"Os sucessores podem realizar algum tipo de estágio na empresa familiar"* durante os anos anteriores à etapa de preparação próxima. Isso pode proporcionar a oportunidade de incrementar as virtudes humanas e as qualidades necessárias para, no futuro, estar à frente das empresas que, de certa forma, herdarão. Esses estágios não devem ser o resultado de "punições" por não querer continuar estudando ou por ter sido reprovado, nem do desejo do pai de que "comece de baixo como eu comecei". Pelo contrário, esses estágios devem ser orientados com toda clareza para atingir o duplo objetivo, já comentado, de conhecer melhor a empresa familiar da qual futuramente serão os responsáveis máximos e, por outro lado, de o futuro sucessor exercitar muitas das qualidades que terá de colocar em prática nesse futuro: diligência, persistência...

b) **Preparação próxima**

É a que se realiza desde a entrada na universidade, ou quando se atinge a maioridade, até o momento em que o futuro sucessor se incorpora à empresa familiar.

Não se pode perder de vista que, dada a atual situação dos mercados com relação ao aumento do nível de competitividade, aos avanços tecnológicos e à globalização, bem como à evolução dos valores e expectativas das pessoas, sem dúvida a preparação para dirigir profissionalmente uma empresa exige, hoje em dia, a aquisição de novos conhecimentos teóricos e práticos: compreender a estrutura e o comportamento dos ambientes sociais, econômicos e políticos, entender os sistemas de custos, os balanços e os números de resultados, o comportamento humano...

É nessa etapa da preparação próxima que devem ser estabelecidas as bases sólidas para ajudar os sucessores a futuramente não caírem no erro de não terem uma visão ampla da empresa, de não se esforçarem para conhecer os concorrentes nem ambientes diferentes dos que operam na empresa, de só "pensarem neles mesmos" e pensarem erroneamente: "somos os melhores, não precisamos de nada nem de ninguém". Para não errar dessa maneira é apropriado ter o hábito de querer conhecer como as coisas são feitas em outros lugares e ter a experiência de vivenciar isso na prática. Por esse motivo, recomenda-se o estudo em outras regiões e países, por algum tempo.

c) **Preparação *in situ* ou preparação imediata**

Para que a preparação imediata de um sucessor, isto é, a que é realizada ao longo dos primeiros anos de trabalho na empresa familiar, esteja mais bem orientada para que ele chegue a ser um membro da equipe da alta diretoria, é importante compreender que as funções que lhe são atribuídas na definição do seu cargo de trabalho devem estar muito diretamente relacionadas com as atividades de conquista, aperfeiçoamento e utilização da vantagem competitiva da empresa. Por outro lado, as responsabilidades confiadas a esse futuro responsável máximo da empresa devem constituir um desafio que o estimule para ele, mas nunca "uma missão impossível" que o faça decepcionar-se e desistir. A complexidade da incorporação e da preparação imediata é bem grande, por isso é apropriado que o sucessor, durante esse período, trabalhe com o apoio e a assessoria de pessoas de mais idade e experiência profissional que desejem orientá-lo e, inclusive, serem seus mestres.

O seguinte passo na preparação imediata do sucessor, depois de determinar suas funções por um período não muito longo, para atingir objetivos concretos que possam ser medidos, consiste em aumentar rápida e progressivamente os níveis de autonomia com os que deve desempenhar essas funções. Essa fase está intimamente ligada à autonomia que esse sucessor há de usufruir, diminuindo seus controles e concedendo-lhe uma capacidade cada vez maior de decisão e confiança em seu *know-how*.

8.3.3. Recomendações para o futuro sucessor

Nem todos os filhos são iguais, nem todos têm por que querer trabalhar na empresa familiar. Se são pressionados imprudentemente a fazê-lo, mesmo de maneira indireta, corre-se o risco de prejudicar tanto a eles como a empresa familiar (Ayres, 1990).

Um sucessor tem de ser uma pessoa livre e ser livre significa ter capacidade para escolher bem, ou seja, ter conhecimentos suficientes para distinguir o que é bom do que é ruim e força de vontade para se dedicar ao que é adequado para a empresa e afastar-se do que não é. Além disso, entre outras qualidades, o sucessor tem de ser uma pessoa com muitos recursos (soluções para qualquer situação); tem de ser obstinado/perseverante, transmitir confiança e segurança a quem se pode respeitar e em quem se pode confiar; tem de ser leal, íntegro e prudente. "Os bons resultados não se conseguem por sorte ou azar em uma única decisão; os bons resultados se conseguem pela perseverança".

Com base nessas reflexões, recomenda-se que o sucessor:

a) *Seja capaz de marcar seu trabalho à frente da empresa com a sua identidade.* Para isso, terá de fazer um esforço especial para se auto-afirmar como uma personalidade independente que está se preparando para ter sucesso – ou fracassar pelos próprios méritos –, assumindo as responsabilidades dos seus atos e fugindo de qualquer "tratamento especial" que sua posição na família como "filho de" e "futuro proprietário de" possam lhe favorecer.
b) *Atue sempre com prudência e cautela.* No geral, esse indivíduo procederá de uma geração diferente da do fundador da empresa familiar, trará um novo ponto de vista para ela, e uma das suas principais contribuições pode ser, precisamente, questionar a efetividade dos procedimentos e sistemas operacionais que nela tenham sido instaurados.
c) *Evite as discussões com os demais membros da empresa familiar, principalmente com os da família.* Embora em certa medida a rivalidade seja normal e inevitável, principalmente entre irmãos, deve-se evitar sentimentos que gerem uma força destrutiva. Em vista disso, pode ser implantado um código de conduta a partir do qual essa rivalidade seja controlada e no qual seja reconhecido que o bem-estar da empresa está muito acima dos interesses pessoais e sejam estabelecidos os procedimentos para resolver as diferenças.

d) *Esteja disposto a se preparar para assumir o processo de transferência da propriedade, do poder e das funções* que, entre outras coisas, a sucessão implica.

Embora não se possa deixar de levar em consideração que o caminho de aperfeiçoamento das qualidades humanas não tem fim, sempre se pode progredir, fazer parte, como o mesmo processo que se encontra *in situ,* a sucessão, e quase tudo em nossas vidas, um processo de aperfeiçoamento contínuo, deve-se ter em mente que, para dirigir bem uma empresa, mais que possuir em grau máximo todas essas qualidades, o que realmente importa é "estar no caminho do aperfeiçoamento e ter a efetiva intenção de progredir".

8.3.4. Análise final: possíveis situações a serem enfrentadas. O sucessor não quer ou não está preparado. Quem será o sucessor?

8.3.4.1. Como agir se o sucessor não estiver preparado?

Pela exigência de uma dedicação integral para levar a empresa adiante, por terem pensado tarde demais na sucessão, por problemas entre os cônjuges ou por acidentes inesperados, como o falecimento do sucessor, algumas vezes os antecessores acabam se atrasando para concluir a tempo e com sucesso o difícil processo de preparação de um sucessor. Diante dessas situações é recomendável saber que "nunca é tarde" e que "para tudo há remédio, menos para a morte".

Com relação à preparação do sucessor, é muito diferente o fato de se dispor de pouco tempo, do fato de atuar equivocadamente. E, entre os principais equívocos que ocorrem normalmente, está o de querer "presentear" o sucessor com a sua inclusão na equipe da alta diretoria da empresa, simplesmente por causa do seu "sobrenome". Todo mundo sabe que essa inclusão na equipe da diretoria deve ser fundamentada em aspectos como a autoridade profissional do indivíduo, sua formação, capacitação... o que ela não "está acoplada" ao sobrenome. O que acaba vindo é uma série de problemas causados em razão de o sucessor não apresentar essas qualidades.

Diante dessa situação, a solução mais viável para atingir o objetivo pretendido pela sucessão, ou seja, a continuidade da empresa familiar, parece ser simplesmente abordar o processo de preparação do sucessor mais rapidamente. Agir mais depressa significa que os sucessores devem se esforçar mais para compreenderem logo os negócios da empresa familiar, dedicar-lhes mais tempo, passar antes por vários cargos diretivos etc. Em geral, significa aprender antes a ser um profissional de diretoria, para o que é preciso ter maiores oportunidades de experiência na resolução de problemas complexos, ser mais prudente na hora de aceitar as possíveis retificações e ser capaz de assumir logo um compromisso pessoal com toda a organização.

8.3.4.2. Quem sucederá? Filhos ou filhas, membros da família ou estranhos ao núcleo familiar?

A nomeação do sucessor não é tanto uma decisão pessoal como uma decisão estratégica. Possivelmente é a mais importante que se toma em cada geração, já que, como futuro dirigente principal da empresa familiar, será normalmente o fator determinante do sucesso ou do fracasso da empresa (Neubauer e Lank, 1999).

a) **Um filho sucede em lugar de uma filha**

Há alguns anos, defendia-se a atitude de deixar para os filhos homens o negócio ou os negócios e para as filhas o equivalente em patrimônios imobiliários. Mais ainda, em um tempo ainda mais remoto, favorecia-se a instituição de um herdeiro como único proprietário homem, a quem se impunham determinadas obrigações sobre a capacitação e sustento do restante de irmãos e irmãs – situação abordada no filme *Razão e Sensibilidade*, por exemplo.

Felizmente os tempos mudaram. Por um lado, o valor da igualdade entre as pessoas, e, nesse caso, os herdeiros da família têm mais potencial e, na prática, maiores conquistas. Por outro, as empresas, para sobreviverem, necessitam de cada vez mais recursos e devem atingir maiores portes, sendo muitas vezes pouco aconselhável uma divisão patrimonial que signifique a separação de ativos importantes. Ao mesmo tempo, foram descobertas novas formas de conservar um patrimônio unido, oferecendo outras oportunidades aos membros da família que não desejarem fazer parte do grupo proprietário da empresa familiar (podem ser conselheiros sem funções ou apenas acionistas).

b) **Uma equipe sucede em vez de um único sucessor**

Na última década observou-se uma tendência de defender, como alternativa a um sucessor único, que uma equipe de pessoas formada por vários filhos e algum diretor não-familiar sucedesse à direção. Os tempos mudaram no que se refere ao conhecimento das estruturas de responsabilidades adequadas para que uma empresa atinja seus objetivos. Assim, hoje em dia, sabe-se com maior precisão quais são as responsabilidades dos distintos órgãos de governança da empresa, nos quais os diversos proprietários têm direito de defender seus interesses e, do mesmo modo, as responsabilidades do diretor executivo principal e da comissão de direção em que ele costuma se apoiar. Não obstante, apesar das mudanças anteriores, a situação quanto aos assuntos referentes à tomada de decisões, sobretudo as difíceis e arriscadas, e a sua prática, ainda são poucas as pessoas dispostas a assumir esse papel na empresa. Sem menosprezar as circunstâncias e ocasiões em que um antecessor deve ser sucedido por uma equipe, o avanço alcançado em seu conhecimento participativo, as pautas que o fazem eficaz ou a conveniência para o sucesso de alguns processos sucessórios de alianças entre irmãos, é preciso ressaltar que, como na maioria das vezes, uma organização precisa de alguém que influencie as pessoas e as mantenha próximas. É preciso insistir, nesse sentido, que um processo sucessório não está concluído se o sucessor, seja uma pessoa seja uma equipe, não foi escolhido e as regras não foram estabelecidas e vividas. E, às vezes, o fato de uma equipe suceder não passa de um reflexo da falta de decisão na escolha do sucessor. Essa situação causará, provavelmente, a separação do antecessor não em um, mas em mais de um problema, advindos precisamente dessas primeiras desavenças e desta divisão de posturas.

c) **Os dirigentes não-familiares como sucessores**

Às vezes pensa-se em realizar a sucessão da primeira para a segunda geração em duas etapas devido a algumas circunstâncias, como: a grande diferença de idade entre pai e filho, futuro sucessor; o fato de haver vários filhos em processo de preparação sem que seja possível distinguir com clareza qual deles é o mais capacitado para atuar como diretor executivo principal; não dispor de herdeiros interessados em assumir tais papéis na empresa familiar, unidas ao fato de estar rodeado de dirigentes não-familiares com os quais trabalha há vários anos e nos quais foi depositada confiança, e que já atuam da forma desejada. A primeira etapa contaria com a atuação de um diretor não-familiar como diretor executivo principal da empresa familiar e a segunda, como transferência de funções a um membro da geração seguinte da família. É evidente que o sucesso de uma decisão desse tipo depende em grande medida das características do dirigente não-familiar escolhido como sucessor. O êxito da sucessão da primeira para a segunda geração dependerá, em grande medida, do acerto da escolha dessa pessoa. Sendo assim, recomenda-se, nesse sentido, em primeiro lugar, que essa pessoa tenha um estilo de direção institucional que corresponda a um promotor especialista dos valores da empresa que, com profunda dedicação às decisões cruciais e atenção constante aos detalhes, modela a organização para que reflita valores atrativos para pessoas competentes. Em segundo lugar, entre suas razões de permanência na empresa familiar, deve sobressair a consciência de que estar à frente da empresa corresponde ao fato de ser o elo entre as duas gerações. A isso correspondem suas atuais funções e motivações: desempenho de funções com plenos poderes na equipe da alta direção, acesso direto às informações importantes da empresa familiar e remuneração compatível com o mercado.

8.4. A TRANSFERÊNCIA DOS BENS

As disputas e os rancores em torno do patrimônio proporcionam um abundante material para o conflito familiar e isso é mais notório quando o que está em jogo é uma empresa. As normas sociais indicam que tal patrimônio deveria ser passado, na ausência de outras razões maiores, para a geração seguinte, por meio de acordos estabelecidos em termos justos, os quais, geralmente, são traduzidos por "em parte iguais" ou, o que é o mesmo, "em igualdade de tratamento". A aplicação dessa "justiça" resulta, via de regra, perigosa e destrutiva para a empresa familiar, já que nem todos os filhos costumam ser aptos para executá-la. Outra dificuldade surge em torno do conflito de interesses entre os herdeiros que participam ativamente da empresa e os que não o fazem. Quase sempre os primeiros são partidários de preservar o dinheiro da organização, reinvestindo os ganhos para consolidá-la, torná-la mais adaptável e competitiva, enquanto os segundos dão mais prioridade ao dinheiro obtido pelos dividendos que suas ações trazem para a empresa familiar, e estão mais predispostos a vendê-la, no caso de não mais obtê-los ou de não estarem de acordo com suas expectativas.

Transferir a propriedade da empresa familiar para a geração seguinte, sem incorrer em grandes dívidas impostas ou de tal modo que se consiga a transferência sem provocar disputas familiares são parte dos principais objetivos propostos durante essa transmissão da propriedade da empresa familiar. O processo é emocionalmente complicado e pode levar ao conflito entre pais e filhos ou entre irmãos. Quanto a isso, podemos assinalar como esses conflitos, sobretudo os derivados dos interesses entre os acionistas ativos e passivos e os defendidos por esses a respeito das remunerações que devem receber da empresa familiar podem ser em grande medida evitados por meio de um planejamento construtivo, detalhado e que atente aos bens, um planejamento desses bens da empresa familiar realizado com base no reconhecimento explícito da distinção entre participação na propriedade e participação na administração da empresa. Acontece que existem três princípios básicos que vão além das técnicas e recursos utilizados no planejamento da fortuna hereditária, os quais sempre devem ser levados em conta: a continuidade da empresa, a liqüidez e as necessidades da família.

1. **A continuidade:** a gestão eficaz de uma empresa familiar deve assegurar tal continuidade, daí o fator mais decisivo no que concerne à preservação dos ativos da empresa ser o de impedir a sua venda forçada.
2. **Liqüidez:** um efetivo planejamento dos bens requer a avaliação das futuras necessidades da família e dos meios para satisfazê-las, inclusive a necessária liqüidez para enfrentar as obrigações tributárias.
3. **Necessidades da família:** avaliar essas necessidades, bem como seu futuro papel na empresa, é a parte mais importante do planejamento dos bens.

Finalmente, é importante indicar como, nessa transferência dos bens da empresa familiar, seus proprietários podem reduzir substancialmente ou adiar o pagamento das obrigações tributárias, mas, para isso, é preciso planejar a transferência cuidadosamente e com antecedência. Assim, por exemplo, por meio das doações em vida e do estabelecimento de *fideicomissos* (recursos que permitem ao fundador entregar a propriedade a outra pessoa ou instituições para que a administrem em benefício de uma terceira parte ou grupo), pode-se reduzir ao mínimo os impostos sobre a propriedade e, do mesmo modo, pode-se cobrir todas as obrigações remanescentes com um seguro de vida.

ATIVIDADES

A seguir propomos uma série de atividades voltadas para o desenvolvimento das habilidades de compreensão e reflexão do aluno.

1. Em que circunstâncias um herdeiro deve entrar para o negócio familiar como sucessor em potencial?

Para que um herdeiro assuma o papel de sucessor em uma empresa familiar é preciso que: exista um acordo majoritário entre os membros não só da família como também de boa parte dos integrantes na empresa em consenso; esse indivíduo reúna os requisitos que o novo cargo lhe exigirá, para o qual seu processo de preparação deve ter sido concluído; tenha chegado o momento previsto para isso no plano de sucessão; as condições da empresa e do meio empresarial sejam propícias.

2. Com que problemas um sucessor pode se deparar na hora de trabalhar com seu pai, principalmente se ele for o fundador da empresa? Mesmo quando o fundador está vivo e continue trabalhando na empresa, esses problemas acabam quando existe um processo de planejamento da sucessão que o ampare?

Os principais problemas que em geral os sucessores enfrentam no momento de trabalhar nas empresas com seus pais dizem respeito ao fato de, normalmente, eles não assumirem com facilidade o novo papel de seus filhos na empresa, sobretudo quando são os fundadores. São protecionistas demais a respeito do que "consideram sua obra-prima" e andam por um terreno perigoso: pais-gerentes e proprietários de empresas não costumam conceder ao filho toda a confiança e responsabilidade sobre os assuntos na empresa. Além disso, a essa insegurança do pai, agravada pela do filho, costuma-se somar o receio do restante dos membros da empresa, que geralmente desconhecem o trabalho do sucessor, até onde pode chegar sua relação com ele ("se eu o corrigir serei despedido?"), estão de acordo e muito satisfeitos com o trabalho realizado pelo pai e não desejam mudá-lo... Tudo isso contribui para que, se não existe vontade explícita e declarada por parte do fundador e dos membros da empresa familiar de que o sucessor efetivamente substitua seu pai na empresa, por mais que tudo esteja tratado em "excelentes planos de sucessão", acabará em dando errado.

> 3. Enumere os principais aspectos que se devem considerar na transferência dos bens.

Transferir a propriedade da empresa familiar para a geração seguinte sem incorrer em grandes dívidas impostas ou de tal modo que se consiga fazê-lo sem provocar disputas familiares é parte dos principais objetivos almejados durante esse processo, que é emocionalmente complicado e pode levar ao enfrentamento de pais e filhos ou entre irmãos. Quanto a isso, podemos assinalar como esses conflitos, sobretudo os derivados dos interesses entre acionistas ativos e passivos e os defendidos por eles a respeito das remunerações que têm a receber da empresa familiar, podem ser em grande medida evitados por meio de um planejamento construtivo, detalhado e cuidadoso dos bens, realizado com base no reconhecimento explícito da distinção entre participação na propriedade e participação na administração da empresa. Acontece que existem três princípios básicos que vão além das técnicas e recursos utilizados no planejamento da fortuna hereditária e que sempre devem ser levados em conta: a continuidade da empresa, a liqüidez e as necessidades da família.

1. *A continuidade:* a gestão eficaz de uma empresa familiar deve assegurar continuidade, por isso o fator mais decisivo, no que concerne à preservação dos ativos da empresa, é impedir sua venda forçada.
2. *Liqüidez:* um efetivo planejamento dos bens requer a avaliação das futuras necessidades da família e dos meios para satisfazê-las, inclusive a necessária liqüidez para enfrentar as obrigações tributárias.
3. *Necessidades da família:* avaliar as necessidades da família, bem como o seu futuro papel na empresa, é a parte mais importante do planejamento dos bens.

> 4. Que tipo de pessoas devem participar do processo de planejamento da sucessão? Em que você baseia seu posicionamento?

Devem participar todas as pessoas direta ou indiretamente ligadas à empresa familiar, pois, quanto maior for o consenso, melhor. Além disso, desse modo consegue-se aumentar a diversidade de pontos de vista, a formação e a riqueza das sugestões na hora de encarar a gestão da empresa.

5. No momento de escolher o futuro sucessor, o papel das filhas sempre foi relegado a um segundo plano. A que você atribui essa atitude? Qual é a sua opinião a respeito?

Tradicionalmente, nas empresas familiares, talvez como reflexo da sociedade da época, o papel do sucessor era designado "exclusivamente" aos homens da família (os filhos em primeiro lugar e, em segundo, os descendentes diretos, com prioridade sobre os genros, tios e parentes afins), não sendo "nem sequer pensado" e muito menos "planejado" para as filhas ou para o setor feminino da família, que, segundo dizem, até então não demonstravam nenhum interesse em ocupá-lo. Já demos a explicação para isso: a sociedade e a mentalidade da época. Quanto à nossa opinião a respeito, gostaríamos de dizer e esclarecer que é uma fatalidade existirem tais preconceitos, visto que, com a devida preparação, não acreditamos que o papel de responsável máximo pela empresa familiar ou seus resultados dependam do fato de ele ser homem ou mulher.

6. Visite qualquer empresa familiar de que você tenha referências e, se possível, converse com vários membros envolvidos com o processo de planejamento da sucessão realizada na empresa. Por exemplo: o sucessor, um diretor, um membro da família alheio à empresa e um cliente. Comente sobre as diferentes perspectivas que esses indivíduos têm e sobre os diversos problemas ou conseqüências que, segundo eles, a empresa familiar terá de enfrentar durante e depois desse planejamento.

LEITURAS E QUESTÕES PARA DISCUSSÃO

Recomendamos uma série de leituras e algumas propostas de guia de discussão em sala de aula.

LEITURA 1:
"Howard dirige...", caso extraído do livro *La sucesión del management en la empresa familiar*, de Lea, J. W., Barcelona: Granica, 1993, p. 125-127.

Sinopse: "Howard dirige uma organização especializada em produtos de metal. Fabrica portas e janelas, silos para grãos e outros artigos por encomenda" (Lea, 1993). A partir da figura desse protagonista e da história da sua empresa, o texto reflete a importância crítica que, para assegurar a continuidade de uma empresa familiar, envolve não só o fato de planejar a tempo como também, e talvez ainda mais importante, planejá-lo bem. Além disso, fica evidente que nunca é tarde para isso. O importante é assegurar a continuidade da empresa e, nesse sentido, qualquer oportunidade, por menor que seja, será de grande importância, visto que pode garantir esse propósito.

Questões para discussão

1. A que você atribui o atraso do planejamento da sucessão na empresa de Howard?

Como em muitas outras empresas familiares, isso se deve à resistência de muitos fundadores em ceder "o poder de controle", à sua intenção de querer "continuar reinando". Tal como diz o texto, "Howard nunca pensou seriamente no que acontecerá em sua empresa quando ele decidir se afastar de vez [...], apenas os velhos se afastam [...] vou deixar para mais tarde".

2. Você nota nesse caso alguma tentativa por parte de Howard em realizar esse processo sucessório? Caso tenha existido essa tentativa, por que você acredita que ela falhou?

Nesse caso podemos verificar apenas uma única tentativa por parte de Howard de planejar sua sucessão. Foi durante os anos que seu filho Carl, de 48 anos, passou trabalhando para ele. Ao que parece, o assunto foi abordado, mas o fato de não iniciarem a devida preparação do sucessor, proporcionando-lhe, entre outras coisas, orientação e supervisão direta, delegando-lhe responsabilidades ou colocando-o no nível certo de hierarquia (aliás, na empresa de Howard não existe hierarquia), somado à resistência de Howard – comentada anteriormente – em deixar seu cargo na empresa para outra pessoa desanimaram esse sucessor em potencial a seguir quando sequer havia iniciado a primeira etapa da sua formação, a qual, na verdade, nem sabemos se começou. Apenas supomos.

3. Quando Howard deveria começar a planejar sua sucessão? Durante esses anos de árduo trabalho em sua empresa houve algum momento oportuno para isso?

Evidentemente, antes dos seus 69 anos. As experiências de outras muitas empresas familiares demonstram que, quanto antes for iniciado esse processo, maiores serão as chances de sucesso.

Existiu, sim, um momento, já que desde o princípio o texto deixa claro que a empresa contou com bases sólidas e boas perspectivas no longo prazo, o desejo de Howard de continuar com a empresa era visível, também, desde o início da sua atividade ("não podia viver sem ela"), e tinha dois filhos pequenos que podia ter preparado desde cedo, como de fato certo dia um deles começou a trabalhar com ele e demonstrou boas intenções a respeito. Além disso, ele não pode alegar que não imaginava porque seu advogado o recomendou a fazer o planejamento há dez anos, quando teve sua primeira crise.

4. Você acredita que tudo esteja perdido para a empresa de Howard ou ainda existe alguma saída? Caso haja essa alternativa, você acredita, assim como Howard, que a solução está no seu filho mais novo, Bruce?

Bem, como detalharemos na próxima pergunta, não acreditamos que tudo esteja perdido para a empresa de Howard. Ele pode começar um processo de planejamento da sua sucessão, visto que, no momento, não está doente, sua empresa continua em boa situação no setor (não se fala em crise nem se pensa em vendê-la) e há dois sucessores em potencial: seus filhos (deixemos sua mulher de lado em razão de sua idade avançada, que acreditamos ser a mesma de Howard). No entanto, discordamos dele quanto à pessoa na qual depositou suas expectativas para esse papel dentro da empresa familiar: Bruce. Não é que consideremos uma alternativa inválida, mas preferimos que transfira o cargo ao primeiro dos seus filhos, Carl, pelos seguintes motivos: como declara o texto, "Bruce não tem a qualificação necessária para administrar uma empresa importante" enquanto Carl, além de parecer ter essa formação (aliás, está trabalhando na área, na IBM) tem experiência prévia (já trabalhou para o pai) e, por ter trabalhado em outro setor, aplicará essa experiência na empresa.

5. Caso exista a alternativa comentada na pergunta 4 e Howard, aos 69 anos, planejar sua sucessão, que linhas de ação você lhe recomendaria seguir?

Recomendaríamos que, em primeiro lugar, realizasse esse planejamento de forma objetiva, realista e estratégica. Em vista disso, consideramos ser imprescindível começar reconhecendo e enfrentando os principais problemas que iminentemente seu sucessor terá de resolver: "não há funcionários na hierarquia que possam ser promovidos porque Howard sempre foi personalista e seu estilo de administração não permitiu formar pessoas adequadas para sucedê-lo. [...] As finanças pessoais e as da empresa estão intimamente ligadas. [...] Tanto ele como sua esposa respondem pessoalmente pelas dívidas da empresa". Em segundo lugar, acreditamos que as linhas de ação que devem ser seguidas são as estabelecidas nesta unidade quando abordamos a análise de que o sucessor não está preparado: "Abordar o processo de preparação do sucessor mais rapidamente. Agir mais depressa significa que os sucessores devem se esforçar mais para compreenderem logo os negócios da empresa familiar, dedicarem mais do seu tempo, passar antes por vários cargos diretivos. Geralmente significa aprender antes a ser um profissional de diretoria e, para isso, é preciso ter maiores oportunidades de experiência na resolução de problemas complexos, ser mais prudente no momento de aceitar as possíveis retificações e ser capaz de assumir logo um compromisso pessoal para com toda a organização".

6. Quem você pensa que deveria participar do planejamento da sucessão da empresa que Howard preside?

Todas as pessoas que, tanto direta como indiretamente, fazem parte da empresa pelos laços de parentesco. Sendo assim, embora seja ele quem tem autoridade, influência e controle para tomar as decisões que concretizarão o processo sucessório, como proprietário-presidente, deveria ser assegurado um consenso dos envolvidos: sua mulher (que também garante pessoalmente perante a terceiros todos os empréstimos bancários da firma), seu filho mais novo, Bruce, que ele pensa que deve sucedê-lo (aliás, seria conveniente lhe perguntar se aceita voluntariamente ou não) e seu filho mais velho, Carl, a quem ele não considera para esses planos de sucessão, mas a quem consideramos ser o candidato mais apropriado, pois, caso contrário, seria um possível foco de futuros problemas para a família e para a empresa, principalmente tendo em conta que ele já tentou por si mesmo e foi o pai que não quis. Deveríamos perguntar também se Carl guarda algum tipo de ressentimento em relação a isso. Lembremo-nos que ele teve de deixar a empresa para poder exercer o cargo de diretor em outro lugar.

LEITURA 2:

"Machine Tools, S.A. (MTSA)" extraído do livro *La empresa familiar: como dirigirla para que perdure?*, de Neubauer, F. e Lank, A. G. Bilbao: Deusto, 1999, p. 148-183.

Sinopse: a Machine Tools S.A. (MTSA), segundo os autores, faz parte de "uma tentativa de quebrar a longa tradição de fracassos que destruíram a história de boa parte das empresas familiares na hora de transmitirem a propriedade e o controle de geração para geração" (Neubauer e Lank, 1999). Por isso, segundo eles, se utilizando dessa empresa real (uma empresa familiar que se originou de uma pequena fábrica de ferramentas na parte francófona da Suíça), mas com personagens e nomes fictícios (1999, p. 178), esses autores refletem sobre muitos dos aspectos básicos, etapas, recomendações e boa parte da análise da conclusão bem-sucedida desse processo sucessório, tanto no que diz respeito ao planejamento do processo em si como à preparação dos sucessores.

Questões para discussão

1. A que você atribui a continuidade da Machine Tools S.A. nas mãos da família mesmo depois de três gerações? Ao acaso, à sorte do fundador, à boa situação econômica da Suíça...?

Consideramos que a permanência, através das diversas gerações, da Machine Tools S.A. sob a direção da família proprietária resulta nem tanto desses elementos, cuja possível e remota contribuição não descartamos, mas sim ao fato de se ter trabalhado muito e de ter havido um grande propósito por parte do fundador e de Albert (primeiro sucessor) em estabelecer um processo de planejamento eficaz e eficiente, sempre de acordo com as necessidades reais da companhia. Do mesmo modo, destaca-se a presença de um protocolo familiar (no relatório que o nomeado "comitê de sucessão" emite) e algumas intenções, bem claras, juntamente com o propósito de todos em defender os interesses da empresa e de que a família se mantivesse unida.

2. Que ações realizadas por George March contribuíram e em que medida ou por que foram favoráveis para a conquista desse resultado na empresa Machine Tools S.A.? Argumente sua resposta.

Dentro do processo de planejamento da sucessão foram favoráveis para a continuidade da empresa na primeira geração as seguintes três ações empreendidas pelo fundador, George March:

1. "Entrega o pacote majoritário de ações com direito a voto ao filho", com isso assegura o controle da companhia a seu sucessor.

2. "Dá participação minoritária a Denise", não deixa sua segunda filha desprotegida. Por ela não querer assumir a responsabilidade que o cargo de sucessora à frente da Machine Tools S.A. supõe, parece, com isso, que cobre suas expectativas a respeito, evitando assim uma "luta aberta" pela empresa.
3. Cortou todos os laços que o uniam à sua empresa e delegou todas as funções ao filho. Dessa maneira, contribuiu para consolidar o sentimento de respeito entre ele e seu sucessor, além de favorecer a ele o desempenho das suas novas funções na companhia, aprendendo com seus próprios erros. Desse modo, reforça também o clima de confiança, consenso, respeito e harmonia que existe na família.

De acordo com o comentado em cada uma dessas ações, podemos dizer que esses fatores, em suma, foram as causas que permitiram assegurar, em grande medida, a permanência da companhia, como se nota, não só para a geração seguinte, como também ao assentar as bases de uma sólida cultura familiar para as próximas gerações.

3. Quais dos requisitos básicos para implantar um planejamento eficaz são cumpridos no planejamento realizado por Albert na Machine Tools S.A.?

Durante o planejamento da sua sucessão, Albert levou em consideração os três requisitos básicos para que essa função fosse realizada eficazmente. Assim, em primeiro lugar, fez seu planejamento de forma objetiva, formulando claramente as metas a serem alcançadas, estabelecendo as prioridades e as ações necessárias e com maiores probabilidades (tendências) de serem alcançadas e, de certa forma, estabeleceu um cronograma para que a conquista dos objetivos anteriores fosse administrada a tempo. Em segundo lugar, podemos dizer que o planejamento, em todo momento, se ajustou à realidade da empresa e dos membros que o sucederiam em suas funções. E, finalmente, podemos dizer que suas ações não são regidas pelo acaso, mas baseadas em um planejamento bem-feito, em uma estratégia ou plano a serem seguidos.

4. Quais objetivos Albert viu cumpridos com a realização do planejamento que fez em sua empresa?

Consideramos que o objetivo principal que Albert viu ser cumprido foi o mesmo que seu pai, o fundador da Machine Tools, George March, procurava alcançar: a transmissão da propriedade e do controle à geração seguinte ou: a garantia da continuidade da empresa familiar na direção da família proprietária através do tempo. Entretanto, concordamos com Neubauer e Lank (1999) que a conquista desse objetivo contribuiu para atingir os outros três fatores:

- "Que a pessoa mais competente recebesse o controle da empresa (adaptar a pessoa ao cargo e não o cargo à pessoa).
- Que a escolha tivesse a máxima participação (familiares e não-familiares, membros ou não da equipe diretiva, pessoas em geral vinculadas à companhia: banco, clientes, familiares, conselheiros...).
- Descobrir uma função útil e viável para si próprio depois da transição (Presidente do Conselho)".

5. Quais etapas próprias da preparação da segunda geração aparecem no caso? Localize-as no texto e comente sobre cada uma.

Ocorrem três etapas:

a) **A preparação remota:** quando Albert e Sonia tentam transmitir a seus filhos, desde pequenos, o amor pela empresa. "É uma família afetuosa e carinhosa com uma boa comunicação entre pais e filhos; são tolerantes, conversam sobre os fracassos e os erros, sobre como solucionar os conflitos..." e, além disso, os sucessores voluntariamente estagiam na companhia durante o verão.
b) **A preparação próxima:** reflete-se nas preparações universitárias que os filhos, os sucessores, obtêm nos cursos superiores e que, em menor grau, a filha Suzane recebe no ensino médio. "Suzane terminou o ensino médio... Pierre se formou em Ciências Econômicas pela Universidade de Genebra... Xavier se formou em Tecnologia da Informação".
c) **A preparação in situ ou preparação imediata:** acontece na Machine Tools S.A. a partir das duas melhores formas que existem: fazendo estágio na própria empresa (Pierre), por meio do qual o indivíduo é valorizado de acordo com os próprios méritos e desempenho, e adquirindo experiência em outras empresas do setor para depois colocá-las em prática na empresa familiar (Xavier). "Depois de se formar, Pierre entrou em MTSA...". "A carreira de Xavier foi um pouco diferente... começou a trabalhar em uma famosa empresa norte-americana de assessoria [...] voltou [...]."

6. Que regras gerais foram seguidas no planejamento da primeira e da segunda geração na Machine Tools?

Ambos os processos de transmissão da propriedade e do controle caracterizaram-se por ser muito eficazes e minuciosos. Embora no texto insistam mais no segundo, devemos reconhecer que em ambos:

- São mantidos, ou pelo menos tenta-se manter, a serenidade e um julgamento sensato para preservar a empresa (Albert, por exemplo, tinha muita pressa para assumir sua nova posição na companhia familiar, mas seu pai o fez esperar; quando reparte igualitariamente as ações, deixando o controle nas mãos dos sucessores e sem desfavorecer o restante dos membros da família, curiosamente sempre as mulheres).
- As decisões difíceis não são evitadas. Albert poderia ter apelado para seu crítico estado de saúde e não enfrentar o pequeno conflito que surgiu entre seus filhos pela sucessão. No entanto, enfrentou essa situação não de forma superficial, mas com muita atenção. Na verdade, esse é um modo interessante de resolver os problemas que ele e sua mulher tentam passar aos filhos desde pequenos (solucionar os problemas).
- Deve-se conhecer a lei e obedecê-la. Recorre-se a conselhos externos.
- Não se deixa de lado, durante essa sucessão, nenhum detalhe. A precisão é tão sutil que se recorre até mesmo aos bancos e clientes para darem suas opiniões a respeito.
- Não se acelera demais. Nem quando Albert tem pressa de suceder o pai, nem quando posteriormente ele sofre um ataque cardíaco e deve delegar suas funções aos filhos.
- Delega responsabilidade aos filhos. George corta relações com Albert, que transfere 100% das ações da companhia para seus dois filhos, seus sucessores, e seu papel na empresa fica reduzido ao de Presidente do Conselho.
- Ambos, pai e filho, controlam desde o princípio todo o processo sucessório.

7. Que papel os membros alheios ao núcleo familiar tiveram no processo de transição da primeira para a segunda geração? Qual foi sua principal contribuição para a Machine Tools S.A.?

O papel desempenhado pelos diretores e membros alheios ao núcleo familiar, mas vinculados à empresa (o comitê de sucessão, os banqueiros, os principais clientes...), assim como o da família (os sucessores, o conselho familiar...) foi crucial para o sucesso desse processo, com o estabelecimento principalmente da figura do protocolo familiar (o relatório que todos aceitam). Em geral, eles trouxeram diferentes pontos de vista, atuaram de forma completamente objetiva sem se deixar influenciar e, movidos unicamente pelo desejo de satisfazer às necessidades da companhia garantindo sua continuidade, a qual foi a principal contribuição que essas pessoas proporcionaram à empresa familiar.

LEITURA 3:

"Nubes de Algodón", caso sobre *O planejamento da sucessão na empresa familiar*, Cátedra da Empresa Familiar da Universidade de Sevilha, EEF-US-05.

Gales, 14 de novembro de 2002.

Querido Avô:

Como vai? Nós aqui estamos muito ocupados, como o senhor sabe, estamos em plena época de provas. A faculdade é muito puxada, mas, bem, vamos superando. Eu estou quase integrada. É normal, não ? Esse será meu último ano. A Andrea está tendo dificuldades com algumas matérias, mas é totalmente compreensível, vovô, pois ela está no primeiro ano. Somos muito felizes aqui. Trabalhamos arduamente, mas tenho de reconhecer que estamos muito contentes com nosso curso de Engenharia Agronômica. Mais uma vez tenho de admitir que o senhor tinha razão. Não é tão difícil morar aqui. No começo fazíamos um pouco de confusão com o idioma (quanto à Andrea, ainda tem uma possível explicação, como eu já disse, é novata, mas eu... depois de tanto tempo...), mas, bom, digo que as coisas melhoraram consideravelmente, pois já estão quase nos entendendo... ah-ah.. Sabe, vovozinho, o mais difícil é não poder estar aí, em casa, com todos vocês. Sentimos muita saudade de vocês. Eu, principalmente, do senhor. Ficar com o senhor no campo, na empresa, inspecionando o cultivo de algodão, participando do trabalho de colheita... Lembra de quando eu era pequena, corria por entre os algodoeiros, sujava a roupa, machucava as mãos e a mamãe e a vovó sempre brigavam comigo? "Essa menina, sempre por aí, no meio do algodão, despenteada, suada e suja... Não tem quem tire ela dos campos. Parece até que tem algodão na veia...". As duas sempre ficavam furiosas quando, no fim do dia, me viam aparecer em "tão lamentável aspecto". Mas o senhor sempre estava lá, meu avozinho do coração, para me defender. Mesmo sabendo, claro, que o senhor também levaria alguma repreensão por minha culpa: "Papai, o senhor não deve defender tanto a Carlota... olha como está a menina... E o verdadeiro culpado é o senhor. Se não permitisse que ela ficasse sempre grudada no senhor, 'na barra da sua calça'. Se o senhor não enchesse a cabeça dela com tantas histórias da cooperativa, do algodão... que vamos fazer com ela?". E o senhor, pacientemente, respondia: "Filha, não se irrite. Lembre-se de que você e seus irmãos eram iguais quando tinham essa idade. Deve ser mal de família a grande atração que vocês têm desde pequenos pelo algodão... ah-ah. Aliás, por favor, deixem em paz não só a Carlota, mas todos os meus netos. Eles não fazem nada de mais, só brincam, correm e me acompanham enquanto eu trabalho. Estão aprendendo. E é melhor aprenderem desde pequenos". Como sinto saudades dessa época, vovô! Amanhecer no campo, a agitação que havia não só na empresa, como também em nossa família durante a colheita, a constante preocupação de todos vocês, os mais velhos, em ver se a produção desse ano ia ser boa ou ruim, a cantoria durante o trabalho do grupo de lavradores, os grandes almoços que a vovó fazia no pátio da empresa para comemorar o final da temporada, o chumaço macio de algodão... Não quero frustrar o senhor, vovô. Meu maior desejo, como já disse ao senhor e ao resto da família mais de uma vez, é poder, algum dia, trabalhar com o senhor à frente da Nubes de Algodón. Sei que só se eu for a melhor atingirei esse propósito. Tenho de trabalhar arduamente se quiser ser a próxima presidente da cooperativa familiar. Não quero que nada nem ninguém atrapalhem a conquista dessa meta que tracei, por isso, não posso me dar ao luxo de deixar nada de lado no cumprimento desse desafio que me impus. Tanto é que, a primeira coisa que decidi, já faz alguns anos, foi que o melhor seria recorrer ao protocolo familiar e analisar todos os requisitos de todos que estavam vinculados à nossa família e à empresa de que éramos proprietários; independentemente de desempenharem ou não funções eles receberam o mesmo respeito do senhor. Sabe de uma coisa, vovô? De tanto ler acabei decorando todos eles. Ainda hoje fecho os olhos e posso me lembrar do texto completamente: "Depois da análise inicial da empresa, a família e seu meio, os membros da diretoria da cooperativa, com seu atual presidente à frente, D. Antonio Fernández, bem como os representantes dos distintos órgãos de governança da companhia, em representação da família e do restante dos membros alheios a ela, chegamos à conclusão de que, embora todos os membros das novas gerações receberam a mesma formação inicial, acreditamos ser lógico, uma vez passado o prazo previamente estabelecido para culminar essa etapa inicial, comum a todos, continuar formando a cada um, atendendo a seus desejos e capacidades em potencial em relação à empresa familiar. Não queremos, nesse sentido, pressionar nenhum deles para fazer algo que vá contra sua vontade nem, por outro lado, criar-lhes falsas expectativas a respeito de funções na cooperativa que depois não possam sequer serem desempenhadas por eles. Ambas as situações seriam tremendamente prejudiciais para a Nubes de Algodón, inclusive podendo chegar a afetar sua continuidade. Do mesmo modo, precisaremos que somente os melhores da família, depois de terminarem a preparação estipulada, passem a fazer parte da equipe diretiva da cooperativa. E presidirá a empresa quem tiver a formação mais sólida e mais experiência profissional e pessoal, tanto no setor como em outras companhias e áreas de atuação. Nessa avaliação não será considеrada a relação consangüínea que cada um desses membros tenha com a família. Serão avaliadas apenas as qualidades necessárias para satisfazer às exigências do cargo que futuramente desempenharão. Todos serão assessorados por um tutor externo à família, desde o instante em que iniciarem a sua formação. Somado a isso, consideramos também que só podemos administrar e trabalhar por uma realidade se a conhecermos. Por isso, determinamos que, uma vez cumpridas todas as etapas da formação, e antes de se incorporarem à cooperativa familiar, todos os membros familiares devem fazer estágios na empresa que lhes permitam consolidar esse conhecimento. Esses estágios terão maior duração e um conteúdo mais amplo para o candidato a presidente da cooperativa, o qual, além de obrigatoriamente passar por todos os departamentos da empresa, terá de fazê-lo em outras companhias do setor. Agimos assim para garantir a sobrevivência da cooperativa. Por ter bases muito sólidas e expectativas muito boas no longo prazo, assim como D. Antonio, consideramos apropriado mantê-la na atual família proprietária." Ficou surpreso, hein? Viu que não esqueci nem uma vírgula? Queridíssimo vovô. Não pense que estou aborrecida por vocês estarem me fazendo trabalhar bastante para atingir meu propósito. Na verdade, que eu saiba, todos os meus primos ou irmãos, o restante dos seus queridos netos (os quais, diga-se de passagem, vocês também fazem com que se esforcem e lutem para conseguirem o que querem) também não estão descontentes. Todos estamos conscientes de que o senhor e nossas famílias querem o melhor para nós, e de que vocês nunca fariam algo para nos prejudicar. Principalmente o senhor, que sempre diz que, embora sejam sentimentos diferentes o que o senhor tem pela empresa e pela família, nunca arriscaria a segunda pela primeira. Uma escolha que, do mesmo modo, não o impede de lutar para preservar a empresa e transmiti-la primeiro à primeira geração de nossa família (nossos pais, tios e tias, seus filhos) e agora a nós, seus netos. Vovô, admiro tanto o senhor! Como o senhor consegue continuar aí, à frente de tudo? Com a sua idade... Sim, já sei o que o senhor vai dizer: "Os anos passam, mas a alegria, a paixão e a vontade de trabalhar são as mesmas que sentia no início, quando comecei a trabalhar com meus irmãos em nossa empresa recém-criada". Mas pelo menos o senhor reconhece estar um pouco cansado, não é mesmo? Sei que a gestão diária à frente de tudo durante tantos anos, bem como o estabelecimento do necessário para garantir a continuidade da nossa querida Nubes de Algodón custou ao senhor mais de um sacrifício pessoal. Embora, como sempre o senhor nos diz, nesse trabalho o senhor nunca esteve sozinho e sempre contou completamente com o apoio e a ajuda da família e de todos os membros da empresa. É verdade. Todos contribuíram bastante para ela, principalmente muito tempo e recursos de vocês. Cada vez que penso nisso aumentam minha admiração e meu carinho pelo senhor, em particular, e pela nossa família e por nossa empresa, em geral. Desejo muito o momento de poder trabalhar com o senhor, ou melhor, com todos, na Nubes de Algodón. E não é para menos: vocês souberam manter a serenidade e o discernimento na hora de planejar – mal começamos a "andar", tanto a primeira como a segunda geração, o protocolo familiar pelo qual nesses momentos é regida a nossa preparação prévia à entrada para a empresa. E não foi só uma vez, visto que esse protocolo atual não passa de uma revisão do que vocês implantaram quando o papai, meus tios e tias passaram a fazer parte da empresa. Meu querido papai, vice-presidente executivo da cooperativa. Como o senhor o chama, seu "braço direito". Em vista disso, vocês tomaram as decisões, a curto e a longo prazo, baseadas nos custos, preços, lucros, prejuízos e projeções da empresa; atuaram, a todo instante, fundamentados na lei e nas necessidades e exigências da nossa cooperativa familiar; atentaram para os mínimos detalhes; confiando na intuição e no seu bom senso comercial, controlaram seus atos como os possíveis resultados; determinaram as normas e as condições que deveriam ser cumpridas e, entre muitas outras tarefas, implementaram nessas suas ações, e nas nossas, a segunda geração do futuro, a autoridade e a responsabilidade necessárias para garantir o sucesso. Meu Deus, com um avô tão incrível e uma família tão maravilhosa que trabalhou tanto por nós, como poderíamos nos queixar?! Só podemos corresponder ao esforço e dedicação de vocês de uma forma: recompensando-os da única maneira que podemos, por enquanto, isto é, preparando-nos para, em um futuro não muito distante, poder continuar desempenhando as funções de vocês na Nubes de Algodón, pelo menos de forma tão eficaz e eficiente quanto vocês fazem agora. Como vocês nos disseram muitas vezes, "um por todos, todos por um!".

Bem, vovô, como não quero deixar o senhor triste, principalmente agora que o Natal está chegando e enfim poderemos nos reunir, volto ao assunto da família para contar ao senhor que, outro dia, Carlos nos escreveu. Parece que está gostando do mestrado em Alta Direção que está fazendo nos Estados Unidos. Segundo ele, tem tudo sob controle. Melhor dizendo, acredito, como diria o tio Joaquín: "...Que exagero!" ah-ah. O "mascarado". Com certeza ele tem os mesmos problemas que nós aqui na Inglaterra e está trabalhando tanto quanto nós. Mas o senhor já conhece o neto que tem... Se até a irmã da Andrea, a prima Cristina, mesmo sendo "tão notável" em tudo o que se refere ao produto, que há quase duas gerações temos trabalhado, reconhece que lá, em seu novo trabalho como bioquímica no Brasil, no centro de pesquisa sobre o algodão, as coisas não são tão fáceis e ela não se sai tão bem quanto pensava, no início... Mas, bem, falando da família, e o meu irmão Julio? O senhor sabe alguma coisa dele? Diga que eu falei que ele é um "folgado" e um... não teve sequer a consideração de enviar uma mensagem no meu celular para me dizer como está seu novo trabalho, na cooperativa do amigo do senhor! Não se preocupe, vovô, sei que ele está bem porque, além da mamãe, papai e vovó, também falei com a tia Marta, o primo Pedro e com minha futura cunhada, Rosa... Veja só, falei com meia família! Com todo mundo, menos com você, queridíssimo Pedro! Menos mal que eles não têm tanto medo de "gastar os créditos do celular" como meu querido irmão, porque, se não... estaria com Robinson Crusoé em sua ilha... ah-ah... Dê um alô de minha parte, diga que eu também o amo... Ei, e o senhor, vô? Vamos ver se o senhor se anima e "entra na Internet". Se o senhor aprender podemos passar boas horas "teclando". O senhor vai ver que é muito fácil. Peça para meu irmão Gustavo e o primo Claudio ensinarem ao senhor. Assim, da próxima vez, em vez de mandar uma carta pelo correio normal, como esta, posso enviar por correio eletrônico. Um e-mail, vovô. Olha só como, no fim, pode-se trocar os papéis e, com a sua idade, vovô, podemos lhe "ensinar alguma coisa". Mas, muito bem, quem dizia mesmo que "nunca se sabe tudo" e que se deve estar sempre disposto a "abrir a mente para a possibilidade de adquirir novos conhecimentos"? Acho que um tal de Antonio Fernández... conhece, vovô? Ah-ah.

Vô, é uma pena, mas tenho que parar por aqui. Daqui a pouco vai começar a aula de Tecnologias da Produção Vegetal, e não quero me atrasar. Mande muitos beijos para todos, aí, mas, lembre-se, não se esqueça de ficar com o maior. Até breve.

Quem lhe ama,

Carlota

Questões para discussão

1. O planejamento do processo sucessório na Nubes de Algodón teve início em um momento propício? Quais, você acredita, que serão as principais repercussões dessa escolha para a cooperativa familiar? Argumente as suas respostas.

Apesar de que não se pode estabelecer com precisão qual é ou deve ser o melhor momento para se iniciar o processo de planejamento de uma sucessão, referindo-nos às considerações que uma grande maioria determina a esse respeito, consideramos que, nesse caso, parece ser que sim. Por um lado, começam a planejar quando fica evidente que a cooperativa familiar tem bases sólidas e boas perspectivas para o longo prazo, ou seja, é durável e, por isso, convém mantê-la na família, a qual mantém entre os membros relações bastante cordiais e grande comunicação. E, por outro lado, a decisão é tomada com bastante antecipação (tanto a segunda como a primeira gerações mal tinham começado a andar), havendo, assim, tempo de sobra para planejar esse processo e para preparar os membros da família.

Tanto as características do processo de escolha como a própria escolha do momento de planejamento da sucessão fazem com que as probabilidades de sucesso desse planejamento sejam muito grandes, garantindo, desse modo, a continuidade da cooperativa familiar na geração seguinte. Ele não só foi efetuado, como dissemos anteriormente, com antecipação suficiente, proporcionando uma formação adequada para esse fim, como, além disso, é realizado em um ambiente familiar idôneo no qual todos colaboram e atendendo apenas às necessidades e à sobrevivência da empresa familiar.

2. Você classificaria como eficaz o processo de planejamento realizado na Nubes de Algodón? Por quê?

Sim, porque apresenta os três requisitos básicos para esse fim: planejam de forma objetiva, realista e estratégica.

1. *Planejam objetivamente:* o plano de sucessão é elaborado em função das verdadeiras potencialidades dos novos dirigentes (nesse caso, os netos de D. Antonio), em vez de criarem expectativas não realistas às quais a pessoa dificilmente satisfaria. Em vista e além disso, os objetivos são claramente formulados, são estabelecidas prioridades entre eles e as linhas de ação com tendência para a sua conquista e, por fim, é elaborado e seguido um cronograma.
2. *Planejam de forma realista:* analisa-se previamente a empresa, a família, assim como tudo o que a rodeia e possa repercutir nesse processo de planejamento da sucessão: o que vai favorecer ou dificultar sua realização; a identificação dos familiares que tenham as atitudes, os conhecimentos e a inclinação adequados para dirigir e administrar a empresa; a avaliação da experiência dos membros da geração seguinte e das suas necessidades de formação para se tornarem proprietários e diretores eficientes...

3. *Planejam estrategicamente:* são estabelecidos objetivos claros e depois descritas com detalhes todas as ações que devem ser realizadas para alcançar cada objetivo, com previsão aproximada para determinadas datas preestabelecidas.

Tudo isso fica claro no texto quando Carlota se refere ao trecho do protocolo familiar que ela decorou: "Não quero frustrar o senhor, vovô. Meu maior desejo é poder, algum dia, trabalhar com o senhor à frente da Nubes de Algodón. Sei que só se eu for a melhor atingirei esse propósito... Esses estágios terão maior duração e um conteúdo mais amplo para o candidato a presidente da cooperativa, quem, além de passar obrigatoriamente por todos os departamentos da empresa, terá de fazê-lo em outras companhias do setor. Agimos assim para garantir a sobrevivência da cooperativa. Por ter bases muito sólidas e expectativas muito boas no longo prazo, assim como D. Antonio, consideramos apropriado mantê-la na atual família proprietária."

3. Quem realiza o planejamento do processo sucessório na Nubes de Algodón? Você considera isso apropriado ou, pelo contrário, estabeleceria uma postura diferente? Quais vantagens e desvantagens você acredita que essa alternativa seguida na Nubes de Algodón proporciona para o planejamento da sucessão realizado?

Durante o processo de planejamento da sucessão familiar todos os membros vinculados de alguma forma à cooperativa e à família intervêm: o presidente, a direção e, representados por membros dos seus órgãos de governança, o restante, tanto familiares como não-familiares, com ou sem funções na cooperativa.

Consideramos que essa situação é a mais apropriada, pois acreditamos que, quanto maiores a comunicação estabelecida antes do plano de sucessão e o consenso na hora de proceder à elaboração e implantação do plano, maior será a probabilidade de se garantir a continuidade da cooperativa.

Acreditamos que a escolha, por parte da Nubes de Algodón, de mais de um indivíduo, efetivamente de todos os membros da empresa familiar e da própria família para concretizar o planejamento do processo sucessório lhe trará, e conseqüentemente também à própria empresa familiar, inúmeras vantagens. Destacamos, para exemplificar, as seguintes: a participação de um coletivo tão numeroso lhe fornecerá informações úteis e bastante amplas; garantirá o envolvimento e o compromisso de todos; tanto para os familiares como para os funcionários, a oportunidade de contribuir com algo de valor e, assim, de se sentirem importantes, úteis; a intervenção de especialistas (assessores, contadores...) permitirá, além de tudo, aperfeiçoar o plano...

4. No decorrer do planejamento do processo sucessório foi estabelecida alguma regra geral a ser seguida? Em caso afirmativo, localize-a no texto.

No texto aparecem as seguintes regras gerais seguidas na Nubes de Algodón ao longo do planejamento do seu processo sucessório: preservar a empresa; agir conforme os números; não deixar de lado nenhum detalhe; confiar na intuição e no bom senso comercial; controlar o processo de transição; ditar normas e estabelecer condições; autoridade implica responsabilidade... Algumas regras gerais a serem seguidas são tratadas no texto, quando a neta diz ao avô: "Vocês souberam manter a serenidade e o discernimento na hora de planejar – mal começamos a 'andar', tanto a primeira como a segunda geração, o protocolo familiar pelo qual nesses momentos é regida a nossa preparação prévia à entrada para a empresa. E não foi só uma vez, visto que esse protocolo atual não passa de uma revisão do que vocês implantaram quando o papai, meus tios e tias passaram a fazer parte da empresa. Meu querido papai, vice-presidente executivo da cooperativa. Como o senhor o chama, seu 'braço direito'. Em vista disso, vocês tomaram as decisões, a curto e longo prazo, baseadas nos custos, preços, lucros, prejuízos e projeções da empresa; atuaram sempre fundamentados na lei e nas necessidades e exigências de nossa cooperativa familiar; atentaram aos mínimos detalhes; confiando na intuição e no seu bom senso comercial, controlaram seus atos como os possíveis resultados atingidos; determinaram as normas e as condições que deviam ser cumpridas e, entre muitas outras tarefas, implementaram nessas suas ações, e nas nossas, a segunda geração do futuro, a autoridade e a responsabilidade necessárias para garantir o sucesso".

5. O que você ressaltaria da preparação da segunda geração da Nubes de Algodón? Fale um pouco sobre ela.

Quanto à preparação desses indivíduos, mais concretamente os netos de D. Antonio, muitas coisas podem ser ditas (poderíamos comentar e relacionar quase toda a matéria). Entre elas ressaltamos:

a) **Quanto aos aspectos básicos desse processo de preparação:** como a preparação deles pressupõe tempo, reflexão e esforço; como, com essa preparação, tentam cobrir três aspectos básicos: compreender os negócios da empresa e a forma de administrá-los; saber dirigir e estarem pessoalmente comprometidos com toda a organização; como lhes são facilitadas experiências externas à empresa e em outras áreas de conhecimento, como são orientados e supervisionados; o indivíduo é situado na hierarquia de acordo com suas qualidades e seu desempenho...

b) **Quanto às etapas:** parecem acontecer duas em relação aos netos (preparação remota e próxima) e parece estar a ponto de ocorrer uma terceira (preparação *in situ* ou preparação imediata) quando eles entrarem para a companhia (alguns ainda estão na faculdade, outros estão fazendo mestrado, outro faz estágio em uma cooperativa do setor e outra trabalhando num centro de pesquisa). Os pais, por seguirem o mesmo método e estarem hoje na empresa, parecem ter as três.

c) **Quanto às vantagens e ao resultado final do processo:** as vantagens são inúmeras. Dessa forma, resolve-se a problemática acarretada não só por qualquer processo de planejamento da sucessão, como também, em certa medida, pela sobreposição empresa-família; facilita a gestão no momento presente, bem como no futuro da companhia, atendendo unicamente à preparação e ao rendimento dos seus dirigentes; facilita do mesmo modo a comunicação, a compreensão e o entendimento entre esses diretores, assim como a qualidade do trabalho à frente da que será futuramente a sua empresa, impedindo, de certa maneira, que caiam nas grandes armadilhas às quais qualquer empresa está sujeita. O resultado principal da implantação de uma preparação tão eficaz na cooperativa familiar é a sua continuidade.

REFERÊNCIAS

BORK, D.; JAFFE, D.; LANE, S.; DASHEW, L. e HEISLER, Q. *Cómo trabajar con la empresa familiar*. Barcelona: Granica, 1997.

BUCHHOLZ, B. et al. *Respuestas a la empresa familiar.* Bilbao: Deusto, 2000.

DRAKE e DRAKE, R. *La empresa familiar ante ele derecho:* el empresario individual e la empresa de carácter familiar. Madri: Civitas, 1995.

GALLO, M. A. *Empresa familiar:* textos y casos. Barcelona: Praxis, 1995.

GALLO, M. A. *La sucesión em la empresa familiar*. Barcelona: La Caixa, 1998.

HERREROS et al. *Manual de la empresa familiar. Madri*: Cinco Días, 2001.

LEA, J. W. *La sucesión del management em la empresa familiar*. Barcelona: Granica, 1993.

LEACH, P. *La empresa familiar*. Buenos Aires: Granica, 1996.

NEUBAUER, F. e LANK, A. G. *La empresa familiar:* cómo dirigirla para que perdure. Bilbao: Deusto, 1999.

PRICE WATERHOUSE COOPERS. *Estratégias de éxito para las Pymes:* del crecimiento a la sucesión em la empresa familiar. Madri: Recoletos Campañía Editorial, 1998.

Índice remissivo